中东欧研究系列

中东欧国家竞争法研究

以波兰、捷克和匈牙利为例

应品广　著

上海人民出版社　格致出版社

前　言

在中东欧十六国(阿尔巴尼亚、爱沙尼亚、保加利亚、波黑、波兰、黑山、捷克、克罗地亚、拉脱维亚、立陶宛、罗马尼亚、马其顿、塞尔维亚、斯洛伐克、斯洛文尼亚、匈牙利)中,不少国家曾经是社会主义国家;在东欧剧变和苏联解体之后,绝大多数国家又陆续成为欧盟成员国。敏感的地理位置、经济和社会转型的独特历史、欧盟的影响和冲击以及经济全球化的裹挟,原本应该使得它们成为社会科学研究的重点对象。但是,当前的中外学术界(特别是法学界)对于这些国家的研究仍然十分匮乏,竞争法领域尤为如此。

目前国外对中东欧国家竞争法的研究主要集中于这些国家竞争立法情况的介绍性研究,内容主要局限于两大方面:第一,中东欧国家各自竞争法的具体规定及其相互比较。[1]第二,中东欧各国的竞争法如何受到欧盟竞争法的影响。[2]从中可以发现如下研究规律:第一,这些研究都是从欧盟法的角度审视中东欧各国的竞争法在多大程度上实现了与欧盟法的"趋同"。第二,研究人员要么来自竞争法发达的国家如美国、德国;要么来自中东欧国家本身。第三,研究极少涉及中东欧各国除了"欧盟化"之外影响竞争法演变的其他因素,比如转型经济的影响。第四,相关研究多发生于中东欧国家入盟早期,对于近期竞争法的发展研究极为有限。可见,国外学者虽然对中东欧国家竞争法已经有所研究,但不论是在研究主体还是研究内容方面都存在局限。特别是这些国家都是小经济体,且都曾经实行

---

[1] Pittman, Russell, "Merger Law in Central and Eastern Europe", *American University International Law Review*, Vol.7, No.3, 1992, pp.649—666; Dutz, M.A., Vagliasindi, M., "Competition Policy Implementation in Transition Economies: An Empirical Assessment", EBRD Working Paper, No.47, London, 1999.

[2] Damien Geradinand, David Henry, "Competition Law in the New Member States—Where Do We Come From? Where Do We Go?", Modernisation and Enlargement: Two Major Challenges for Ec Competition Law, Intersentia, 2005. SSRN: http://ssrn.com/abstract=617923.

过苏联模式，计划经济的传统和转型的阵痛都无疑会影响竞争法的制定和实施；而对于这些相关背景性因素的漠视，无疑削弱了相关论证的合理性。

近年来，随着我国《反垄断法》的正式颁布和《反不正当竞争法》的修订提上日程，国内对于发展中国家竞争法和竞争政策的研究也开始日益升温。但是，与国外研究相类似，国内学者的相关研究也主要限于两大方面：第一，对发展中国家的竞争法律文本进行翻译整理。①第二，对发展中国家的竞争法律制度进行介绍和比较。②但是，上述研究大多集中于亚洲和美洲的发展中国家如泰国、越南、印度、印度尼西亚、蒙古、墨西哥和巴西等，对中东欧十六国没有涉及。实际上，同为转型经济国家，中东欧国家对于中国竞争法的借鉴意义不可忽视，这一尚未开拓的领域亟待破冰。

导致国内外学者在中东欧国家竞争法研究方面趋同的原因很多，但是以下几个方面值得重视：(1)大多数研究者都是从本国或欧盟竞争法的角度出发审视中东欧国家竞争法的文本和演变是否符合"逻辑"，而忽视了中东欧国家本身的国情和特色。(2)中东欧国家相对"边缘化"的国际政治和经济地位导致其本国的竞争法研究不被大国所重视。(3)国内外学者都还没有深刻认识到竞争法和竞争政策作为市场经济体制的基础性制度受一国竞争文化和市场经济发育程度的影响极深，不可能简单移植和培育。

随着中国的市场化改革持续深入，中东欧国家竞争法演变的经验和教训也给中国提供了诸多有益借鉴。中国与中东欧大多数国家一样，都长期以国有经济为主导，保持较为集中的市场结构，且市场中存在大量中小型企业。此外，中东欧十六国中波兰早在 1990 年就颁布了竞争法，随后匈牙利和斯洛文尼亚也于 1991 年颁布了竞争法，这些国家的竞争法历史都比中国更为悠久。而且，这些法律的两个主要特征——为经济转型提供法律基础设施以及借鉴欧盟竞争法的相关规定（几乎是照搬了《罗马条约》的条文），也与中国竞争法极其相似。

而且，随着中国"一带一路"倡议的提出，国内对于中东欧国家的关注开始日益升温。2013 年，中国提出了"一带一路"（丝绸之路经济带、海上丝绸之路）构

---

① 尚明：《主要国家（地区）反垄断法律汇编》，法律出版社 2004 年版；时建中主编：《三十一国竞争法典》，中国政法大学出版社 2009 年版。
② 林燕萍等：《发展中国家十国竞争法研究》，北京大学出版社 2010 年版。

想。2014年6月,中东欧十六国经贸部长在宁波与中国商务部召开中国—中东欧国家经贸促进部长级会议。在会后发表的《中国—中东欧国家经贸促进部长级会议共同文件》中,各方同意加强在铁路、电力、港口、公路等基础设施建设领域的交流与合作。同年12月,国务院总理李克强与中东欧国家领导人签署了《中国—中东欧国家合作贝尔格莱德纲要》,为拓展中国同中东欧十六国的互利合作搭建了新平台。2015年6月,中国外交部部长王毅在访问匈牙利期间,与匈牙利方面签署了《中华人民共和国政府和匈牙利政府关于共同推进丝绸之路经济带和21世纪海上丝绸之路建设的谅解备忘录》。这是中国同欧洲国家签署的第一个此类合作文件。所有以上举措,表明中国的"一带一路"建设已经正式延伸至中东欧国家。据官方数据统计,2014年中国和中东欧双方贸易额首次突破600亿美元大关,中方从中东欧国家进口快速增长,近三年增长24.6%。[①]在可以预期的未来,中国和中东欧十六国将会在政策沟通、设施联通、贸易畅通和资金融通等方面开展多元化合作,这其中必然涉及诸多法律问题,包括由于交易交往带来的竞争法律问题。

因此,有必要从中东欧国家的基本国情出发,充分挖掘它们的竞争法除了竞争法律文本之外的其他因素,包括立法背景、实施机制以及实施情况等,并在此基础上与中国的竞争法展开比较分析。遵循"法律移植需要考虑本国国情"的基本理念,本书以充分挖掘中国与中东欧国家竞争法的异同作为基本目标,从现有相关文献出发,剖析中国与中东欧国家竞争法发展的个中规律和存在的问题,以及所反映的背后的制度和法律逻辑。

本书共分为六章。前三章分别对波兰、捷克和匈牙利这三个典型的中东欧国家的竞争法予以介绍,特别是对其竞争法律文本、实施情况和实施绩效予以分析;第4章对中国竞争法的文本及其实施予以分析和评价;第5章在总结比较波兰、捷克和匈牙利三国竞争法异同的基础上,对中国与中东欧国家竞争法中垄断协议、滥用市场支配地位、经营者集中、行政性垄断等立法规定及其实施情况进行比较分析;最后一章则对中国竞争法的实施及其前景做一展望。

---

① 杨婷:《中东欧政要:"一带一路"倡议为中国—中东欧合作注入新动力》,http://news.xinhuanet.com/fortune/2015-06/09/c_1115557192.htm,2015年7月3日。

目　录

第 1 章

中东欧国家的竞争法典型之一:波兰竞争法研究

作为典型的转型国家,波兰是东欧"剧变"中的"领头羊",也是"剧变"后迄今为止经济发展状况最好的一个国家。[①]在波兰经济自由化和政治民主化的转型过程中,竞争法发挥了重要的作用,却常常被忽略。实际上,波兰经济转型的顺利进行及其近年来良好的经济表现,都与竞争法所确立的良好竞争机制密切相关。对波兰竞争法的制度构成及其实施情况予以研究,无疑能够对我国进一步完善社会主义市场经济有所裨益。

1.1 波兰竞争法的制度构成及其特点

1.1.1 波兰竞争法的基本情况

波兰竞争法是与体制转型同步演变和发展的。早在转型之前的 1987 年,波兰就迫于变革压力颁布了第一部竞争立法(《国民经济反垄断行为法》)。但是这注定是一部暂时性的立法。随着 1989 年的政治转型,波兰的经济基础发生了根

---

① 金雁、秦晖:《十年沧桑:东欧诸国的经济社会转型与思想变迁》,东方出版社 2012 年版,第 39 页。

本性变化。为了改变长期中央计划经济体制所造就的高度垄断的经济结构,波兰在 1990 年颁布了新的《反垄断行为法》,将促进竞争和打击垄断行为作为经济转型的重要内容。该法的立法目的就是为市场经济创造法律基础,属于典型的转型立法,它构成了波兰市场改革计划的重要组成部分。随着体制转型的逐步推进和演变,经济成分中计划的色彩已经越来越淡,而市场的程度越来越高。在这种情况下,以"转型"和"过渡"为色彩的竞争法越来越不能适应经济环境的变化。于是,波兰在"剧变"十年之后的 2000 年颁布了施行至今的《竞争和消费者保护法》(以下简称"波兰竞争法"),并于 2007 年进行了最近的一次修订。该法明确了波兰整个竞争和消费者保护体系的基本运作原则和规则,构建了波兰的竞争法体系。下文对波兰竞争法的分析和评述,即以此法为主要对象。

与世界上大多数国家的竞争法一样,波兰竞争法规制的重点对象为限制竞争协议、滥用市场支配地位和经营者集中。但是,波兰竞争法还专章规定了集体消费者利益的保护。[①]由于对集体消费者利益的保护与对竞争的保护总密切联系在一起,因此有必要对其予以一并讨论。此外,波兰竞争法还赋予了竞争主管机构开展市场监督和确保一般产品安全的职责。下面主要对与反垄断法相关的制度予以重点分析。

1.1.2 限制竞争协议

在限制竞争协议的规制方面,波兰竞争法禁止"具有排除、限制或者其他任何损害相关市场竞争的目的或效果的协议"[②]。这意味着任何具有排除竞争的"目的"或"效果"的行为,都属于被禁止的反竞争行为。与此同时,波兰竞争法对典型的限制竞争协议予以列举性规定,主要包括固定价格、限制产量、分割市场、附加交易条件、联合抵制和串通招投标。

---

① 波兰竞争法涵盖了我们一般认为的对限制竞争行为予以规制的反垄断法和对消费者权益予以保护的消费者保护法的内容,但是并不包括对不正当竞争行为予以规制的"反不正当竞争法"的内容。对于不正当竞争行为,波兰另行颁布了《反不正当竞争法》。我国学者对此已经有相关评述,参见郑友德、张坚、万志前:《波兰反不正当竞争法及其对我国的启示》,《华中科技大学学报》(社会科学版)2007 年第 2 期。这里主要对《竞争与消费者保护法》中有关"反垄断"的法律规定及其实施加以考察和分析。

② 参见波兰《竞争法》第 6 条第 1 款。

在原则禁止一切限制竞争协议之后,波兰竞争法学习欧盟竞争法的模式,对符合特定条件的限制竞争协议予以豁免。波兰竞争法主要提供了三种豁免:

第一,安全港豁免。对于达到安全港标准的协议,推定为不具有竞争影响或竞争影响可以忽略不计,从而不再适用竞争法的禁止性条款。在波兰,凡是达成协议的竞争者之间的共同市场份额不超过 5%;或者当协议不是在竞争者之间达成时,其中任何一方的市场份额均不超过 10%,都可以享受安全港豁免。但是需要特别注意,安全港豁免不适用于以下协议:固定价格、限制生产或销售、分割市场、串通招投标。①这几类协议往往被视为"核心卡特尔",因其危害性特别大且理论上不存在争议,在规制时适用"本身违法原则",任何情况下都不得予以豁免。

第二,符合竞争法条件的豁免。在满足竞争法明确列举的豁免条件的情况下,限制竞争行为也可以取得豁免。这里所指的豁免条件有四个:一是协议能够改进产品的生产和销售或者促进技术和经济发展;二是协议能够使购买者或使用者公平分享协议带来的好处;三是协议不会对相关企业施加并非是达成协议目标所必不可少的阻碍;四是协议不会赋予这些企业在相关市场上限制竞争的可能性。②

第三,集体豁免。对于满足前述豁免条件的特定类型的协议,波兰部长理事会可以通过发布规章的方式授予集体豁免。但是,集体豁免规章必须明确集体豁免的条件和集体豁免的期限。③通过事先确定豁免内容的方式,能够增加法律的确定性。但是,集体豁免比上述两类豁免都要严格,且不具有长久性。

1.1.3　滥用市场支配地位

在滥用市场支配地位的规制方面,波兰竞争法同样进行了原则性规定和列举性规定,"禁止一个企业或多个企业在相关市场中滥用市场支配地位"④,特别是不公平价格、歧视交易、附加交易条件、分割市场等。值得注意的是,波兰竞争法中有关禁止限制竞争协议和滥用市场支配地位的列举性规定中出现了完全重

---

① 　参见波兰《竞争法》第 7 条。
② 　参见波兰《竞争法》第 8 条第 1 款。
③ 　参见波兰《竞争法》第 8 条第 2 款。
④ 　参见波兰《竞争法》第 9 条第 1 款。

合的条款。①这意味着在纵向限制竞争协议和滥用市场支配地位的规制过程中,不可避免地出现规则竞合的情况。这实际上是给执法部门提供了根据不同情况"便宜"采取针对措施的可能性,从而扩大了对垄断行为的打击面。

此外,波兰竞争法在执法实践中一般推定市场份额超过 40% 的企业具有市场支配地位。但是,以市场份额为基础的推定只是一个参考,所有案件都需要经过执法部门的个案审查才能最终认定。②换言之,判断一个企业是否属于垄断企业的最终标准是其实际市场影响力,而非市场份额。因此,市场份额在这里只是参考因素,最终决定一个企业是否具有支配地位还是根据其实际的市场力量。

1.1.4　经营者集中

在经营者集中的控制方面,波兰竞争法规制任何影响或者可能影响波兰市场竞争的集中行为,包括企业合并、控制权转移、资产购买、建立合资企业等各种情况。③企业集中控制实行事先申报制:任何上一年度全球营业额超过 10 亿欧元或者在波兰境内的营业额超过 5 000 万欧元的企业的集中行为,都需要向执法机构进行事先申报。但是,如果在申报之前的任意两个财政年度内,目标企业在波兰的营业额都没有超过 1 000 万欧元;或者合并涉及的实体从属于同一个资本集团,那么申报义务可以免除。这是因为在上述两种情况下,企业集中对于波兰市场的潜在影响很小,从而执法部门没有必要重点关注。

如果企业未经申报并经执法部门同意(哪怕是无意的)就进行集中,执法部门可以对其施加上一年度营业额 10% 的罚款。而且如果合并被证明是反竞争的,还可以施加结构性制裁措施(比如分拆企业、出售股份)。

在集中的审查标准方面,波兰的"实质性减少竞争(特别是创造或增强市场支配地位)"标准几乎是美国和欧盟标准的混合体。④在根据此标准进行审核之后,执

---

① 波兰《竞争法》第 6 条第 1 款第 4、5 项和第 9 条第 2 款的第 3、4 项完全相同,一字不差。具体表述为:在与第三方开展同等交易时施加额外的或非同质的交易条件,导致在不同交易人之间形成不同的竞争情况;协议的达成以另一方接受或满足其他条件为前提,且该条件与合同主题没有实质性的或惯常性的联系。这两种情况在纵向限制竞争协议和滥用市场支配地位中都可能存在。
② Office of Competition and Consumer Protection, Activity Report 2011, Warsaw 2012, p.12.
③ 参见波兰《竞争法》第 13 条第 2 款。
④ 美国的集中审查标准为"实质性减少竞争"标准,欧盟的集中审查标准为"严重妨碍有效竞争(特别是创造或加强了市场支配地位)"标准。

法部门可以采取四种措施：(1)同意集中：此时交易的结果对市场竞争没有实质性影响，特别是不会创造或增强市场支配地位。(2)附条件同意：通过附加一定的行为救济措施或结构救济措施(比如资产剥离)，就不会实质性减少竞争。(3)禁止交易：对市场竞争具有实质性影响，特别是会创造或增强市场支配地位。(4)特别同意：尽管交易存在实质性减少竞争的效果，但是由于同时存在促进经济发展、技术进步或对国民经济具有积极影响的效果，仍然予以同意。

1.1.5　集体消费者利益保护

在集体消费者利益的保护方面，波兰竞争法明确"禁止损害集体消费者利益的行为"，特别是"通过标准格式合同损害集体消费者利益的行为、没有向消费者提供可靠和完整信息的行为以及其他不公平的市场行为"。[①]值得注意的是，波兰竞争法保护的是"集体"(collective)消费者利益，而非"个体"(individual)消费者利益。而且这里的集体消费者利益并非个体消费者利益的简单总和，而是一个经过"抽象"的概念，泛指企业的特定行为对不特定多数消费者利益的普遍侵害。也正是这样，保护竞争法和保护消费者利益才能在一部法律中统一起来——限制竞争行为损害的不仅仅是个体消费者的利益，而是对竞争机制和竞争秩序的破坏，因此是对"集体"消费者利益的损害。相应地，对集体消费者利益的保护，也会促进竞争秩序的构建。比如竞争执法机关通过审核合同(特别是标准格式合同)，能够减少企业滥用竞争优势地位实施排除、限制竞争行为的可能性，从而促进竞争的有效性。

总的来看，波兰竞争法对于限制竞争行为(包括限制竞争协议、滥用市场支配地位和企业集中)的规制呈现出了两大典型特征：一是涵盖面广，二是表达明晰。这带来了两大效果：一是竞争执法机关几乎能够对"任何"排除、限制竞争的行为予以规制，从而避免了规制"死角"；二是给广大的市场参与者提供了极大的确定性和可预见性，从而提高了法律的可信赖度。而且，波兰竞争法通过对限制竞争行为和损害集体消费者利益的行为一并规制，达到了规制手段和规制效果的有机统一，确保了对限制竞争行为的规制最终指向广泛的消费者利益。

---

① 　参见波兰《竞争法》第 24 条第 1、2 款。

1.2 波兰竞争法的执法机构及其职能

1.2.1 波兰竞争法的执法机构的基本情况

随着竞争法的变迁,波兰的竞争执法机构也几经变换。转型之前《国民经济反垄断行为法》最初将竞争执法权授予财政部;转型之后,1990 年的《反垄断行为法》专设了反垄断竞争和消费者保护局,执法权至此从财政部转移出去。1996 年波兰中央行政体系改革以后,反垄断竞争和消费者保护局又被更名为"竞争和消费者保护局"(Office of Competition and Consumer Protection)。从那时起直至今日,"竞争和消费者保护局"一直都是波兰的竞争主管部门。而且,竞争和消费者保护局具有很高级别,属于中央政府部门。竞争和消费者保护局主席通过公开竞争的方式由总理选任,并直接向总理负责。更为重要的是,竞争和消费者保护局承担了远超过许多国家竞争执法机关的职能。它不仅负责制止前文提及的限制竞争的行为和损害集体消费者利益的行为,还负责控制国家援助、开展行业调查以及推广竞争文化。以下对波兰竞争和消费者保护局的主要职责予以分别论述。

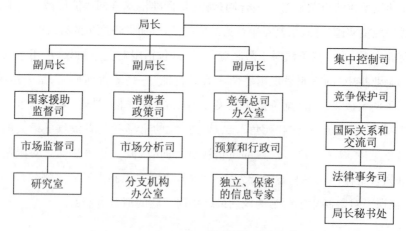

图 1.1 波兰竞争和消费者保护局机构设置

1.2.2　职责一:反垄断

竞争和消费者保护局的首要职责当然是制止限制竞争行为,包括禁止限制竞争协议、滥用市场支配地位以及实质性减少竞争的企业集中。竞争和消费者保护局拥有的强大的执法权,确保了限制竞争行为规制的有效性。比如,竞争和消费者保护局除了可以通过"决定"的方式要求企业停止违法行为,还可以最高处以企业上一年度营业额10%的罚款。不过,竞争和消费者保护局的反垄断调查程序都是依职权发起的。对于可疑的反竞争行为,尽管企业和个人可以向竞争和消费者保护局提交书面调查申请,但是该类申请并不具有法律约束力,即竞争和消费者保护局没有义务一定要据此发起调查。

1.2.3　职责二:保护集体消费者利益

正如前文所述,竞争和消费者保护局还有权规制损害集体消费者利益的行为。一旦发现此类行为,竞争和消费者保护局除了可以要求企业停止违法行为和处以罚款之外,还可以宣布合同(特别是标准格式合同)无效。这里,竞争和消费者保护局使用的主要规制工具是审核企业使用的合同。此外,对于违反集体消费者利益的行为,竞争和消费者保护局也可以处以最高上一年度营业额10%的罚款。

1.2.4　职责三:市场监督和一般产品安全

与保护集体消费者利益相关,竞争和消费者保护局还被赋予了非食品产品的安全监控和规制的职能。在接受举报或获得来自其他部门的相关信息后,竞争和消费者保护局可以开展行政调查程序。如果发现产品存在威胁使用者健康甚至生命的情况,竞争和消费者保护局可以强制生产商或经销商承担一定责任,比如禁止向市场投放产品、要求对消费者做出警示、消除危险、召回产品等。竞争和消费者保护局要确保只有符合波兰安全标准的产品才能在市场上流通,为此,它可以发布决定要求企业召回危险产品①,并根据波兰《一般产品安全法》处以最高 10 万波兰兹罗提(约合人民币 19 万元)的罚款。对于与安全标准不相符的产品,竞争和消费者保护局可以将其纳入"危险产品目录"并予以公开。比如,仅 2012 年,就有 36 种产品被纳入"危险产品目录"。

1.2.5　职责四:监控国家援助行为

竞争和消费者保护局还负责监控国家援助行为。波兰的国家援助控制制度是基于欧盟竞争法的规则予以建立的。根据《欧盟运行条约》第 108 条第 3 款,除了微量援助(de minimis aid)②和属于集体豁免的援助,任何成员国都有义务向欧盟委员会申报国家援助计划。这意味着欧盟委员会是唯一有权决定国家援助是否与欧盟的内部市场相符的机构。只有委员会批准以后,成员国才能够授予正式的国家援助,该条款因此也被称为"静止条款"(standstill clause)。

具体而言,竞争和消费者保护局在国家援助控制方面的职能包括:

第一,国家援助的初审。在向欧盟委员会正式申报之前,每个国家援助(包括援助计划和个人援助项目)③都需要征求竞争和消费者保护局的意见。相对于给予援助的国家机关而言,此时竞争和消费者保护局承担了咨询职能。通过初步审查,竞争和消费者保护局需要出具意见,衡量特定行为是否属于《欧盟运行条约》第 107 条所指的国家援助行为。④实践中,竞争和消费者保护局还常常在意见中评估授予国家援助是否与内部市场相协调。如果认为不相协调,可以提出适当的改正措施。尽管竞争和消费者保护局的意见并不具有法律约束力,但是具有重要的

---

① 向消费者召回产品意味着经营者必须按照消费者的购买价买回产品,而不管产品是否已经使用或损坏。消费者如果有购买证明,可以直接向经销商要求回购;如果没有购买证明,可以直接向生产商要求回购。

② 微量援助包括:在随后的三个日历年度总值不超过 20 万欧元的援助,或在道路交通领域总值不超过 10 万欧元的援助。

③ 援助计划(aid schemes)属于规范行为(法律、规章或地方立法),已经以一般或抽象的方式列明了条款和条件,以及授予援助的形式和法律基础。特别是,援助计划列举了援助目的(比如培训、研发、环境保护、增加就业和重组等)和形式(直接支付、税收优惠、政府担保等)。援助计划还确定了授予援助的主管机关、可接受的成本、援助的最大强度、持续期和受益人。个人援助项目(individual aid projects)是基于合同或决定与具体的企业直接达成的援助,或者基于个人根据援助计划而进行个人申报达成的援助。

④ 根据《欧盟运行条约》第 107 条的规定,满足下列条件的行为属于国家援助行为:由某一成员国或无论何种形式的国家资源提供;给受益人提供了一项优惠;在性质上是选择性的(给予某一个企业、某些企业或某些商品的生产提供了优惠);扭曲或威胁扭曲竞争,从而影响到成员国之间的贸易。

参考价值,实践中常常被采纳。

第二,国家援助的申报。在初步审查之后,将国家援助计划向欧盟委员会进行申报,并与编制国家援助计划的机构、授予国家援助的机构、申请国家援助的实体和国家援助的受益人在国家援助方面开展合作,回应欧盟委员会的审查并提供相关材料,以及将委员会的决定信息反馈给相关当事人,包括是否与内部市场相容,以及是否和如何采取恢复措施。

第三,国家援助的监督。在收集和分析国家援助相关信息(特别是援助的类型、形式和金额)的基础上,每年要发布国家援助报告,评估国家援助的有效性、效力及其对竞争的影响。与此同时,在与财政部达成一致的情况下,负责向波兰议会提交指定年度内包含国家援助监督结果在内的报告。此外,还负责登记提供国家援助的地方立法,以及参与欧盟委员会对援助收益人开展的经济审计。如果受益人不提供或者不恰当提供欧盟委员会所要求提供的信息,或者提供的信息被认为是阻碍审计的进行,竞争和消费者保护局可以通过决定的方式对其施加不超过1万欧元的经济处罚。

第四,代表波兰参与欧盟委员会和欧盟法院有关国家援助的法律程序。包括针对委员会的决定向欧盟法院上诉以及代表波兰应诉。通过上述这些方式,波兰不仅使政府行为符合竞争法的理念,从而大大减少了体制转型过程中政府反竞争行为的泛滥和回潮,而且也使其竞争法制度愈发和欧盟竞争法靠拢,从而为欧盟竞争法的一体化发展做出了贡献。

在实践中,竞争和消费者保护局已经是诸多政府机构在国家援助问题上的权威顾问。竞争和消费者保护局的观点虽然在法律上不具有约束力,但是其观点和建议往往被相关政府部门考虑在内。仅2012年,竞争和消费者保护局就收到相关政府部门提交的509个解释请求和396份官方文件草案(包括法案、策略、计划、通知和报告等),请求其对特定援助是否属于国家援助进行审查并提出建议。借助于竞争和消费者保护局这一媒介,2012年欧盟委员会收到了41项国家援助申报,其中包括31项个人援助、2项个人援助的调整和8项援助计划。欧盟委员会在同年批准了29项申请,撤销了2项申请,同时有59项申请还在初步审查程序中。

1.2.6　职责五:开展行业调查

竞争和消费者保护局还具有一项特殊的职能,那就是开展行业调查(sector inquiries)。行业调查是波兰竞争政策的重要组成部分,它通过对国家层面或地方层面特定行业的竞争情况展开调查,使企业行为符合竞争法的规定。此外,行业调查还有助于竞争和消费者保护局搜集行业信息、监测行业集中度和可能存在的反竞争行为。

仅 2009—2011 年三年,竞争和消费者保护局及其九大地方分支机构一共开展了 157 项行业调查,其中 104 项涉及全国市场,53 项涉及地方市场。[①]2012 年,竞争和消费者保护局及其地方分支机构又发起了 36 项调查,其中 34 起项涉及全国市场,2 项涉及当地市场。[②]而且,在 2011 年之前,行业调查的结果往往只在竞争和消费者保护局举办的由专家参与的讨论会中向公众公开;2011 年之后,行业调查结果除了在讨论会中公开之外,还开始在互联网上公开,而且公开的内部不仅包括调查报告,还包括讨论会的视频记录。这种做法不仅增加了行业调查以及据此开展的相关执法的公信力,也提升了企业和社会公众的竞争法意识,宣传和推广了竞争文化。

1.2.7　职责六:竞争推进

此外,竞争推进(也被称为"竞争倡导")也是竞争和消费者保护局职责的重要组成部分。所谓竞争推进,是指竞争主管机构为在经济运行中营造竞争环境、提

---

① 这里试举几例进行说明。比如,2011 年竞争和消费者保护局调查了 185 个在波兰全国和各地方市场提供付费电视服务的企业,最终形成了《付费电视市场行业调查报告》,参见 http://uokik.gov.pl/aktualnosci.php?news_id=2979。同年,竞争和消费者保护局还对图书、音乐和多媒体销售市场开展了行业调查,也形成了综合报告,报告文本可参见 http://uokik.gov.pl/aktualnosci.php?news_id=2712。再比如,2010 年竞争和消费者保护对航空市场展开了行业调查,调查结果表明:波兰航空市场的开放推动了运营商的数量增加(从原先的 30 家增至 46 家),并最终促进了该领域的竞争。贸易自由化的一个重要成果还表现为低成本航空公司(如 Ryanair 和 Wizz Air)的出现。2008 年,50%以上的乘客受益于低成本航空公司的服务。与此同时,国有航空公司的受欢迎程度有所下降,这导致机票价格的下降,使得公众更加能够负担得起航空服务。2010 年 UOKiK 还对电力市场进行了行业调查,并发布了一份名为《能源市场竞争和消费者保护的发展》的报告。报告强调,鉴于目前的市场结构,电力企业之间的进一步整合将是非常不利的,这将对波兰的电力批发和零售市场造成不利影响,并导致不合理的价格上涨。另一方面,在审慎操作的基础上对特定公司进行私有化,反而可能会对市场竞争带来积极影响。参见 Office of Competition and Consumer Protection, Report on Activities 2010, Warsaw 2011, p.30。

② Office of Competition and Consumer Protection, Report on Activities 2012, Warsaw 2013.

升竞争水准而采取的执法之外的各种措施。①它主要从两大方面实现竞争环境的优化:一是通过与其他政府部门的沟通实现其他经济和社会政策与竞争政策的互相连接;二是通过教育宣传提高公众对"竞争有益经济"观念的理解与支持,从文化建设的角度把竞争文化提升为一国主流文化的组成部分。

在波兰,竞争推进是依靠一系列"信息和教育项目"(information and educational projects)来实施的。比如,2011年竞争和消费者保护局发起了两项竞争推进活动:一是"集中控制运动",通过在一系列广播、电视和网络媒体中开展有关企业集中控制的宣传和教育,让企业和公众了解竞争和消费者保护局在集中控制方面的做法及其意义;②二是"宽恕政策运动",通过在全国45个媒体渠道(包括广播、电视和网络)播放竞争和消费者保护局如何实施宽恕政策的公益性广告,让企业和社会公众了解卡特尔行为的危害性,敦促实施了违法行为的企业主动自首换取惩罚措施的减免。③此外,竞争和消费者保护局还长期与各媒体保持合作,积极发布有关竞争和集体消费者利益保护的新闻报道④,并出版了大量与竞争保护和集体消费者利益保护相关的书籍。竞争和消费者保护局认为,通过竞争推进,能够提高所有市场参与者的法律和经济意识、聚焦竞争法对波兰经济的重要性以及宣传企业和消费者的权利和义务。竞争推进的有效性,已经被竞争和消费者保护局开展的公众调查以及市场参与者法律和经济水平的提高所证实。⑤

除了针对企业的上述执法、调查和宣传,竞争和消费者保护局还针对自身建立了一套原则和规则,确保各项行为符合法律和职业伦理的要求。特别是,主动公开发布了《竞争和消费者保护局的使命和愿景》(以下简称《使命和愿景》),⑥将竞争和消费者保护局的"使命"定位为"通过创造充分的竞争和保护竞争的条件改

---

① Report prepared by the Advocacy Working Group, ICN's Conference Naples, Italy, 2002, pp.i~v.
② 在此次推进活动中,对相关问题感兴趣的企业可以通过电话或电子邮件直接从竞争和消费者保护局获得相关信息。此外,竞争和消费者保护局还向500家大型公司和几十家企业联合组织寄送了信息资料,并以此为契机开始着手制定与集中审查密切相关的市场调查指南。参见 http://uokik.gov.pl/fuzje_pod_kontrola.php。
③⑤　Office of Competition and Consumer Protection, Activity Report 2011, Warsaw 2012, p.34.
④ 比如,仅2011年竞争和消费者保护局就发布了234条新闻报道(其中163条涉及竞争保护,71条涉及消费者保护)。这些报道被大量的新闻媒体和网络媒体所传播(据统计,有3 370个广播和电视报道涉及了竞争和消费者保护局的决定和相关行动)。2011年竞争和消费者保护局举办了9次媒体见面会。通过这些方式,竞争法知识和市场参与者的权利义务得以广为人知。参见 Office of Competition and Consumer Protection, Activity Report 2011, Warsaw 2012, p.36。
⑥ Office of Competition and Consumer Protection, Mission and Vission, http://www.uokik.gov.pl/mission_and_vision.php.

善消费者的福祉。这些措施旨在加强在波兰共和国领土上经营的企业的竞争力,从而为波兰的经济发展做出贡献"。竞争和消费者保护局的"愿景"则是"成为一个为企业和消费者所信赖的竞争和消费者保护机构。它的工作能够对波兰和欧盟的经济成就做出贡献。"由此可以看出,竞争和消费者保护局保护竞争的目的在于提升消费者福利,而最终的目标是促进波兰的经济发展。也正因为此,《使命和愿景》要求竞争和消费者保护局"支持波兰共和国政府实现国家经济战略",并"影响公共当局,提高其竞争意识,包括认识到企业反竞争行为和损害集体消费者利益行为的危害性,以及与此类似的国家行为的危害性"。

可见,作为一个转型经济国家,国家经济战略仍然是波兰经济发展的最要组成部分,竞争和消费者保护局的职能很大程度上正是为经济转型和经济发展而服务;但是,与此同时,"影响公共当局"的举措又试图避免国家行为对市场竞争机制造成扭曲,从而实现政府和市场的有机结合。

此外,为了实现"愿景",竞争和消费者保护局还指出,应当"加强竞争和消费者保护局的威信、避免受到外在政治压力的影响以及倾向于在专业上实现完美"。为此,竞争和消费者保护局建立并公开了一系列行为准则和内部政策,比如竞争和消费者保护局内部机构的协调合作和信息共享机制、内部审计机制、人事政策、奖励政策、信息化教育政策等。这些机制和政策的公开,不仅表明了竞争和消费者保护局独立执法和专业执法的信心,也给公众监督提供了窗口,进一步提升了竞争和消费者保护局的公信力。

1.3　波兰竞争法的实施情况及其绩效

1.3.1　波兰竞争法实施的基本情况

从某种意义上说,法律的实施比法律本身更重要。如果法律制定以后形同摆设或实施不佳,反而可能因为减损法律的威信或过度干预而不如没有法律之前的情况。在这方面,波兰竞争法的实施相比于其立法,可能更加引人注目。

在波兰竞争法的实施过程中,竞争和消费者保护局居于核心地位。竞争和消费者保护局对于限制竞争行为的调查主要依据职权展开，但是也不排除书面举报。比如，2011 年，竞争和消费者保护局共收到了 409 项举报，并对其中 18 项发起了反垄断程序（antitrust proceedings）。[①]2012 年，竞争和消费者保护局共收到 438 项举报，并对其中 176 项发起了解释性程序（explanatory proceedings），对 54 项发起了反垄断程序。

　　但是，竞争和消费者保护局的执法存在几个与大多数国家明显不同的特征。第一，竞争和消费者保护局的执法重点是滥用市场支配地位。从表 1.1、表 1.2、表 1.3 和表 1.4 可以看出，近三年竞争和消费者保护局调查和查处的滥用案件的数量是垄断协议的好几倍。这是极其少见的。一般各国都以垄断协议作为查处重点，因为垄断协议数量最多，其危害性在经济学上的争议也最小。第二，相比于横向协议，竞争和消费者保护局似乎更加重视纵向协议的查处。表 1.1、表 1.2、表 1.3 和表 1.4 同样表明，竞争和消费者保护局每年对于纵向协议的调查和决定数量都要多于横向协议。这也与一般国家的做法迥异。横向协议的危害比纵向协议更为巨大，这是几乎被所有国家所接受的；在美国，自 2007 年以后，纵向协议更是已经全部适用“合理原则”来分析。波兰的这种做法非常独特。第三，集中审查以同意居多，附条件同意和禁止决定都很少。这与大多数国家的做法一致。但是，波兰在企业集中审查中存在“特别同意”程序，即可以根据“公共利益”豁免原本应该受到禁止的垄断行为。这与我国反垄断法的做法颇为相似，[②]但是我国并未建立专门的“程序”，实践中是根据竞争还是公共利益而做出审查决定也语焉不详。而且波兰竞争和消费者保护局适用特别程序的情况非常罕见，近三年来没有一例这样的情况。

表 1.1　竞争和消费者保护局发起的反垄断程序（2009—2011 年）

	2009 年总数	2009 年完成数	2010 年总数	2010 年完成数	2011 年总数	2011 年完成数
反垄断程序（不包括对企业处以罚款的程序）	176	107	143	103	128	102
针对横向协议的程序	15	8	17	9	17	14

① Office of Competition and Consumer Protection, Activity Report 2011, Warsaw 2012, p.10.
② 我国《反垄断法》第 28 条规定："经营者能够证明该集中对竞争产生的有利影响明显大于不利影响，或者符合社会公共利益的，国务院反垄断执法机构可以做出对经营者集中不予禁止的决定。"

	2009 年总数	2009 年完成数	2010 年总数	2010 年完成数	2011 年总数	2011 年完成数
其中根据《欧盟运行条约》第 101 条发起的程序①	4	4	0	0	1	1
针对纵向协议的程序	22	10	23	18	20	15
其中根据《欧盟运行条约》第 101 条发起的程序	0	0	0	0	0	0
针对滥用市场支配地位发起的程序	139	89	103	76	92	73
其中根据《欧盟运行条约》第 102 条发起的程序	3	2	2	2	1	0
解释性程序	492	350	507	370	509	324

表 1.2　竞争和消费者保护局发布的反垄断决定（2009—2011 年）

	2009	2010	2011
横向协议	0	10	13
纵向协议	1	18	15
滥用市场支配地位	11	68	72
企业集中	104（其中 97 项为同意决定,3 项为禁止决定,3 项为停止调查决定,1 项为附条件同意决定,没有特别同意决定）	158（其中 147 项为同意决定,9 项为停止调查决定,2 项为附条件同意决定,没有禁止决定和特别同意决定）	172（其中 166 项为同意决定,3 项为附条件同意决定,2 项为禁止决定,1 项为停止调查决定,没有特别同意决定）
总数	116	254	272

---

① 当被调查的行为可能影响到欧盟成员国之间的贸易时,反垄断调查应该基于欧盟竞争法(《欧盟运行条约》第 101 条和第 102 条)来进行。

表1.3　竞争和消费者保护局发起的反垄断程序(2012年)

	2012年发起数	2012年以前发起但未决数	2012年完成数
反垄断程序(不包括对企业处以罚款的程序)	112	35	93
针对横向协议的程序	13	5	9
其中根据《欧盟运行条约》第101条发起的程序	1	0	0
针对纵向协议的程序	18	5	11
其中根据《欧盟运行条约》第101条发起的程序	0	0	0
针对滥用市场支配地位的程序	81	25	73
其中根据《欧盟运行条约》第102条发起的程序	0	1	1
对企业处以罚款的程序①	6	1	1
解释性程序	290	179	303

表1.4　竞争和消费者保护局发布的反垄断决定(2012年)

	横向协议	纵向协议	滥用支配地位
认定为垄断行为并命令终止行为的决定	3	4	19
认定为垄断行为并宣告已终止行为的决定	5	6	11
承诺决定	0	1	37
总数	**8**	**11**	**67**
处以罚款的决定	0	3	1
终止程序的决定	1	0	6
未发现垄断行为	1	0	3
其他原因	0	0	3
通过裁决终止的程序	0	0	0

1.3.2　垄断协议的规制

在垄断协议的反垄断规制中,最引人瞩目的是宽恕政策的实施。宽恕政策是指在垄断协议的调查过程中,参与协议的当事人可以通过主动提供协议存在的证

---

① 对企业处以罚款的原因包括:(1)不执行或不适当执行竞争和消费者保护局的决定;(2)拒不提供相关信息,或者提供错误或误导的信息;(3)在执法调查中不予合作。

据并配合执法机构开展调查,取得豁免罚款或减少罚款的有利结果。宽恕政策是各国执法机构为了瓦解垄断协议的"隐蔽性"而采取的应对措施,几乎所有欧盟成员国都实施了宽恕政策。

宽恕政策的实施建立在经营者主动申请的基础上。根据波兰《部长理事会2009年1月26日关于经营者向竞争与消费者保护局申请减少或豁免罚款的程序条例》的规定,想要获得罚款减免的经营者需要向竞争与消费者保护局提交书面申请。书面申请包含的内容包括对协议内容的描述、自己对协议的达成所起的作用(比如是否是协议的策划人、教唆人)以及相关必要证据或信息。如果未能按时提供必要证据或信息,竞争与消费者保护局可以驳回其申请。①

值得注意的是,在波兰,宽恕政策不仅适用于横向协议,还适用于纵向协议,而且适用纵向协议居多。比如,在一项有关肉类产品的纵向限制竞争协议中,Makton公司作为参与方主动提供相关证据,促成了竞争和消费者保护局的调查和决定,由于其不是协议的发起人,最终免于处罚。②再比如,Inco-Veritas公司是一家家用化学品生产商,与其经销商之间维持了长达十年的固定最低转售价格协议,但是通过主动与竞争和消费者保护局合作,提供了有关家用化学品领域纵向限制竞争协议的证据,获得了罚款数额的减轻,最终只罚了约200万兹罗提。③再比如,Euromark是一份纵向限制竞争协议的发起者,但是其提交了宽恕申请并与竞争和消费者保护局积极合作,最终竞争和消费者保护局对其的处罚减少了一半,只罚款约4.2万兹罗提。④可见,不论是否是协议的发起人,均可以提交宽恕申请且可以获得罚款的减免。这一方面大大促进了对垄断协议的调查和处理,但也可能产生道德风险,即发起人有可能通过这种方式打击竞争对手。

或许是受"2011—2013竞争政策"将执法重点聚焦于垄断协议的影响,在2012年,波兰的宽恕案件猛增。仅2012年,竞争和消费者保护局就收到16起宽

---

① Regulation of the Council of Ministers of 26 January 2009 concerning the mode of proceeding in cases of undertakings' applications to the President of the Office of Competition and Consumer Protection for immunity from or reduction of fines.

② Decision no. DOK-12/2011.

③ Decision no. DOK-10/2011.

④ Decision no. RKT-22/2011.

恕申请,而在波兰实行宽恕政策的第一个八年里(2004—2011 年),总共才收到 30 起申请(见表 1.5)。

表 1.5 波兰宽恕申请数(2004—2012 年)

年　度	2004	2005	2006	2007	2008	2009	2010	2011	2012
宽恕申请数	0	2	3	6	3	6	8	2	16

此外还值得注意的是,尽管竞争和消费者保护局对各行各业的限制竞争行为都展开了调查,但是其对公用企业限制竞争行为的调查最为突出。比如,在垄断协议领域,2009 年竞争和消费者保护局对于移动运营商之间垄断协议的调查就是经典案例。截至 2008 年年底,波兰市场上共有 4 家移动运营商。其中三家(Polkomtel、Polska Telefonia Cyfrowa 和 Polska Telefonia Komorkowa Centertel)拥有移动网络服务所必须的全国性基础设施,而 P4 是在 2007 年才进入波兰市场,因此还无法构建自己的基础设施,必须租用其他运营商的网络。为此,P4 与 Polkomtel 签订了有关全国漫游服务的协议。在调查过程中,竞争和消费者保护局发现协议规定 P4 只能从 Polkomtel 这里购买网络基础设施服务,且协议明确保证 Polkomtel 在提供该服务时相比于其他运营商享有优先权。竞争和消费者保护局认为,Polcomtel 和 P4 之间的协议构成了垄断协议,最终促使两大运营商删除了有可能导致限制竞争的合同条款。[1]此外,两年之后,竞争和消费者保护局又发现这四家移动运营商通过达成垄断协议的方式互不竞争。调查显示,卡特尔协议已经存在长达两年半的时间,在此期间整个数字技术电视市场的发展几乎停滞。为此,竞争和消费者保护局要求卡特尔的参与者停止违法行为,并对其施加了总额超过 1.13 亿兹罗提的罚款。[2]

竞争和消费者保护局还对政府采购领域的限制竞争行为开展了反垄断调查。政府采购的主要目标是在竞争、透明的条件下,给投标方提供获得政府资金的公平机会。同时,如果企业无法独自履行合同,立法允许几个企业联合投标。原则上,联合投标的协议在法律上是被允许的。然而,如果联合投标协议的目的是为了消除或限制市场竞争,反垄断法就会发挥作用。比威雅斯托克的市属物业管理

---

[1] Decision No. DOK-6/2009.

[2] Decision No. DOK-8/2011.

公司(Zarzad Mienia Komunalnego，ZMK)被发现在垃圾的集中与运输招标程序中违反了反垄断法。竞争和消费者保护局发现,曾经购买过 ZWK 设备的两大公司——MPO 和 Astwa——提交了联合投标书,并且声称其各自的科技实力不足以单独赢得政府采购合同。然而,搜集到的证据表明,MPO 和 Astwa 声称的在设备使用(例如垃圾收集运输车)方面的合作在现实中是不存在的。很明显,两大公司联合投标的目的是为了维持现有的市场份额。鉴于该案发生的事实并未出现过先例,竞争和消费者保护局虽然认定该行为违法,但不予罚款。截至 2012 年末,两大公司均未就决定提起上诉。[1]

1.3.3 滥用市场支配地位的规制

在滥用市场支配地位的反垄断规制中,公用企业也是重点调查对象。试举三个案例予以说明。

案例一为发生在电网市场的滥用市场支配地位行为。比如,2011 年竞争和消费者保护局对 RWE Polska 展开了反垄断调查。RWE Polska 是电网服务提供商,为发电厂提供网络基础设施服务。但是,RWE Polska 对该项服务施加了苛刻的条款,在获取不正当收益的同时,导致其合同方无法在电力交易市场开展有效竞争。最终,RWE Polska 公司被处以 630 万兹罗提的罚款。[2]此外,还有很多企业(特别是公用企业)不一定是在全国范围内构成垄断,而是在地方市场构成垄断,此时如果仅关注全国市场,就无法达到竞争法保护集体消费者利益的目标。为此,竞争和消费者保护局近年来一直密切关注市镇企业的竞争行为。特别是自从竞争和消费者保护局在《2008—2010 竞争政策》中将促进地方市场的竞争作为工作重点之后,这种关注已经取得了不小的成果。比如,竞争和消费者保护局曾对波兰热舒夫(Rzeszow)市的市政水务和污水公司(MPWiK)开展了反垄断调查,发现其对城市中特定区域的污水处理收取不公平的超高价格。而且对于不愿意为其污水处理设施提供额外费用的顾客,MPWiK 不与其签订污水处理协议。竞争

---

① Decision RLU-38/2012.
② Decision No.RWA-26/2011.

和消费者保护局认为，MPWiK 滥用了市场支配地位，对其处以 43 万兹罗提的罚款。①

　　案例二为发生在天然气市场的滥用市场支配地位行为。竞争和消费者保护局在调查中发现，波兰石油和天然气矿业公司（PGNiG）阻止其消费者在改变供应商时终止协议。在极端情况下，消费者被要求提前 15 个月提交终止服务的通知。竞争和消费者保护局认为，这在很大程度上打消了消费者终止协议并使用其他实体的服务的积极性。竞争和消费者保护局认为，PGNiG 的行为已经影响到欧盟成员国之间的贸易，也可能因此触犯了欧盟法律。最终，PGNiG 自愿终止这种行为，且竞争和消费者保护局接受了其承诺。②在另一个案件中，PGNiG 由于拒绝与 NowyGza 签署一份有关天然气供应的全面合同，阻碍了其作为天然气供应商进入天然气零售市场与 PGNiG 竞争，被竞争和消费者保护局认定为构成滥用市场支配地位行为，最终被处以 6 000 万兹罗提的罚款。③

　　案例三为发生在供水和排水市场的滥用市场支配地位行为。市政当局开展的公用事业活动，比如拒绝水源供应和排水服务，也属于反垄断法的规制范畴。由于其在当地市场具有支配地位，竞争和消费者保护局持续不断地监测其行为。该领域最常见的违法行为之一是收取服务接受者部分网络建设费用。根据法律，接受者必须支付连接单元、安装主水表、测量设备的建设费用。然而，实际上，消费者有时会被收取额外费用。这些违法企业中有一家是在 PK Wronki 的市政公共企业，该企业对将连接单元整合到供水和排水系统收取不合理的费用。PK Wronki 最终因其滥用市场支配地位的行为而遭受超过 9 000 兹罗提的罚款。④竞争和消费者保护局还发现，当由于消费者过失导致水表受损或毁坏时，供水和排水企业存在不合理地计算用水量的情况。比如 Lubnice 市政府就犯过这种错误。然而，在案件调查过程中，市政府修改了标准协议中的条款。因此，竞争和消费者保护局决定不予罚款。⑤

---

① Decision No.RKR-5/2009.
② Decision DOK-1/2012.
③ Decision DOK-2/2012.
④ Decision RPZ-7/2012.
⑤ Decision RLO-8/2012.

1.3.4 经营者集中的规制

如果经营者未经竞争和消费者保护局许可就进行集中,不论是否蓄意,均可对其处以高达其上一年度营业额10%的罚款。然而,这类案例非常罕见。比如,在2012年,此类案例仅两例。此外,由于不提供信息而被处罚的案例也很少。比如,在2012年,因未提供信息而被处罚的案例仅一例。

2012年没有禁止案件,只有1个附条件批准案件(见表1.6)。该案发生在制药行业。竞争和消费者保护局认为,Polpharma收购Plofa Warszawa将会限制国内三大医药产品市场——抗血凝的非处方药以及氟喹诺酮和磺胺类处方药——的竞争。因此,只能是附条件许可。为了保护不属于上述资本集团且不受该集团任何实体联合控制的投资者的利益,Polpharma必须在决定公布之日起18个月内处理掉全部的三大药物。收购方需得到竞争和消费者保护局的批准。此外,Polpharma承诺将上述药物的市场份额维持在70%。[①]

表1.6　竞争和消费者保护局处理的经营者集中案件(2012年)

	案件数
2012年审查的集中案件	194
其中2012年完成的集中案件	155
处理结果	
批准集中	136
批准会实质性限制竞争的集中——特别同意(《竞争和消费者保护法》第20条第2款)	0
附条件批准	1
禁止集中	0
终止集中审查程序	0
对终止集中审查程序的裁决	0
撤回集中申报	16
退回集中申报	2

---

① Decision DKK-23/2012.

经营者集中控制领域也特别关注公用企业。比如,在 2011 年竞争和消费者保护局禁止的两个企业集中案件中,其中一个就是禁止电力市场中相互竞争的两大企业(Polska Grupa Energetyczna 和 Energa)进行合并;[①]另一个则是禁止多媒体市场的合并(NFI Empik 并购 Merlin)。[②]实际上,竞争和消费者保护局很少禁止企业集中,自 2004 年以来只禁止过 6 个集中。[③]此外,对于没有经过审查就进行集中的行为,竞争和消费者保护局可以对集中的企业施加上一年度营业额 10% 的最高罚款。但是,这种情况也很少发生。可见,在企业集中控制领域,除了针对公用企业之外,竞争和消费者保护局对于一般企业的集中较为宽松。

1.3.5　集体消费者利益的保护

对损害集体消费者利益行为的调查程序一般依职权开展,但是与垄断行为类似,竞争和消费者保护局也可以基于书面举报开展相关调查。2012 年,竞争和消费者保护局共收到 599 份举报,并对其中 228 份启动了解释性程序,对 58 份开展了调查程序。如果行为最终被认定为损害了集体消费者利益,最高可以对违法企业处以上一年度营业额 10% 的罚款。企业可以自愿承诺改正其违法行为并采取一些措施消除恶劣影响。如果竞争和消费者保护局认为企业承诺的行为足以弥补其过失,可以接受其承诺并免除罚款。在保护集体消费者利益方面,竞争和消费者保护局的地方分支机构发挥了重要作用。

表 1.7　集体消费者利益案件调查情况(2012 年)

	数　量
涉嫌损害集体消费者利益的调查程序	450
2012 年发起数	376
前些年发起但 2012 年处理数	74
2012 年结案数	332

---

① 　Decision No. DKK-1/2011.

② 　Decision No. DKK-12/2011.

③ 　Office of Competition and Consumer Protection,Activity Report 2011,Warsaw 2012,p.13.

续表

	数 量
对相关经营者处以罚款的程序①	48
2012 年发起数	35
前些年发起但 2012 年处理数	13
2012 年结案数	28
解释性程序	923
2012 年发起数	701
前些年发起但 2012 年处理数	222
2012 年结案数	534

表 1.8　集体消费者利益案件决定类型(2012 年)

	数 量
认定为损害集体消费者利益行为并命令其终止的决定	85
认定为损害集体消费者利益行为并宣告其已终止的决定	108
承诺决定	131
总数	324
对企业处以罚款的决定	24
终止调查的决定	8
未发现损害集体消费者利益行为	3
其他原因	5
通过裁决终止的程序	4

1.3.6　竞争司法

除了竞争执法,波兰的竞争司法也颇具特色。波兰在华沙专门建立了审理限制竞争行为案件的"竞争和消费者保护法院"(以下简称"竞争法院")。对于竞争

---

① 罚款包括:(1)不执行决定或延迟执行决定;(2)不提供信息或者提供错误或误导的信息;(3)在调查程序中不合作。

和消费者保护局的决定不服,企业可以向竞争法院上诉。对于竞争法院的判决不服,企业还可以向位于华沙的上诉法院上诉。在某些情况下,企业还可以向最高法院提起撤销原判之诉。

从表1.9和表1.10可以看出,与竞争和消费者保护局的执法重点一致,波兰各级法院重点审查的也是滥用市场支配地位案件,而且纵向协议案件也比横向协议案件更多。结合表1.2,还可以发现近几年(2009—2011年)分别有大约34％、16％和21％的案件上诉到竞争法院,而从竞争法院上诉到上诉法院的案件比例更多,几乎一半以上竞争法院的判决都被上诉,还有不少案例上诉到了最高法院,且最高法院处理的案件中也以滥用案件居多。

表1.9　波兰反垄断司法判决数(2009—2011年)

	2009 年	2010 年	2011 年	2012 年
竞争与消费者保护法院	40 (其中:纵向协议7例,横向协议7例,滥用28例,集中2例)	41 (其中:纵向协议11例,横向协议4例,滥用23例,集中3例)	58 (其中:纵向协议17例,横向协议8例,滥用30例,集中3例)	60 (其中:纵向协议29例,横向协议8例,滥用19例,集中4例)
上诉法院	35 (其中:纵向协议5例,横向协议6例,滥用24例)	21 (其中:纵向协议5例,横向协议1例,滥用15例)	30 (其中:纵向协议3例,横向协议7例,滥用18例,集中2例)	29 (其中:纵向协议8例,横向协议5例,滥用15例,集中1例)
最高法院	14 (其中:横向协议3例,滥用11例)	6 (其中:滥用6例)	3 (其中:纵向协议1例,滥用2例)	2 (其中:滥用2例)

表1.10　竞争法院关于反垄断案件的判决(2012年)

	数　量
推翻竞争和消费者保护局的决定	3
改变竞争和消费者保护局的决定	10
驳回经营者的起诉	47

此外,数据还显示,竞争与消费者保护法院推翻或改变竞争和消费者保护局决定的裁决数量不在少数。比如,2011年竞争法院针对竞争和消费者保护局共发

布了 58 项裁决,其中有 3 项和 11 项分别推翻和改变了竞争和消费者保护局的决定,占了所有裁决约四分之一。[①]推翻和改变竞争和消费者保护局决定的裁决在 2010 年和 2009 年也分别占到了所有裁决的 34% 和23%。[②]可见,尽管竞争和消费者保护局在波兰竞争法的实施过程中占据核心地位,但是波兰法院的司法审查功能十分突出。波兰各级法院通过推翻或改变竞争和消费者保护局的决定,对竞争和消费者保护局施加了很大的压力,促使其更加审慎和专业。与此同时,司法的最终裁决功能也使得波兰竞争法在公众眼中更加可信。

在集体消费者利益的司法保护方面,2012 年,竞争法院对 53 起针对竞争和消费者保护局的决定不服提起诉讼的案件进行了宣判,上诉法院则宣布了 32 份判决,最高法庭未审理此类案件(见表 1.11)。在竞争法院的判决中,有 38 起驳回起诉,有 11 起改判,有 4 起被推翻(见表 1.12)。

表 1.11　各类法院关于集体消费者利益案件的判决(2012 年)

	竞争法院	上诉法院	最高法院
损害集体消费者利益案件的判决数	53	32	0

表 1.12　竞争法院关于集体消费者利益案件的判决情况(2012 年)

	数　量
推翻竞争和消费者保护局的决定	4
改变竞争和消费者保护局的决定	11
驳回经营者的起诉	38

1.4　小结

从表面上看,波兰竞争法的实施特征不太符合大多数国家(更准确地说是竞

---

① Office of Competition and Consumer Protection, Activity Report 2011, Warsaw 2012, p.17.
② 此数据根据竞争和消费者保护局 2009 年和 2010 年的工作年报计算得出。参见 Office of Competition and Consumer Protection, Report on Activities 2010, p.27; Report on Activities 2009, p.27。

争法发达的国家）的普遍做法。但是仔细分析，会发现波兰竞争法的实施情况恰好反映了转型经济体的一般特点，并集中体现了波兰特色。对于从计划经济转型到市场经济的国家而言，通过私有化和引入市场机制等改革手段，国家垄断在很大程度上会演变为市场垄断。而且，由于计划体制的残留和路径依赖，政府公权力和市场私权利往往会在很长一段时间内相互扭合，使得变换了身份的垄断企业在放松管制的大背景下很容易通过排挤竞争对手的方式攫取超额利润。此时，如果没有反垄断法的介入，就会使得改革成果付之东流。在这种情况下，对于大企业滥用市场支配地位的查处就必然成为竞争和消费者保护局的执法重点。

与此同时，还应注意到，纵向限制与滥用行为并非完全可分（比如前文提及波兰在这两个方面的法条竞合），对于纵向限制竞争协议的重点规制，正是为了尽量防止那些很难认定其具有绝对的市场支配地位但是仍然有能力实施限制竞争行为的垄断企业。而且，在经济转型过程中，大企业一般都是纵向一体化企业，掌握上中下游资源，能够很容易通过纵向限制实施剥削性行为和排他性行为。因此，纵向限制也必然成为执法重点。

此外，除了反垄断和保护"集体消费者利益"之外，波兰的竞争执法机构还广泛地开展了行业调查和竞争推进工作，努力实现竞争政策向其他经济和社会政策以及民众的渗透。比如，仅 2012 年，竞争和消费者保护局就参与以下立法：《公共采购法修正案》《能源法》《天然气法》《可再生能源法》《电信法修正案》《燃料质量监测和检查系统法修订案》等。①这无疑在最大程度上影响公共政策的制定及其实施，尽可能确保相关政策不会扭曲竞争环境。

最后，竞争和消费者保护局在集中审查方面的谨慎（尤其是在"特别同意"程序的适用方面）以及司法系统在审查竞争和消费者保护局决定方面的强大地位，是波兰竞争法力求远离政治影响、保持独立性和专业性的内在需求。波兰竞争法实施体制的这种设计，体现了波兰实施竞争法的重大决心。

---

① Office of Competition and Consumer Protection, Report on Activities 2012，Warsaw 2013，p 7.

第 2 章
中东欧国家的竞争法典型之二:捷克竞争法研究

2.1　捷克竞争法的制度构成及其特点

2.1.1　捷克竞争法的基本情况

捷克竞争法也经历了一个演变的过程,目前正在施行的是 2012 年经过第 9 次修正的《竞争保护统一法案》(以下简称"捷克《竞争法》")。①最近一次修正带来了许多变化,包括宽恕制度的整合、和解程序的引入、制裁方式的变化以及对国家行政机关限制竞争行为予以处罚的新权力等。

首先,正式在捷克竞争法中引入了宽恕制度。捷克的竞争执法机构在十多年前就已经采用宽恕制度,但采取的仅是"通知"的方式,没有明确的法律依据。这在实践中带来了宽恕制度适用在法律上的不确定性。另一方面,立法机构没有将宽恕制度与其他法律制度(主要是行政程序法和刑法)很好地加以整合。由于以

---

① 最初的竞争法典是《2001 年 4 月 4 日关于竞争保护和对特定立法予以修正的第 143/2001 Coll.号法案》(一般称为《竞争保护法》),后来经《2004 年 5 月 4 日第 340/2004 Coll.号法案》、《2004 年 8 月 5 日第 484/2004 Coll.号法案》、《2005 年 2 月 22 日第 127/2005 Coll.号法案》、《2005 年 8 月 19 日第 361/2005 Coll.号法案》、《2007 年 4 月 4 日第 71/2007 Coll.号法案》、《2008 年 1 月 1 日第 296/2007 Coll.号法案》以及《2009 年 9 月 1 日第 155/2009 Coll.号法案》修正。最新一次修正(第 9 次修正)于 2012 年 12 月生效。

上原因,捷克竞争法最终纳入了宽恕制度。值得注意的是,在之前,当事人只有在没有起到卡特尔的主导作用以及在达成卡特尔后马上退出卡特尔的情况下,才有资格申请适用宽恕制度。但是在新的立法中,取消了这种前提,即便申请人起到了卡特尔的主导作用,并且没有在达成卡特尔后马上退出卡特尔,也可以申请适用宽恕制度。此外,新法进一步修正了刑法的规定,就卡特尔增加了一条有效悔罪的特殊规定(《刑法》第 248 条 a),意味着宽恕政策的申请者可以免除行政责任和刑事责任。

其次,第一次将所谓的和解程序纳入法律框架。据此,捷克的竞争执法机构可以对坦白行政违法行为的经营者减少 20％的罚款。和解程序也可以由经营者单独提出申请后予以罚款的减少(在目前已有的案例中,最高的减免额达到了50％)。虽然立法没有明确表明,但从问题的性质来说,申请者必须对事实上的违法行为予以坦白交代。如果经营者坦白的是对竞争保护局来说不重要的问题,那么这不能成为减少罚款的理由。

再次,在违法行为的惩罚措施方面有些新的变化。其中最大的变化是对串通招投标协议实行新的制裁,即三年内不得参与公开投标和许可程序。

最后,明确将捷克竞争法的适用范围从经营者扩展到国家行政机关,包括实行国家行政管理的政府行政机构、履行地方行政管理职能的地方政府机构以及间接执行国家行政管理职能的享有特殊利益的管理机构。禁止以上机构通过给予某一竞争者好处的方式或以其他方式限制竞争。事实上,本法囊括了国家行政机关可能引起的所有限制竞争情形,包括审议行为和立法行为。实际上,20 世纪 90年代的捷克保护法就曾赋予过竞争执法机关类似的权力,因此这并不是革命性的规定。但是,最新修正案至少在三个关键方面不同于前面的立法。首先,它开始涉及享有特殊利益的行政机构;其次,违反法律将承担最高达 1 000 万克朗的罚款,而在过去,只会有一个违反义务的声明;再次,该法还规定了其他相关机构可以纠正这种情况,即确保消除限制竞争行为。在这方面,竞争执法机构可以宣布一个“过渡期”,让相关机关采取措施,观察市场的变化情况,以及酝酿相关救济手段。

与其他大多数国家的竞争法一样,捷克竞争法主要规制三类行为:限制竞争协议、滥用市场支配地位和经营者集中。与波兰一样,捷克竞争法不规范不公平竞争的问题,而是采纳了分别立法的模式。①捷克竞争法特别强调:本法适用于依据特别规定或根据特别规定做出的决定提供普遍经济利益服务的企业,只要其适用不妨碍这些服务的提供。②这类似于我国《反垄断法》第7条的规定。但是,捷克竞争法是首先表明了竞争法统一适用所有企业的立场,再为其提供例外的豁免;而我国反垄断法是首先为其提供了特殊保护,再象征性地要求其依法经营和接受社会公众的监督,显然在对竞争法的重视程度上有所差别。此外,捷克竞争法还对"经营者"的概念进行了严格界定:本法所称经营者,是指自然人、法人、自然人和法人的联合组织、联合组织的联合体和其他组织。即便这些联合体和组织并非法人,只要其参与竞争或影响竞争,都要受到本法约束。③

以下主要对捷克竞争法中有关限制竞争协议、滥用市场支配地位和经营者集中的相关规定予以介绍和分析。

2.1.2　限制竞争协议

根据捷克竞争法,经营者之间的协议、经营者的联合组织的决议以及协同行为(以下统称为"协议"),凡是影响或者扭曲竞争的,应被禁止或视为无效。④但是,如果竞争法或特别法另有规定,或者竞争执法机构通过实施条例对协议进行豁免,那么限制竞争协议仍然可以取得合法性。在捷克竞争法中,有关限制竞争协议的规制有以下方面值得特别留意:豁免制度、宽恕制度以及和解制度。以下分别予以介绍和分析。

1. 豁免制度

与波兰竞争法类似,捷克竞争法也提供了三种限制竞争协议的豁免模式:

第一,安全港豁免。这主要体现为对"不严重影响竞争的协议"的豁免。捷克《竞争法》第3条第1款明确规定:不禁止不严重影响竞争的协议。该条规定源于

---

① 相关规定参见捷克《商法典》第44条(经第370/2000 Coll.号法案修订)。
② 参见捷克《竞争法》第1条第3款。例外规定主要是指:《关于邮政服务的第29/2000 Coll.号法案》;《关于捷克国家银行的第6/1993 Coll.号法案第23条》(经第442/2000 Coll.号法案修订);《关于录音机和电视广播的第468/1991 Coll.号法案》第9条(经修订);《关于电信的第151/2000 Coll.号法案》。
③ 参见捷克《竞争法》第2条第1款。
④ 参见捷克《竞争法》第3条第1款和捷克《民法典》第39条(经第509/1991 Coll.号法案修订)。

欧盟竞争法的相关规定。根据《欧共体条约》第 81 条第 1 款（现为《欧盟运行条约》第 101 条第 1 款）以及欧盟竞争法的规定，低度影响竞争的协议不应被禁止。[①]欧盟委员会据此发布了《欧盟委员会关于对条约第 81 条第 1 款中规定的不严重影响竞争（可忽略不计的）协议的通知》。[②]捷克《竞争法》必须协调捷克法和欧盟竞争法，因此捷克竞争法的解释必须符合欧盟竞争法。[③]对此，捷克发布了《竞争保护局关于不严重影响竞争（可忽略不计的）协议的通知》[④]（以下简称"《通知》"），对捷克《竞争法》第 3 条第 1 款中"不禁止不严重影响竞争的协议"这一规定做出了细化解释。根据《通知》，凡符合以下条件的协议不被禁止：①在受协议影响的任何相关市场上，协议各方所持有的总的市场份额不超过 10％。②在受协议影响的任何相关市场上，协议各方所持有的各自的市场份额不超过 15％。如果在一个相关市场上，由不同供应商和经销商为了销售产品和服务而达成的协议具有"累积效应"[⑤]（协议的平行网络的累积封锁效应在市场上会产生类似效果，以下简称"协议的累积封锁效应"），则上述安全港门槛（不论是横向协议还是纵向协议）降至 5％。拥有不超过 5％市场份额的私人供应商和经销商，总体上不会形成严重的累积封锁效应。捷克的竞争执法机构还认为，如果具有相似效应的协议的平行网络覆盖少于 30％的相关市场，基本上也不会产生累积封锁效应。但是，上述安全港不适用于含有"核心限制"的协议，即直接或间接、独自或和其他因素结合达到以下目的的横向或纵向协议：①固定价格，包括固定向第三方转售的价格；②限制或控制生产、产量、科研或资本投资；③分割市场。

第二，符合竞争法条件的豁免。[⑥]捷克《竞争法》有关限制竞争协议的禁止性规定适用于以下协议：①有利于提升产量、销售、提高技术或促进经济进步并能使消费者公平分享利益的；②与实现第一项目标并不冲突，且不会给经营者施加达成协议目的不必要限制的；③不会给经营者在构成协议目标的商品的供给或需求市

---

① 参见 1969 年 7 月 9 日欧洲法院的判决：*Völk v.Vervaecke* 5/69[1969] ECR 295。

② Commission Notice on Agreements of Minor Importance Which Do not Appreciably Restrict Competition under Article 81 (1) of the Treaty Establishing the European Community(*de minimis*)(2001/C 368/07).

③ 参见 2007 年 1 月 31 日捷克共和国最高行政法院的判决：*T-Mobile*，file 7 As 50/2006。

④ Notice of the Office for the Protection of Competition on Agreements of Minor Importance Which Do not Appreciably Restrict Competition(De Minimis).

⑤ 累积效应的定义参见以下决定：S 115/03 and R 62/03 *Plzeňský Prazdroj*，*a.S.*。

⑥ 参见捷克《竞争法》第 3 条第 4 款。

场的实质部分提供限制竞争的可能性。

第三,集体豁免。[1]捷克竞争法对于集体豁免的规定主要有三点:①依据《欧盟运行条约》第 101 条的规定,捷克《竞争法》中有关限制竞争协议的禁止性规定不适用于不会影响欧盟成员国之间贸易的协议,但是要满足根据《欧盟运行条约》第 103 条第 1 款和相关实施条例规定的集体豁免的条件,或者针对农业领域的豁免条件。②竞争执法机构还可以对其他类型的协议适用集体豁免,前提是能够证明集体豁免能够对其他市场参与者(尤其是消费者)产生的好处大于其可能造成的限制竞争的坏处。③如果由于市场的发展,集体豁免已经不符合捷克《竞争法》第 3 条第 4 款规定的条件,竞争执法机构应当收回根据上述两点做出的豁免所产生的利益。

所有以上豁免的取得,均应由当事人承担举证责任,即由认为享有豁免权的当事人提供证据证明存在实施豁免的条件。[2]否则,竞争执法机构应认定为不存在豁免情形。

2. 宽恕制度

根据捷克的宽恕制度,存在免予罚款(宽恕种类 1)和减少罚款(宽恕种类 2)两种情况:①如果经营者第一个向竞争执法机构提供能够使竞争保护局马上开展调查的信息和证据,或者第一个向竞争执法机构提供能够使竞争执法机构证明卡特尔协议存在的信息和证据,竞争执法机构不应该处以罚款。即只有第一个联系竞争执法机构的卡特尔成员才能全部免除罚款。②如果经营者不是第一个向竞争保护局提供信息和证据,但是提供的信息和证据足以证明卡特尔协议的存在,竞争保护局可以减少罚款。在以上两种情况下,经营者都必须满足法律和竞争执法机构规定的适用宽恕制度的其他条件(包括程序条件)。比如,在捷克,宽恕制度只适用于卡特尔(不适用于纵向协议)。

以下对两类宽恕制度的申请条件和申请程序予以介绍。

首先,在宽恕制度的申请条件方面,区分为"宽恕种类 1"(免于罚款)和"宽恕种类 2"(减少罚款)两种情况。

根据经营者提供给竞争执法机构的信息的特点,"宽恕种类 1"又可以进一步

---

[1] 参见捷克《竞争法》第 4 条。
[2] 参见捷克《竞争法》第 21 条 d。

区分为"宽恕种类 1A"和"宽恕种类 1B"。

根据"宽恕种类 1A"，在满足以下条件的情况下，竞争执法机构免除经营者的全部罚款：第一，经营者第一个提交证据，并且在提交当时根据竞争执法机构的评估，这些证据能确保其开展相关调查。证据的相关性由竞争执法机构予以评估。第二，在经营者提交宽恕申请时，竞争执法机构还没有足够证据做出调查决定或者获得法院的调查许可。第三，满足宽恕制度适用的其他条件。同时，宽恕申请人有义务向竞争执法机构提供以下信息和证据：①提交申请人目前所知道的信息和证据，包括：卡特尔协议的详细描述，包括其目标、活动和功能等；相关产品市场；相关地域市场；持续时间；卡特尔订立的时间、地点、内容及参与人情况；对提交的证据的相关解释；申请人的名称和地址以及所有参加卡特尔的经营者的名称和地址；申请人所知的正在或已经参与卡特尔的所有人的姓名、职位、办公室地址，如果有必要的话还可以提供家庭住址。②申请人所掌握的与卡特尔相关的其他证据，特别是违法证据。

根据"宽恕种类 1B"，在满足以下条件的情况下，竞争执法机构免除经营者的全部罚款：第一，经营者第一个提交在竞争执法机构看来能确保发现卡特尔存在的信息和证据。第二，竞争保护局还没有足够证据证明发现违法行为。第三，尚未有经营者根据"宽恕种类 1A"被免于处罚。第四，满足宽恕政策适用的其他条件。

根据"宽恕种类 2"，在满足以下条件的情况下，竞争执法机构应当减轻经营者的罚款：第一，经营者在提交宽恕申请时提交的证据，能够对竞争执法机构已经掌握的证据形成重要的附加值。"重要的附加值"是指所提供证据的程度，即从本质或细节上，能够确保竞争保护局证明卡特尔的存在。在评估证据的过程中，竞争执法机构通常比较认可提交宽恕申请当时提供的书面证据，而不是后来阐述的证据。总的来说，一般认为与相关问题有直接联系的证据比存在间接联系的证据更有证明力。第二，满足宽恕政策适用的其他条件。

根据"宽恕种类 2"，减少罚款的程度分为以下三个等级：①第一个向竞争执法机构提供具有重要附加值信息和证据的申请人，减少 30％—50％；②第二个向竞争执法机构提供具有重要附加值信息和证据的申请人，减少 20％—50％；③其他向竞争执法机构提供具有重要附加值信息和证据的申请人，减少最高 20％。减少罚款的具体数额取决于申请人提交证据的时间以及证据的附加值程度。

前文提到,不管是"宽恕种类1"还是"宽恕种类2",在具体适用时,都还必须满足适用宽恕制度的其他条件。这里所指的其他条件,主要是指以下条件:第一,从申请开始至行政调查程序结束,申请人必须和竞争执法机构真诚、全面、持续合作。尤其包括:及时向竞争执法机构提供申请人所拥有和掌握的所有相关信息和证据;向竞争保护局提供完整、准确而非误导性的信息;及时回答竞争执法机构认为有助于形成相关事实的问题;要求申请人的现任(尽量也包括前任)领导和雇员接受竞争保护局询问;不破坏、伪造和隐藏相关信息和证据;在竞争执法机构发起行政调查程序之前,不披露提交宽恕申请的事实和任何内容。第二,在考虑进行宽恕申请时,申请人不得破坏、伪造或隐藏相关证据,或者披露提交宽恕申请的目的,除非是向其他竞争执法机构做出上述披露。

在捷克的宽恕制度中,还有一项很特别的程序性规定,即宽恕申请人在没有掌握实际证据的情况下,可以向竞争执法机构提交"假定的信息和证据",从而获得申请宽恕政策的名次(以下简称"标记名次"),继而再收集必要的信息和证据。即申请人可以通过"标记名次",其给定时间内保护其作为宽恕政策申请人的顺序地位,但是要在给定时间内收集必要的信息和证据。在这种情况下,宽恕申请人必须提供其在约定日期内拟揭露的证据的详细列表。列表必须准确反映证据的本质和内容(已被去除敏感部分的文件副本可以用来说明证据的本质和内容)。在提交"假定的信息和证据"时,不需要披露宽恕申请人及其他参与卡特尔的经营者的名称。相关经营者的名称可以在提交了宽恕申请中所描述的证据后披露。然而,必须详细阐述卡特尔涉及的相关产品和服务、地理范围和持续时间。

一旦竞争执法机构收到经营者提交的"假定的信息和证据",并且其满足宽恕种类1A或1B所规定的情况,竞争执法机构将告知经营者是否可以适用宽恕政策。如果收到申请的竞争执法机构发现申请人未满足宽恕种类1A或1B所规定的条件,竞争执法机构将立刻以书面形式告知申请人。在这种情况下,申请人可以申请收回其向竞争执法机构提交的文件,或者申请竞争执法机构考虑将其宽恕申请替换为宽恕种类2。在此情况下,竞争执法机构有权通过行使其调查权进一步收集信息。关于免于罚款或减少罚款的最终决定都会在行政调查程序结束后的最终决定上发布。

在宽恕制度的实施中,还可能涉及捷克竞争执法机构与欧盟委员会之间的合作。如果欧盟委员会是处理案件的最合适权威机构,宽恕种类 1A 的申请人只需要提交"简要申请"(summary applications)。即在这种情况下,申请人需要向欧盟委员会提交完整的宽恕申请,同时向捷克竞争执法机构提交简要申请。简要申请至少应包括以下内容:①申请人的姓名和地址;②参与卡特尔的其他各方;③受影响的产品和服务;④受影响的相关领域范围;⑤卡特尔的持续时间;⑥卡特尔行为的本质;⑦可能保留证据的成员国;⑧有关其在过去或将来可能向其他竞争主管机构提交宽恕申请的信息。

收到简要申请后,捷克竞争执法机构将向申请人确认其是否为第一个申请者。如果收到简要申请后,竞争执法机构要求申请人提供更具体深入的信息,申请人应及时提供这样的信息。如果竞争执法机构决定采取行动,申请人必须在给定时间内全面提供满足条件的相关证据和信息。如果申请人在规定时间内提交了这些信息,从提交简要申请那天起,视为所提供证据已提交。

最后,捷克的竞争执法机构还提供了申请宽恕制度的联系方式。对于相关行为是否符合卡特尔行为,以及是否可以适用宽恕制度的问题,可以咨询捷克竞争执法机构的工作人员。①同时,竞争执法机构保证,一般只有行政程序的当事人可以接触宽恕申请。但是,根据法律,竞争执法机构不能保证宽恕申请不被传至法庭或负责刑事程序的机构。

3. 和解制度

作为行政调查程序之外的"替代性解决方案"的和解制度主要有两种形式:第一,在行政程序开始之前消除竞争问题(情况 A)。在这种情况下,行政调查程序还没有开始,就通过双方和解解决问题。第二,在初步调查程序中接受当事人提出的承诺。在这种情况下,行政调查程序已经开始,但是当事人承诺解决问题(情况 B)。比如,根据捷克竞争法的规定,捷克竞争执法机构可以直接禁止违法的限制竞争协议。但是,如果当事人共同作出承诺恢复有效竞争、消除有害情形,竞争

---

① 提交宽恕申请时使用的联系方式如下:①邮寄地址:třída Kapitána Jaroše 7, 604 55 Brno;②电子邮箱地址:leniency@compet.cz(仅限宽恕申请使用),或者电子邮箱:posta@compet.cz;③记录口头提交的申请(建议通过电话提前安排会议)。申请提交的日期和时间将会被记录。还可以通过以下号码咨询宽恕政策的适用(也是匿名):Mgr. Igor Pospíšil:＋ 420 542 167 216;Mgr. Ing. Kamil Nejezchleb:＋ 420 542 167 284;Ing. Lenka Šťaflová:＋ 420 542 167 308。

执法机构可以终止调查程序,同时明确履行承诺必要的条件和责任。在收到竞争执法机构送达的书面调查文件(包括案件基本情况、法律适用和主要证据等)之日起 15 日内,经营者可以向竞争执法机构提交书面承诺。在此期限之后作出的承诺,竞争执法机构只考虑值得特别关注的情况。如果竞争执法机构发现承诺履行得不够充分,或者承诺作出时的情形已经发生重大变化,或者同意承诺是基于不正确或者不完整的文件、数据或信息作出的,可以撤销承诺,并继续开展行政调查。[①]与豁免一样,对于所有承诺,当事人应当证明承诺的实施能够足以恢复或维持有效竞争。若不能证明,竞争执法机构不负有证明的义务。

　　和解制度的核心是竞争执法机构不启动行政程序,或者终止行政程序。在决定案件是否适合采用和解制度时,捷克竞争执法机构会考虑到反竞争行为的严重性、持续时间,在涉及限制竞争协议的时候,还要考虑这样的协议是仅仅缔结了,还是已经实现了。

　　在情况 A 和情况 B 下适用和解制度的条件有所不同(如表 2.1 所示)。

表 2.1　和解制度的不同形式及其适用条件

反竞争行为类型		情况 A (开始行政程序前)	情况 B (在行政程序中)
不太严重的违法	已构成	适用	适用
	影响有限	适用	适用
	其他	不适用	适用
严重的违法	尚未造成竞争影响的协议	不适用	适用
	已终止,对竞争影响有限,未涉及核心限制	不适用	适用
	其他	不适用	不适用
非常严重的违法		不适用	不适用

　　注:"非常严重的违法"是指:固定价格的横向协议、分割市场或产量的横向协议,对广泛消费者群体产生严重影响的滥用市场支配地位行为;"严重的违法"是指:其他横向协议,限制转售价格协议和市场分割的纵向协议,其他滥用市场支配地位行为;"不严重的违法"是指:对消费者影响较小、只影响一小部分市场的纵向协议,以及其他不严重损害竞争的行为。

———————

① 参见捷克《竞争法》第 7 条。

在许多国家，和解程序主要适用于横向协议。但是，捷克也将其运用于转售价格维持案件中。捷克竞争执法机构认为，和解程序能够适用于纵向协议，这有助于快速、有效地结束行政程序。

在捷克已经适用和解程序解决的案件中，最高减少罚款比例达到了 50％。这比欧盟委员会处理的和解案件的优惠力度要大得多。更重要的是，捷克竞争执法机构在纵向协议中适用了和解程序，而欧盟委员会倾向于只在卡特尔案件中采用和解。而且，无论是在捷克还是在欧盟竞争法中，纵向协议各方都不能享受宽恕制度带来的好处[1]，和解程序恰好可以被用来作为纵向协议的调查工具，而不用担心有损宽恕制度的有效性。在宽恕制度的框架内，提供有效证据也可以享受减少50％罚款的优惠。这意味着，在捷克，和解程序不仅用做程序性措施，更是作为调查工具用来缩短行政调查的时间。在横向协议中，宽恕制度是作为一种调查工具而存在的，当事人能够根据宽恕制度获得免除或减少罚款的优待，因此不能再依据和解程序获得如此大幅度的减少罚款。换言之，在横向协议中，和解程序不能用作调查工具，只能是一种程序性措施。

捷克竞争执法机构认为，和解程序的主要贡献是有效修复反竞争的局面，在保留征收巨额罚款可能性的同时大大节省了竞争主管机构的资源。与其他不处以罚款的替代解决方案相比，处以巨额罚款的威慑是该程序的主要优点。就捷克的经验来看，经营者申请和解的主要动机是尽快解决案件，即影响行政程序的结果和期限。和解对于经营者的名声和名誉的有限负面影响，是推动和解程序开展的重要动力。此外，和解程序还可以避免调查结果和耗时的不确定性（包括罚款的实际金额）。[2]

对于和解程序的指责主要在于缺乏统一的规定，这被认为增加了不确定性和法律风险。基于该原因，捷克竞争执法机构决定，一旦有了足够的经验，就起草并发布有关和解程序的指南。此外，一些评论家指出，和解程序可能会因竞争法的私人执行而产生不利的后果。相比于一般的决定，和解决定包含更少细节，篇幅也很短，这被认为会减少其对后续民事诉讼的用处。相反，原告的处境可能会更好，因为和解决定涉及经营者对违法行为毫无保留的供认。但是，由于捷克竞争

---

[1]　http://www.compet.cz/en/competition/antitrust/new-leniency-programme/＃c211.
[2]　See Office for the Protection of Competition，Annual Report 2012.

法的私人执行总体不发达,这种风险也是非常有限的。

这里可以介绍一下捷克竞争执法机构依据 OECD 所定义的和解程序[①]来处理限制竞争案件的第一案:Kofola 案。捷克竞争执法机构于 2007 年启动了针对 Kofola 公司的调查,并于 2008 年 7 月 25 日公布了对 Kofola 案的裁决。[②]Kofola 公司是一家软饮料生产商,其于 2001—2008 年期间在捷克实施了维持转售价格的垄断行为。与其缔结协议的是捷克各地区的一些软饮料批发商。按照协议约定,这些批发商必须用统一的价格向第三方出售产品。捷克竞争执法机构获得了足够的证据,因此 Kofola 公司在调查时十分配合。在调查过程中,被调查各方提出和解。捷克竞争执法机构根据相关规定[③],决定以高达 50% 的罚款折扣来换得当事人的合作。

捷克竞争执法机构在 Kofola 案中采用的和解程序包括以下几个步骤:①正式申请启动和解程序。②与当事人讨论初步调查结果及对调查结果的异议。③当事人申请初步和解。④规范和修正初步和解申请中的文件和资料。⑤当事人申请最终和解,包括以下内容:第一,根据和解讨论的结果确认各方责任;第二,表明各方预见的并接受的最高罚款金额;第三,各方确认,他们已被充分告知初步调查结果和各方提出的异议,以及给予足够机会去了解调查结果和异议,并对其进行评论;第四,各方确认,考虑到相关事实,他们不再寻求任何进一步的程序性措施,包括申请进一步的证据,以及不再要求口头听证。⑥竞争保护局正式接受最终申请。

Kofola 集团承认其实施了违法行为,即故意达成并实施了维持转售价格协议,并解释了这实施一行为的原因。当事人也向捷克竞争执法机构提供了所有涉及维持转售价格条款的合同。在调查过程中,当事人修改了合同,使其不再包含反竞争条款,并向捷克竞争执法机构提供了相关证据。与此同时,当事人承诺,他们会告知所有的合作伙伴,不再保持设定价格或接受转售价格建议。

和解程序的效果显著:行政程序的耗时大大缩短,同时,被判处的罚款也大幅降低。根据捷克竞争执法机构的决定,Kofola 集团必须支付 1 350 万克朗(50 万

---

① See OECD Plea Bargaining/Settlement of Cartel CASE, DAF/COMP(2007)38, p.9.
② See Office's Decision No.S 095/2008/KD-14495/2008/810 of 25 July 2008.
③ See Point 34 of the Guidelines of the Office for the Protection of Competition on the Method of Setting Fines Imposed Pursuant to Art.22 Par.2 of the Act No.143/2001 Coll. on the Protection of Competition as amended.

欧元)的罚款。如果不实行和解程序的话,罚款金额将是上述金额的两倍。尽管捷克竞争执法机构一再向当事人强调,和解程序并不剥夺其通过行政或司法程序捍卫自己利益的权利,但是最终各方都没有提出上诉,裁决最终生效。

2.1.3　滥用市场支配地位

在滥用市场支配地位的规制方面,捷克竞争法与欧盟竞争法一样,存在"共同市场支配地位"的概念:如果一个或多个经营者(共同市场支配地位)的市场影响力使得他们可以在很大程度上单独影响其他企业或消费者,被视为在相关市场具有支配地位。[①]

在认定经营者是否具有市场支配地位时,捷克竞争法提供了两大参考因素:第一,首先根据一个或多个经营者在相关市场的市场份额来评估市场支配力。同时,也应以其他标准为依据,特别是经营者的经济和财务力量、其他经营者进入市场的法律障碍或其他障碍、企业的纵向联合程度、市场结构和其直接竞争对手的市场份额大小等。第二,同时存在一个推定标准:如果经营者在相关市场的市场份额不超过 40%,一般推定为不具有市场支配地位。除非能够通过第一点提及的相关因素证明确实存在市场支配地位。[②]

与限制竞争协议一样,滥用市场支配地位的规制中也存在承诺制度。捷克竞争执法机构可以直接禁止违法的滥用市场支配地位行为。但是,如果当事人共同做出承诺恢复有效竞争、消除有害情形,捷克竞争执法机构可以终止调查程序,同时明确履行承诺必要的条件和责任。在收到捷克竞争执法机构送达的书面调查文件(包括案件基本情况、法律适用和主要证据等)之日起 15 日内,经营者可以向竞争执法机构提交书面承诺。在此期限之后做出的承诺,捷克竞争执法机构只考虑值得特别关注的情况。如果捷克竞争执法机构发现承诺履行得不够充分,或者承诺做出时的情形已经发生重大变化,或者同意承诺是基于不正确或者不完整的文件、数据或信息做出的,可以撤销承诺,并继续开展行政调查。

[①]　参见捷克《竞争法》第 10 条第 1 款。
[②]　参见捷克《竞争法》第 10 条第 2、3 款。

2.1.4　经营者集中

　　根据捷克《竞争法》，以下行为都属于经营者集中：①合并集中：合并一个或多个经营者。②收购集中：依据合同、拍卖或其他方式收购其他经营者或其他经营者的一部分。根据捷克竞争法之立法目的，经营者的一部分也应被视为经营者，即使它并不是一个独立的企业组织单位。③控制集中：一个或多个不是法人的人控制至少一个企业，或当一个或多个法人可能直接或间接控制其他企业，尤其是通过收购股权、业务或成员利益，或者通过合同或其他方式使得他们控制其他的经营者。这里所指的控制，是指以事实或法律为基础对其他经营者市场活动施加决定性影响，尤其是基于财产权或能够对所控制的经营者或者经营者的一部分施加影响的权力，或者能够对所控制经营者的构成、投票以及决策产生决定性影响的权利或其他法律事项。④合营集中：建立一个多数经营者联合控制的能够行使独立经济体所有职能的经营者（以下简称"合营企业"）。⑤两个或多个经营者集中，如果根据其属性、存续时间和员工情况判断存在相互联系和相互制约，应被认定为属于同一个经营者集中。①

　　但是，如果有以下情形，则不视为经营者集中：①因对法人实行救助或财务重组，持有其合格股权最长为一年期的银行，因支付股票发行价格抵销该法人应收账款的，不视为经营者集中。②经营者以销售为目的，为其他经营者提供暂时长达一年时间的投资服务获取利益，如果他们没有实施与此利益相关的投票权，决定或影响所控制经营者的竞争行为的，不视为构成经营者间的集中。提供投资服务的银行或经营者可以向捷克竞争执法机构申请延长一年时间，前提是证明因客观原因在原期限内不能达到其投资于另一个经营者的目的。③依照特殊法律规定，某些法定权力机构的代表参与经营者的活动，如清算人或财产代管人，不视为构成经营者集中。

　　与大多数国家一样，捷克的经营者集中控制实行事先申报制度。凡是符合以下条件的经营者集中，都应该事先向捷克竞争执法机构申报：①所有相关经营者在

————————

① 参见捷克《竞争法》第12条。

捷克本国市场上一会计年度的总营业额超过 15 亿克朗,且其中至少有两个经营者的营业额超过 2.5 亿克朗;②在合并集中的情况下,至少一个经营者的营业额达到上述标准;在收购集中的情况下,被收购经营者或其实质部分的营业额达到上述标准;在控制集中的情况下,被控制的经营者的营业额达到上述标准;在合营集中的情况下,至少设立合营企业的其中一个经营者的营业额达到上述标准。如果同样的经营者两年内发生过两次或多次集中,这样的集中视为一个相同的集中。①

在收到经营者的集中申报之后,进入经营者集中的调查程序。根据捷克竞争法的规定,捷克竞争执法部门应及时通过商业公报和公共网络宣布启动集中调查程序,同时指明针对该集中提出异议的截止时间。②经营者集中的调查程序可以分为两个阶段。通常,竞争执法部门会在程序启动之日起 30 日内做出是否批准集中的决定。此为第一阶段。如果竞争执法部门发现集中有可能引起严重阻碍竞争的结果,特别是可能会建立或加强相关经营者或其中任何一个经营者的市场支配地位,应在规定的期限内通知当事人进入第二阶段审查程序。如果竞争保护局没有在规定的期限内做出决定,或者没有书面通知当事人进入第二阶段审查程序,视为批准集中。如果竞争执法部门依法书面通知当事人进入第二阶段审查程序,则应在程序启动之日起的 5 个月内做出决定。如果竞争执法部门没有在规定的期限内做出决定,视为批准集中。

在经营者集中的规制中,也可能存在与欧盟竞争法的衔接问题。依照欧盟合并条例的规定③,捷克竞争执法部门可以要求欧盟委员会开展调查程序。在欧盟委员会做出其是否受理的决定之前,捷克竞争执法部门应暂停调查程序。如果欧盟委员会认为该案应该由其处理,捷克竞争执法部门应终止调查程序。

经营者集中审查还可能涉及简易程序。④在适用简易程序的情况下,捷克竞争执法机构必须在收到完整的经营者集中申报之日起 20 日内做出决定。申请人申请简易程序的条件如下:①没有参与集中的经营者在同一相关市场的经营(混合集中);或者参与集中的经营者在同一相关市场中的市场份额不超过 15%,同时没有参与集中的经营者在另一个参与集中的经营者的纵向市场进行经营(纵向集

---

① 参见捷克《竞争法》第 13 条。
② 参见捷克《竞争法》第 16 条。
③ See Article 22 Para.1 of the Council Regulation(EC) No 139/2004.
④ 参见捷克《竞争法》第 16 条 a。

中);或者参与集中的经营者在各自相关市场中的市场份额都不超过 25%。②经营者取得之前已经参与联合控制的合营企业的完全控制权。

与普通程序一样,竞争执法机构应及时通过商业公报和公共网络宣布启动简易程序,同时指明针对该简易程序提出异议的截止时间。如果竞争保护局在启动简易程序后,发现需要更多信息对经营者集中予以评估,应当在 20 天内向当事人发送进行完整集中申报的通知,启动正式调查程序。如果竞争执法机构未在法定期限内做出决定,视为批准集中。

在调查过程中,最为重要的是评估经营者集中可能对竞争产生的影响。根据捷克竞争法的规定,对经营者集中的评估内容主要包括:受集中影响的市场结构、经营者的市场份额、经济和财务影响力、其他经营者进入该市场的法律障碍或其他阻碍、集中各方供应商和消费者的可选择性、受集中影响市场的供给与需求的发展,消费者是否能够因此获利并且不会损害有效竞争等。①在经营者集中的评估标准上,捷克采用的是与波兰一样的"实质性减少竞争(特别是创造或增强市场支配地位)"标准:如果经营者集中会实质性减少相关市场的竞争,特别是形成或加强相关经营者的市场支配地位,竞争执法机构不会批准该集中。但是,如果相关市场中所有相关经营者的共同市场份额不超过 25%,则可以推定该集中不会导致实质性的限制竞争,除非有相反证据推翻这种假定。

竞争执法机构也可以根据经营者的申请对集中行为予以豁免。②经营者可以在行政调查期间内提交豁免申请。豁免申请应当以书面形式提出,并且表明要求豁免的范围。竞争执法机构可以要求当事人书面提供做出批准豁免决定所需的事实依据或相关证据。竞争执法机构应在收到豁免申请的 30 日做出是否批准豁免的决定。

此外,经营者集中程序中也存在承诺制度。与以上针对限制竞争协议和滥用市场支配地位的程序相同。

最后,竞争执法机构还有权对违法的经营者集中予以纠正。第一,如果竞争保护局发现已经实施的集中违背了竞争保护局已经生效的决定,应该采取必要措施重新建立相关市场的有效竞争。为此,竞争保护局可以要求经营者出售股份,转让其因集中而收购的企业或企业的部分,解除实施集中的合同,或者履行其他

① 参见捷克《竞争法》第 17 条。
② 参见捷克《竞争法》第 18 条。

重新建立相关市场有效竞争所必须的措施。如果发现经营者没有通过事先申报就实施集中，竞争保护局也可以作出这样的裁决。第二，如果竞争保护局发现经营者提供的文件、数据和信息的完整性、正确性和真实性被证实全部或部分存在缺陷，或者批准集中的决定是通过欺骗获得的，或者当事人未能履行批准的条件、限制或承诺的，竞争保护局可以撤销批准集中的决定。竞争保护局可以自知道上述事实之日起一年内启动撤销决定的程序，但是最迟不得超过上述事实发生的 5 年之后。

2.2　捷克竞争法的执法机构及其职能

2.2.1　捷克竞争执法机构的基本情况

捷克的竞争执法机构为"竞争保护局"，属于中央行政机构。1991 年最初设立时名叫"捷克竞争保护局"（the Czech Office for the Protection of Competition），1992 年至 1996 年间作为"竞争部"（the Ministry for Competition）行使职责。现名为"竞争保护局"（The Office for the Protection of Competition）。总部位于布诺尔，2012 年在布拉格重设了分局。

竞争保护局的主要职责包括：①保护竞争；②监督公共采购；③行业调查；①④履行特别法规定的其他职能，比如为国家援助履行协商、协调和监督的功能。⑤竞争推进。

竞争保护局的负责人为局长，由捷克共和国总统根据政府的建议任命。总统可以根据政府建议罢免局长，局长也可以自己辞去职务。局长每届任期六年，限任两届。局长不能同时兼任政党或政治活动的成员。此外，两位副局长担任局长的副手，由局长任命和罢免。

---

① 参见捷克《竞争法》第 20 条：当有情况表明个别市场中的竞争受到扭曲时，尤其是当情况表明应作出包括改善竞争条件建议的报告时，竞争保护局应对该市场的竞争条件进行调查，并且提出改进措施。笔者将其称为"行业调查"。

以下介绍捷克竞争保护局有关员工和预算方面的一些信息。[①]

在最近几年,捷克竞争执法局的员工数量一直呈上升趋势,到 2012 年时,员工数量已经达到 211 名,相比于 2008 年增加了 85 名,五年内员工数量增加了约67%(见图 2.1)。从员工数量也可反映出,竞争法在捷克的地位一直处于上升趋势,捷克在保护竞争方面的投入也越来越高。

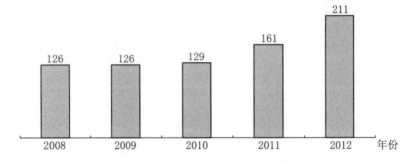

图 2.1　捷克竞争保护局的员工数量

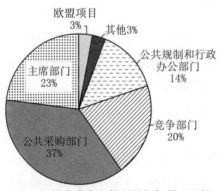

图 2.2　捷克竞争保护局的部门员工比例

在 2012 年的 211 名员工中,有 37%的员工(78 人)属于公共采购部门,是所有部门中人数最多的部门(见图 2.2)。人数排第二和第三的部门分别为主席部门(占 23%,约 49 人)和竞争部门(占20%,约 42 人)。其中,主席部门主要负责经济事务、法律事务、国际交流、有关竞争和公共采购的二审裁决、人力资源等内容;竞争部门则主要负责限制协议、滥用市场支配地位和经营者集中的规制。以上两个部门是与竞争法的实施最密切相关的两个部门。此外,还有 14%的员工(约 30 人)在公共规制和行政办公部门。其余还有少数人员负责处理与欧盟相关的业务或其他业务。

在捷克竞争保护局的所有员工中,绝大多数员工(占 66%)的年龄段在 26 岁到 40 岁之间,剩下来有 22%的员工在 41 岁到 60 岁之间,有 11%的员工在 25 岁

---

① 相关信息来源于捷克竞争执法局年报。

以下,只有 1％ 的员工在 61 岁以上(见图 2.3)。可见,捷克竞争保护局的人员组成以中青年为主。

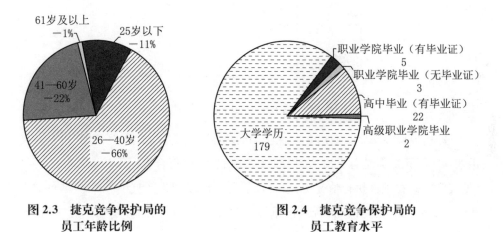

图 2.3 捷克竞争保护局的 员工年龄比例　　　　**图 2.4 捷克竞争保护局的 员工教育水平**

在受教育水平方面,在 2012 年捷克竞争保护局的所有员工中,有 179 人具有大学学历,占到了约 85％ 的比例。剩余的 15％ 为大学以下学历(见图 2.4)。

在员工的工作年限方面,绝大多数员工的工作时间都没有达到 10 年以上,超过 10 年以上的只占约 25％(见图 2.5)。这与竞争执法局的员工以中青年为主也是密切相关的。

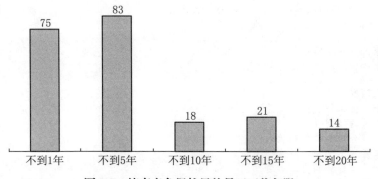

图 2.5 捷克竞争保护局的员工工作年限

此外,竞争执法局的女性员工比例略高于男性员工,在 2012 年分别为 115 人和 96 人(见图 2.6)。

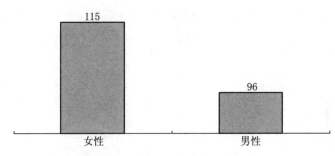

图 2.6　竞争保护局的员工性别比

　　最后,根据 2012 年预算,竞争保护局的总收入约为 2 448.1 万克朗(折合人民币约 623 万元),但是总支出达到了 1.465 16 亿克朗(折合人民币约 3 728.8 万元)(见表 2.2)。在预算执行情况中,总收入不变,仍然为 2 448.1 万克朗;但是总支出达到了 2.651 99 亿克朗(折合人民币约 6 749.3 万元),比预算增加了近一倍(见表 2.3)。这说明捷克的预算执行机制很不严格。

表 2.2　竞争保护局的预算(2012 年)

总指标	单位:1 000 克朗
总收入	24 481
总支出	146 516
具体指标——收入	
税收	4 600
非税收入、资本收益及转移收入	19 881
其中:来自欧盟的预算收入(不包括公共农业政策)	18 981
其他非税收入、资本收益及转移收入	900
具体指标——支出	
确保竞争保护局履行职责的支出	146 516
跨部门指标	
工资和其他工作支出	59 831
雇主支付的强制性保险	20 343
文化和社会基金的转移收入	580
员工工资	52 622
扣除官员工资后的员工工资总额	5 394
依照法律准备的危机基金	100
除了公共农业政策预算之外的总预算	22 331
其中:来自国家预算	3 350
来自欧盟预算	18 981
EDS/SMVS 项目信息系统支出	16 589

表 2.3　竞争保护局的预算实施情况（2012 年）

总指标	单位：1 000 克朗
总收入	24 481
总支出	265 199
具体指标——收入	
税收	4 600
非税收入、资本收益及转移收入	19 881
其中：来自欧盟的预算收入（不包括公共农业政策）	18 981
其他非税收入、资本收益及转移收入	900
具体指标——支出	
确保竞争保护局履行职责的支出	265 199
跨部门指标	
工资和其他工作支出	89 012
雇主支付的强制性保险	30 265
文化和社会基金的转移收入	873
员工工资	81 803
扣除官员工资后的员工工资总额	5 394
依照法律准备的危机基金	100
除了公共农业政策预算之外的总预算	22 331
其中：来自国家预算	3 350
来自欧盟预算	18 981
EDS/SMVS 项目信息系统支出	57 770

2.2.2　捷克竞争执法机构的主要职权

捷克竞争保护局在竞争执法中的职权主要包括调查权、处罚权和采取补救措施的相关权力等。

首先，捷克竞争保护局享有的调查权既包括对商业场所的调查权，也包括对商业场所之外的其他场所的调查权。

根据捷克《竞争法》，经营者应接受竞争保护局对于其参与商业活动的土地、所有办公场所、房间、交通工具（以下统称"商业场所"）的调查。[1]在调查程序中，竞争保护局的官员或其他竞争保护局授权的人享有以下权力：①进入被调查经营者的商业场所；②查证文件或记录是否属于商业记录；③不论存储形式如何，查看位

---

[1]　参见捷克《竞争法》第 21 条 f。

于商业场所或者可以从商业场所获得的商业记录；④复制或通过其他任何形式获得商业记录或其摘要；⑤在调查所需的时间和范围内，对商业场所或商业场所中的橱柜、暗格或商业记录进行查封；⑥要求经营者、雇员或其他与经营者有类似关系的人，或经营者授权代表其履行某些行为的人员，在调查时给予必要的合作，以及对商业记录做出解释；⑦在调查过程中，经营者应提供符合竞争法规定的必要的合作。

如果有理由怀疑商业记录保存在商业场所之外的其他地方，包括作为经营者合法组成的自然人或其他成员的家中，或者是雇员或与经营者有类似关系的人的家中（以下简称"商业场所之外"），竞争保护局可在获得法院授权之后，对以上场所进行调查。①对于商业场所进行调查的条款也同样适用于商业场所之外的调查。

值得注意的是，竞争保护局享有的调查权具有时效限制。竞争保护局可以自知道违法行为之日起5年内启动调查程序，若其10年后再启动调查程序，则违法行为无需再承担行政责任。②

其次，捷克竞争保护局也享有广泛的处罚权。根据捷克《竞争法》：①在调查期间闯入被查封的场所，最高罚款额为30万捷克克朗，或经营者上一会计年度营业额的1%。②对于限制竞争协议、滥用市场支配地位、违法的经营者集中、没有履行承诺、完成救济措施或其他竞争保护局的决定中包含的义务，最高罚款额为1 000万克朗，或经营者上一会计年度营业额的10%。③若对经营者的联合组织（比如行业协会）处以罚款，最高罚款额为协会成员上一会计年度总营业额的10%，即每个成员均应缴纳其上一会计年度营业额的10%。③最后一点与我国《反垄断法》对于行业协会的处罚规定形成鲜明对比。根据我国《反垄断法》第46条第3款的规定，行业协会违反反垄断法的规定，组织本行业的经营者达成垄断协议的，反垄断执法机构可以处50万元以下的罚款。换言之，我国对于行业协会的垄断行为的处罚上限为50万，而捷克竞争法对于行业协会垄断行为的处罚最终责任落实在行业协会成员之上，上限为上一年度营业额的10%。

值得注意的是，捷克《竞争法》中还存在"惩罚性罚款"。④若经营者未履行第21条e第1款或第21条f第3款所规定的义务（即不与竞争执法局合作和不提供

---

① 参见捷克《竞争法》第21条g。
② 参见捷克《竞争法》第22条b。
③ 参见捷克《竞争法》第22条、第22条a。
④ 参见捷克《竞争法》第22条c。

相关信息),可以被处以最高 30 万捷克克朗或者上一会计年度营业额 1%的罚款。以上罚款可以重复使用。重复罚款的金额不得超过 1 000 万捷克克朗或者不得超过该企业上一会计年度营业额的 10%。但是,违反上述义务之日起 1 年后不再处以罚款。

最后,捷克竞争保护局还可以采取相关补救措施。如果认定存在限制竞争行为,竞争保护局可以实施重建市场中有效竞争的补救措施,并规定履行措施的合理期限。补救措施可以与罚款措施同时进行。

2.2.3　捷克竞争执法机构的裁决程序

与捷克的其他行政机构一样,根据《行政程序法》(第 500/2009 Coll. 号法案)的规定,竞争保护局实行两级裁决程序。最初裁决由一审机构做出。对一审裁决不服的,可以在 15 日内向竞争保护局局长上诉。在这种情况下,局长履行二审职能。如果 15 日内没有上诉,一审裁决生效。

在上诉的情形下,局长在其顾问委员会——上诉委员会的协助下——做出关于一审机构所认定的事实和所适用的法律是否正确的裁决。进一步调查程序可以:①驳回上诉、维持原判;②改判,如减少罚款或撤销裁决;③发回一审机构重审。二审裁决一经确认,自当事人收到裁决时立即生效。对于竞争保护局已经生效的裁决不服的,可以上诉至相关行政法院,即布尔诺地区法院。

2.2.4　捷克与欧盟竞争执法机构之间的协调

如果经营者的行为影响到欧盟成员国之间的贸易,竞争保护局可以在个案中直接适用《欧盟运行条约》第 101 条和第 102 条。据此,竞争保护局可以:①要求停止违法行为;②采取临时措施;③接受承诺;④处以罚款。[1]

在特定情况下,在捷克领土范围内,如果限制竞争协议的全部或部分效果与《欧盟运行条约》第 101 条第 3 款的规定不一致,且该种不一致具备独立的地域市

---

[1]　参见捷克《竞争法》第 20 条 a。

场的所有特征,竞争保护局可以通过决定收回个别经营者经集体豁免所获得的利益。即可以不按《欧盟运行条约》第101条第3款的规定给予豁免。

在与欧盟层面的竞争执法机构进行协调时,捷克竞争保护局享有以下权力:①要求欧盟委员会提供评估案件所须证据的复印件;②向欧盟委员会咨询涉及共同体法律适用的任何案件;③与欧盟委员会或欧盟成员国的其他竞争主管机构进行交流,将有关事实或法律(包括机密信息)作为证据;④向法院提交有关《欧盟运行条约》第101条和第102条适用问题的调查结果,要求相关法院移送评估案件所必须的任何文件;⑤应其他成员国竞争主管机构的要求开展调查;⑥在欧盟委员会依据欧盟合并条例开展的调查中,发表其意见;⑦在欧盟条例赋予竞争保护局裁决权的情况下,做出裁决;⑧当欧盟委员会授权成员国采取必要的救济措施时,采纳救济措施。

与此同时,竞争保护局也具有以下义务:①向欧盟委员会提供其依据欧盟条例或欧盟合并条例履行义务所必须的信息;②当经营者依照欧盟条例或欧盟合并条例反对或阻碍调查时,向欧盟委员会提供必要的帮助;③根据《欧盟运行条约》第101条和第102条,书面通知欧盟委员会或其他成员国竞争主管保护机构启动调查程序;④在个案中直接适用《欧盟运行条约》第101条和第102条时,应在发布决定前的30日内,向欧盟委员会提供案件总结、预期裁决以及其他评估案件所必需的信息。这些信息也应向其他成员国的竞争主管机构开放;⑤应欧盟委员会的要求开展调查。

2.3 捷克竞争法的实施情况及其绩效

2.3.1 捷克竞争法实施的基本情况

捷克竞争保护局的主要职责是对垄断协议、滥用市场支配地位和经营者集中予以规制。与行业监管不同,竞争执法通常属于事后规制,即通常只对企业的市场行为进行规制。相反,行业监管机构则主要采用事前规制的方法,即为市场参与者提前设置准入条件。

　　恰如前述,竞争保护局实行两级裁决程序。最初裁决由一审机构做出。对一审裁决不服的,可以向竞争保护局局长上诉。2012 年,竞争保护局共收到 488 起举报,并启动了 59 项行政程序,发布了 58 份竞争领域的一审裁决。在收到的所有举报中,针对滥用市场支配地位行为的举报最多,有 244 起(见图 2.7),占到了一半;对限制竞争协议的举报数量次之,有 149 起,占到了约 30%;剩下的约 20% 为针对经营者集中以及其他行为的举报。

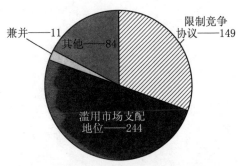

图 2.7　不同竞争违法行为的举报情况

　　近年来,捷克竞争保护局做出的一审裁决数量持续增长(参见图 2.8)。在所有一审裁决中,针对经营者集中的裁决占据绝对多数,占比基本上都在 90% 以上。但是,相比于举报的数量,针对滥用市场支配地位的一审裁决数量就显得非常小,在 2009 年至 2012 年期间,每年最多的裁决量也不过 3 起,2011 年甚至一起都没有。可见,虽然针对滥用市场支配地位的举报异常多,但是真正受到调查并处理的案件并不多。

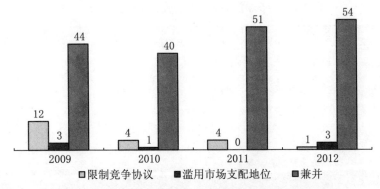

图 2.8　竞争保护局做出的一审裁决数量(反垄断案件)

　　与此同时,针对一审裁决提起的上诉数量也持续增长(参见图 2.9)。特别是在 2012 年,针对一审裁决提起的上诉数量首次超过了 300 个,达到了 356 个,与

2011 年相比,提起的上诉数量增长了 38%。

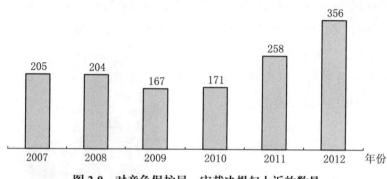

图 2.9　对竞争保护局一审裁决提起上诉的数量

2012 年,竞争保护局共计做了 229 项二审裁决(参见表 2.4)。在二审裁决中,有将近 74% 的案子维持了一审裁决的决定,只有在 46 项二审裁决中竞争保护局局长驳回了一审裁决的决定(撤销率约为 20%),此外有 5 项上诉因迟交而被驳回。可见,在竞争执法局内部的准司法裁决程序中,仍然有可能对案件的裁决进行"自我纠正",且比例并不低。在滥用市场支配地位和垄断协议两类案件中,2012 年处以的罚款总金额达到了 1.9 亿克朗。此外,竞争保护局还通过竞争推进(competition adovacy)解决了 5 个案件。

表 2.4　竞争保护局进一步调查程序情况(2012 年)

上诉		
对一审裁决提起上诉数		356
2012 年启动的进一步调查程序数		356
2012 年未完结的进一步调查程序数		145
2012 年做出的二审裁决数	共计	229
	维持一审裁决	169
	撤销一审裁决	46
	因迟交驳回上诉	5
	局长的程序性裁决	9
罚金	罚金数量	44
	罚金金额	2 208.5 万克朗

2.3.2　限制竞争协议的规制

禁止限制竞争协议是竞争保护局优先考虑的事项。仅 2012 年,在禁止限制竞争协议方面共发起 5 项行政程序(见图 2.10),并有 1 项裁决出台。在上述 5 项程序中,其中有 1 项针对纵向协议。为了找到限制竞争的证据,2012 年竞争保护局还开展了 18 次突袭检查。[①]

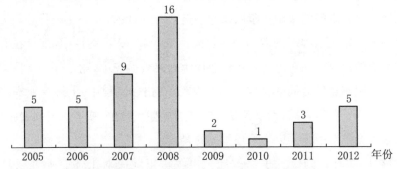

图 2.10　竞争保护局针对限制竞争协议发起的行政程序数(2005—2012 年)

近年来,竞争保护局的工作主要集中于查处串通投标行为,即禁止政府合同的投标者之间达成限制竞争的协议。竞争保护局认为,投标申请者之间有效的竞争是高质量地履行公共采购合同最有效的工具,有效的竞争也为实现最低价格提供了可能。调查表明,串通投标协议通常会使公共采购合同的价格增加 10%—50%。[②]考虑到每年有数千亿克朗投入公共采购合同,这占了捷克国内生产总值的很大比例,因此串通投标领域的卡特尔协议的破坏性是显而易见的。

2012 年,竞争保护局发布了一份针对串通投标协议执法工作的信息公告。公告参考和借鉴了竞争保护局和欧盟委员会已经调查的相关案件,以及经济合作与发展组织(OECD)的相关文件。公告列举了不同类型的串通投标协议,说明了与之相关的风险和后果,并推荐了合同当事人防止串通投标的预防措施。为合同当事人编写上述公告或指南时,竞争保护局的宗旨是尽可能详细地说明合同当事人串

---

①② Office for the Protection of Competition，Annual Report 2012，p.10.

通投标中存在的问题,使他们认识到卡特尔协议的风险并提供有效的解决方法。

2012年,竞争保护局共发现3个串通投标的卡特尔协议,并对废物处理领域的串通投标案做出了处以近1亿克朗罚款的裁决。下面对该典型案例进行简单介绍。

竞争保护局依职权开展调查后发现废物处理领域涉嫌存在限制竞争协议。2010年9月,竞争保护局开始对ASA、SITA和van Gansewinkel这三家公司启动行政调查。2011年,又增加了对AVE公司的调查。在调查中,竞争保护局发现,2007年至2011年间,上述企业利用共同协议和信息交换的方式划分客户,使其能够在废物处理和道路维护方面的公共采购合同中协同行动。

上述当事人之间的限制竞争协议并不是同时签订的,而是在废物处理方面存在6个关于个体奖励程序的双边协议,而在ASA和AVE案件中,则存在有关道路维护方面的协议。在对上述企业营业场所的突袭检查中,竞争保护局取得了企业之间存在限制竞争合同的证据。调查发现,在招标流程中,上述企业提交报价的目的不是为了赢得合同,而仅仅是表明该领域存在竞争,或者没有提交报价,而只是联系了竞争对手需要废物处理服务的客户。

2012年11月19日,竞争保护局做出了一审裁决对上述企业处以总额为9 657.9万克朗的罚款。没有企业提出上诉,一审裁决自2012年12月6日起生效。其中,ASA和AVE申请了宽恕制度。由于它们提供了大量有关限制竞争行为的证据,针对它们的处罚分别减少了50%和30%。所有当事人都在法定期限内承认了违法行为,并请求适用和解程序,最终针对它们的处罚都减少了20%。从收集的证据、操纵废物处理相关市场的敏感性、适用宽恕制度和适用和解机制等综合来看,此案是竞争保护局历史上最重大的案件之一。这也是首例纯粹在捷克国内市场适用宽恕制度的案件。

2.3.3　滥用市场支配地位的规制

根据捷克《竞争法》,市场份额低于40%的经营者一般推定为不具有市场支配地位。但是,市场支配地位的认定除了参考市场份额因素外,还要考虑许多其他因素,比如竞争对手的经济和财务影响力或竞争对手进入市场的难易程度。垄断企业或优势企业当然有权在市场中开展竞争,但和具有较小市场影响力的企业相比，它们应遵守更严格的规则。滥用市场支配地位的体现形式多样，最常见的包括过高定价、搭售商品或服务、忠诚折扣和掠夺性定价等。

　　2012 年，针对滥用市场支配地位行为，竞争保护局虽然只发起了 1 项行政调查（见图 2.11），却共处理了 6 起滥用市场支配地位的行政调查案件，共处以了 9 300 多万克朗的罚款。

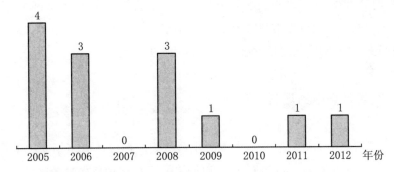

图 2.11　竞争保护局针对滥用市场支配地位发起的行政程序数(2005—2012 年)

　　在竞争保护局所处理的有关滥用市场支配地位的案件中，西班牙电信捷克公司忠诚折扣案是其中一个非常重要的案例。2001 年和 2002 年，ČESKÝ 电信公司（后来的"西班牙电信捷克公司"）与近三千家企业签订了价格计划合同，被认定为构成滥用市场支配地位。在这些合同中，客户保证每月拨打电话的最低限定数量，即使没有使用整个数量也应支付费用。而且，客户在合同规定日期到达之前不能终止合同，也不能使用当事人之外的任何供应商提供的语音服务。此外，与企业的标准价格计划不同，ČESKÝ 电信公司对客户适用不同的方案，而且为增加或留住客户实施了损害其竞争对手利益的忠实折扣方案。

　　ČESKÝ 电信公司的上述行为发生在电信行业自由化改革时期。结果不仅对竞争的发展造成了障碍，而且对没有与其签订上述合同的企业形成了价格歧视。在该案中，为了获得服务，每个客户都必须接受具有市场支配地位的企业的不同折扣，因此，事实上这是一个应予以禁止的忠诚折扣案件。

　　竞争保护局认为，ČESKÝ 电信公司的商业政策扭曲了竞争，对其他运营商进入市场造成了障碍。因此，2004 年对其处以共计 8 170 万克朗的罚款。该案进一步上诉至行政法院审理。2011 年 4 月，布尔诺地区法院判决西班牙电信捷克公司

（原ČESKÝ电信公司）在利用公共固定电信网络为企业提供电话服务时滥用其市场支配地位。但是，该判决同时认为，由于竞争保护局对其处以罚款的论证理由不充分，因此撤销了罚款惩罚。2012年10月，竞争保护局在上述判决的基础上，重新作出了一审裁决，详细论证了其限制竞争行为的严重性、持续性和当事人违法的反复性，最终给予西班牙电信捷克公司处以9 310.86万克朗的罚款。在2012年12月的二审裁决中，因为当事人不同意一审机构以当事人2003年和2012年申报的不正确的营业额作为其限制竞争行为罚款的计算基础，竞争保护局局长减少了对当事人的罚款，最终罚款金额为9 190.97万克朗。

2.3.4　经营者集中的规制

对经营者集中的规制主要是为了防止通过集中形成具有市场支配地位的企业。超过法定营业额标准的经营者之间的集中，必须向竞争保护局申报。没有竞争保护局的批准，经营者之间就不能集中。作出集中裁决的一般期限是30天。对于不太复杂的情况，经营者可以申请适用简易程序。简易程序的裁决会在20天内作出。如果竞争保护局有理由怀疑集中会对竞争造成负面影响，裁决程序会进入长达四个月的第二阶段。

近年来，竞争保护局每年针对经营者集中发起的行政程序基本上维持在40件到60件之间。2012年，竞争保护局共启动了53项针对经营者集中的行政程序（见图2.12），共作出54项裁决，其中有33项适用简易程序。其中，只有3个案件进入第二阶段。有3个案件在经营者作出确保竞争的承诺后被允许集中。2012年没有禁止性案件。

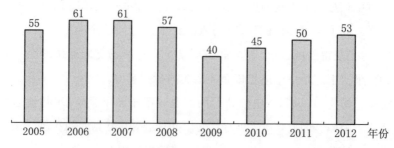

图2.12　竞争保护局针对经营者集中发起的行政程序数

此外,2012 年,当事人对 7 项一审裁决进行了上诉。其中,竞争保护局局长对其中两项进行了改判,改判率将近 30%。2012 年,共有 21 项二审裁决作出,其中有 13 项是程序性裁决。但是,近年来,竞争保护局在一审裁决中作出的罚款金额有所减少(参见图 2.13)。

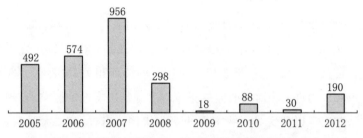

图 2.13　竞争保护局作出的一审裁决的罚款金额(百万克朗)

在经营者集中的反垄断规制中,有两个案例值得关注。第一个案例是"捷克医药公司收购英国劳埃德医药公司和劳埃德捷克控股公司案"。2012 年,竞争保护局附条件批准了捷克医药公司(Česká lékárna)单独对英国劳埃德医药公司(Lékárny Lloyds)和劳埃德捷克控股公司(Lloyds Holding)进行控股的经营者集中案。竞争保护局认为,集中将会在医药和医疗产品零售贸易中强化双方的横向联系行为,在相关市场限制竞争,并对消费者利益构成潜在损害。

捷克医药公司是隶属于彭塔控股有限公司(Penta Holding Limited)旗下的一系列公司。除了从事医药零售业,彭塔集团还通过布拉格 GEHE 制药公司活跃在上游市场,即医药批发行业。在调查过程中,竞争保护局认为,集中将会大幅提高在终端客户医药零售业中开展横向联系的可能性,同时也评估了其可能对纵向联系行为的影响。从全国范围内针对终端客户的医药零售来看,彭塔集团的市场份额会略有增加,这将使其可以控制捷克 2 700 家医药公司中约十分之一的公司。

鉴于消费者大多在有限的地域范围内寻求药物或相关替代品,竞争保护局调查了此次集中对更密切限定的地理区域的影响,特别是评估了合并可能对双方均设有店铺的区、镇和市的影响。在两个地方市场中,即 Frýdlant nad Ostravicí 和 Trutnov 城镇地区,竞争保护局在第一阶段初步得出的结论是:实施合并将会排挤出市场中的一些竞争对手。结合上述城镇只存在较少数量的竞争对手的情况,实施集中将对竞争产生负面影响。

为了消除可能对上述城镇区域内医药和医疗产品零售贸易造成扭曲竞争的担心,当事人向竞争保护局提出了出售三家医药公司的承诺。竞争保护局经评估后认为这些承诺足以保护有效竞争,在其履行承诺后准许了该集中。该案件未进入第二阶段。

第二个案例是"Best 公司擅自收购 BETA 公司案"。2008 年,Best 公司收购了代表 BETA 公司 50％基本资本和投票权的股份。2008 年底,Best 公司开始在股东大会上行使其投票权,这些投票权与所持有的股份相关,主要在于选举董事会的成员。Best 公司进一步对其收购的竞争对手施加决定性的影响,表现为以股东身份阻碍一些决策以及反对一些主要的商业伙伴。当时,第二大股东是自然人。Best 公司随后收购了这个股东持有的同样代表 BETA 公司 50％基本资本和投票权的股份,继续行使投票权,变更了董事会的组成并且停止了 BETA 的某些业务。2010 年 1 月,Best 公司向竞争保护局进行了集中申报。2010 年 6 月,竞争保护局作出批准集中的裁决,该裁决于 2010 年 7 月 7 日生效。同时,竞争保护局认为,Best 公司存在擅自实施集中的行为,该行为从行使投票权开始持续到批准集中的裁决生效时止。

竞争保护局的一审裁决认为,尽管最终批准了该集中,但是 Best 公司在提出申报之前实施经营者集中的行为违反了捷克竞争法。一审机构因此对其处以共计 51.7 万克朗的罚款。但是,竞争保护局局长与一审机构在对这一行政违法行为的处罚金额上意见不一致。一审机构认为,当事人不知道其所实施的控制行为是经营者集中行为,因此存在减轻情节。但是,竞争保护局局长认为,这是很严重的违法行为。既然公众都已经知道竞争保护局会对经营者集中予以事先审查,企业不能声称自己不知道。当事人的违法行为显然是故意行为,因此应视为加重情节。正是由于这个原因,局长决定增加 10 万克朗的罚款。最终,罚款数额为 61.7 万克朗。

2.3.5　公共采购的监督

1995 年 1 月以来,竞争保护局被授权对公共采购过程进行监督,目的是确保公平、透明和非歧视的竞争，最终为政府节省资金。竞争保护局可以认定订约当局在公共采购中的行为是否合法，对行政违法行为实施纠正措施和制裁，并根据相关法律采取进一步措施。竞争保护局将所有的裁决在其网站（www.uohs.cz）上予以公布。此外，自 2006 年 7 月 1 日起，竞争保护局根据《特许权法》也对签订的特许权协议进行监督；自 2010 年 7 月 1 日起，根据《客运公共服务法》对基于招标程序或直接订立的客运公共服务合同进行监督。

近年来，竞争保护局作为公共采购程序监督机构收到举报的案件数量以及处理的案件数量都存在增长的趋势。2008 年时，竞争保护局仅收到了 154 件举报；到了 2012 年，举报数量增长到了 507 件（见图 2.14），增长了 3 倍多。

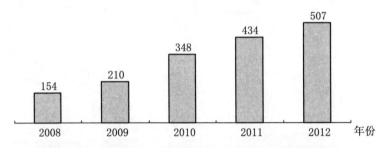

图 2.14　竞争保护局收到的有关公共采购的举报的数量

与此同时，依据举报调查的公共合同的数量也明显增加。2011 年，竞争保护局审查了 1 036 项公共合同（见图 2.15），平均每个举报涉及不到两项合同。在 2012 年 4 月 1 日捷克《公共合同法（修正案）》生效之前，平均每个举报涉及近三项公共合同；《公共合同法（修正案）》生效之后，平均每个举报已经涉及约 4.6 项合同。

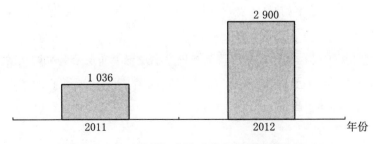

图 2.15　基于举报调查的公共合同数量增长情况

而且,被调查的公共合同的数量明显超过了受理的举报的数量,达到了2 900项。可见,在受理举报的基础上,竞争保护局还"顺藤摸瓜"发现了更多额外的有问题的公共合同,并依职权开展了多项调查(见图2.16)。

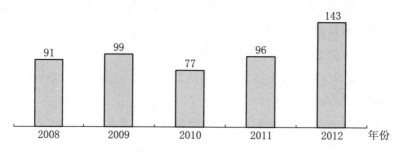

图2.16 竞争保护局依职权发起的行政程序数量

同样,竞争保护局启动的一审行政程序的数量也呈逐年上升趋势,基本上以每年增加约100件的数量在增长(见图2.17)。这表明竞争保护局在监督公共采购程序方面的职能不断增强。

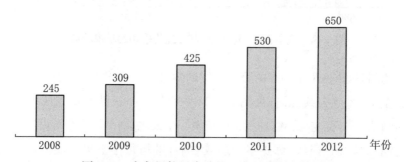

图2.17 竞争保护局启动的一审行政程序数量

最后,与上述数字相对应,竞争保护局作出的一审裁决的数量也在逐年上升。到了2012年,更是首次突破1 000件(见图2.18)。根据竞争保护局提供的数字,2012年竞争保护局在33.5%的行政调查程序中发现了违反公共采购法的行为,竞争保护局实施了纠正措施或处以了罚款。罚款的数量同比增长了34%,罚款总额则增加了37%,达到将近4 000万克朗。①

---

① Office for the Protection of Competition,Annual Report 2012.,p.28.

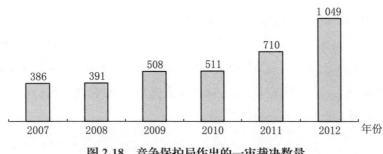

图 2.18　竞争保护局作出的一审裁决数量

对于政府部门订约当局而言，违反公共采购法的常见行为主要有：①违反招标程序的评估与评价，比如招标评估与评价的透明度不足，主要表现为没有充分说明评估的方法及其实施，在评估异常低的招标价格时存在不恰当的程序等；②设置不透明的、歧视性的招标条件，包括技术条件；③要求提供与公共合同标的无关的文件，要求具备与公共合同的复杂性、类型和范围不相称的资格。

由于公共采购过程中的违法案件频发，竞争保护局在近年来加大了对公共采购监督方面的人力资源投入，招聘了一批高素质的、合格的、负责任的工作人员，同时确保他们尽快融入竞争保护局的组织结构内。到 2012 年年底，公共采购部门有 77 名工作人员，增长了 70%，二审裁决部门负责公共采购的工作人员人数更是增加了 1 倍。①

此外，在欧盟的帮助下，竞争保护局还对政府订约当局启动了"教育和透明度计划"。由欧盟结构基金联合资助的"针对订约当局的教育和透明度计划"，主要在于提高公共采购和串通投标领域管理人员的意识，特别是提高公共合同签订者之间禁止达成限制竞争协议的意识。2012 年，竞争保护局在南波西米亚、摩拉维亚—西里西亚、卡罗维发利、比尔森和维索基纳州等地区举行了一系列为期两天的研讨会。竞争保护局总部还为任何感兴趣的公共管理人员举行了三个研讨会。该计划的网站（www.otvez.cz）提供了与公共采购和串通投标问题相关的持续更新的信息，比如竞争保护局、捷克法院和欧盟法院的裁决，并且允许用户就相关问题向竞争保护局的专家提出询问或意见。

2012 年，竞争保护局还为公共采购管理人员颁发了一本题为《合同当事人之

---

① Office for the Protection of Competition，Annual Report 2012.，p.29.

间的公共采购和禁止性协议》的小册子,其中包含了适用《公共合同法》时订约当局可能会碰到的基本术语词汇表,也包含了对订约程序中涉及的基本方式的解释。竞争保护局还进一步颁发了题为《公共采购和串通投标裁决实践》的文件,摘录了竞争保护局、国家法院和欧盟法院的裁决或判决,对包含在《公共合同法》中的某些术语及其适用进行了澄清。

表 2.5 公共采购领域的行政调查情况(2012 年)

举报的数量		507
基于举报审查的公共合同数量		2 900
行政程序	启动的行政程序总数	650
	依申请	507
	依职权	143
	未完结的行政程序	155
做出的裁决	一审裁决总数 其中:	1 049
	● 实体性裁决	695
	○ 救济裁决＋处罚	233
	○ 未发现违法行为而终止调查	113
	○ 因程序原因而终止调查	349
	● 临时措施	205
	● 驳回临时措施	121
	● 撤销实施临时措施的裁决	28
罚金	处以罚金的数量	119
	处以罚金的总额	39 511 000 克朗
行政成本	行政成本数量	114
	行政成本总额	3 420 000 克朗

注:裁决只在启动行政程序后才能做出。如果发现举报是毫无价值的,竞争保护局以书面通知方式告知举报者。

在公共采购的监督方面,也有两个典型案例。第一个案例是"布拉格地铁站清洁合同案"。该案的订约当局为 Dopravní podnik hlavního města Prahy 公司（布拉格公交公司）。2008 年，订约当局布拉格公交公司宣布了布拉格地铁站清洁合同招标程序。但是，评标委员会随后取消了所有投标者的资格，并取消了招标程序。之后，布拉格公交公司与其中的一个投标者（CDV služby 公司和 V-Trade 公司联盟）签订了合同。竞争保护局调查后发现，布拉格公交公司的招标只对平均营业额在 2 000 万克朗之上的投标者开放，私自限制了投标参加者的数量。而且，公交公司还要求投标方证明，之前已经为地下公交站提供过至少为期 12 个月和 6 个站点的综合的不间断的清洁服务。在行政调查过程中，订约当局坚持认为，和其他场所的清洁工作相比，地铁站清洁是一项独特的工作。但是，竞争保护局没有接受订约当局的抗辩，认为其招标程序限制了竞争，最终于 2012 年 3 月 26 日对其处以了 80 万克朗的罚款。

第二个案例是"Zlín 国会中心翻修案"。该案的订约当局是捷克的 Zlín 市，其在未公开招标的情况下，只联系了原公共合同的承包商（PSG-International 公司和 Metrostav 公司联盟）提交实施辅助建设工作的标书，并且对公共合同进行了三次非公开的修订。订约当局认为，考虑到建筑物的积雪承重能力，为了建筑审批过程达到积极的结果，在捷克有关的技术规范和条例的基础上，对招标文件做出改变和修改是必要的。然而，在招标程序开始之前，这些条件就已经存在，因此并非不可预见，不能因此适用不公开的协商程序。竞争保护局认为，订约当局应当意识新规范的有效性和不遵守它们可能产生的后果。即使订约当局已经委托另外一个实体准备或实施招标程序，仍然要承担确保招标文件正确和完整的全部责任。未能遵循法律规定的招标程序，会实质性地影响投标方的选择。最终，2012 年 7 月 24 日，竞争保护局决定对订约当局处以 10 万克朗罚款。

2.3.6　国家援助控制

竞争保护局还负责捷克除了农业和渔业之外所有行业部门在国家援助领域的协调、咨询、磋商和监督职能。竞争保护局在国家援助方面的主要工作是与国家援助的提供者一起做好向欧盟委员会申报国家援助的准备，并在欧盟委员会开展相关调查时与欧盟委员会和国家援助提供者一起合作。此外，依照欧盟的相关规定，竞争保护局要向欧盟委员会提交捷克共和国境内上一年度的国家援助报告(见表2.6)。在立法方面,竞争保护局代表捷克共和国参与谈判和起草欧盟国家援助方面的法律法规。最后,竞争保护局负责微量援助(de minimis aid)的登记工作。

表 2.6　国家援助统计数据(2012 年)

对国家援助的提供者/受益者作出的评价	448
集体豁免的预先申报、申报和交流	45
对捷克共和国法律法规草案和政府文件的评价	75
参与欧盟咨询委员会和欧盟委员会关于国家援助申报情况的会议	30
提交给欧盟委员会和相关机构的申诉	15

提供微量国家援助的有关部门未按照法律规定进行登记,也可能引发行政程序。2012 年,在这方面共发现了约 600 个违法行为,包括没有在法定时间内登记微量援助的数据。竞争保护局共启动了 34 项行政程序,作出了 41 项裁决,共处以 47.24 万克朗的罚款(见表 2.7)。

表 2.7　针对微量援助登记的行政程序(2012 年)

启动的行政程序	34
未完结的行政程序	10
作出裁决	41
罚款数量	26
罚款金额	47.24 万克朗
已支付的罚款(根据捷克国家银行提供的信息)	46.45 万克朗

2.3.7　竞争推进

竞争保护局认为,经营者的行为不符合竞争法,但是由于尚未实施或危害有限而被认定为后果不严重时,可以通过所谓的"竞争推进"(competition advocacy)来处理此类案件。对此,如果经营者自愿提交一份能够完全消除竞争危害的措施草案,或者主动纠正相关行为,竞争保护局就不会发起行政调查程序。基本上,竞争保护局每年都会通过竞争推进处理若干限制竞争案件(参见图 2.19)。

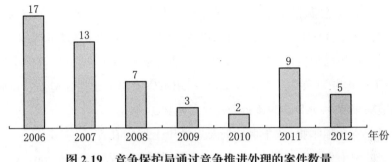

图 2.19　竞争保护局通过竞争推进处理的案件数量

这里可以列举两个有关竞争保护局竞争推进的案例。第一个是"汽车加油站协会案",该案属于对限制竞争协议的竞争推进。2012 年 1 月,捷克汽车加油站协会(简称"APS")开始公布燃料价格的变动分析报告,包括公布相关分析信息和对下周价格作出预测。竞争保护局核实了上述针对燃料市场的分析报告,其主要包括两大部分:一是信息分析部分(主内容部分);二是对下周价格变动预测(结论部分)。公众可以从协会网站上获取这些分析报告。该网站由汽车加油站协会运营,该协会是由活跃在捷克市场中独立经营的公司(汽车加油站运营商、石油产品经销商、生物燃料生产商等)组成的行业协会。

竞争保护局认为,汽车加油站协会是符合捷克竞争法的协会,但是,其在网站上公布的包括燃料市场价格预测的分析报告,在很大程度上符合捷克竞争法所指的"经营者的联合组织的决议"。理由在于:这些文件是在协会网站的标志下公布的,而且有分析师的签名。据此,竞争保护局认为,每周的燃料市场预期变动信息足以影响协会成员的定价,同时也影响其他非协会成员企业(竞争对手)的定价。虽然这些企业不是协会的成员,但是也可以从协会网站上了解到分析的结果。此外,这些预测在实际上影响了相关企业的竞争关系,会削弱竞争对手独立的决策制定程序。

鉴于上述行为发生的期间较短,且汽车加油站协会愿意协商解决此问题,竞争保护局决定不启动行政调查程序。竞争保护局督促汽车加油站协会停止公布燃料价格变动的预测,并删除已公布的预测。竞争保护局还要求协会通知其成员

（比如通过网上声明）这一活动可能违反了法律。汽车加油站协会在竞争保护局规定的期限内完成了这些举措。

第二个案例是"瓦诺水库船舶运输案"，这是对滥用市场支配地位行为的竞争推进。在该案中，OSOBNÍ LODNÍ DOPRAVA 客船运输公司（以下简称"OLD 公司"）向竞争保护局举报称，其打算在瓦诺水库开展船运服务，但是 Povodí Moravy 公司（以下简称"PM 公司"）不允许 OLD 租用水库沿岸的土地建造泊岸设施来开展客船运输服务。OLD 认为该行为违反了法律。

为了调查此项举报，竞争保护局要求沿岸土地所有者——PM 公司——提供辅助的文件和信息。调查中发现，现有的瓦诺水库经营者 Lodní doprava Vranov 公司基于合法有效的租赁协议正在使用岸边的一些土地，而且还发现瓦诺水库沿岸的几块土地或它们中的部分可以用于建造开展船运服务的长期的泊岸设施，并且能够供 OLD 使用。2011 年 12 月，竞争保护局与 PM 公司的代表就所了解到的事实在召开了一次会议。会后，2012 年 3 月，PM 向 OLD 公司提供了水库沿岸土地的租赁协议草案和开展公共船运服务的协议草案。随后于 2012 年 4 月 26 日，双方签订了相关的合同。竞争保护局认为，在瓦诺水库航行季节开始前签订相关合同，防止了任何扭曲竞争的可能，为在水库开展客运服务竞争创造了空间。

2.3.8　国际交流与合作

竞争保护局还通过派出代表定期参加关于竞争、公共采购和国家援助的会议和活动，来加强国际交流与合作。由于捷克是欧盟成员国，因此竞争保护局参与的国际活动中最具有重大意义的是与欧盟委员会和欧盟成员国的国家竞争机构通过欧洲竞争网络（ECN）而形成的联系。比如，2012 年欧洲竞争网络举办了若干工作组会议，例如在垄断协议、银行、运输、合并等领域。在工作组会议上，各成员国代表分享了他们各自的经验，这些成果可以应用在各国竞争法适用或提出立法建议上。比如，在当前活跃的工作组中，有一个工作组侧重于解决食品行业的相关问题。该小组于 2012 年完成了一份报告，总结了 ECN 成员国在食品行业的竞争执法和市场监管情况，并发布在欧盟委员会的网站上。

除了上述文件中包含的信息，国外公众也可以在 ECN 的"简报"（brief bulletin）

中找到捷克竞争保护局的最新信息。该"简报"定期(每年五次)公布在欧盟委员会的网站上,主要内容是欧盟委员会和成员国竞争主管机构依据欧盟竞争法(《欧盟运行条约》第 101 条和 102 条)开展调查的竞争案件新闻,准备召开或已经召开的会议以及其他属于各个竞争主管机构的管辖范围内不受保密限制的内容。①

　　捷克竞争保护局在欧盟层面之外的国际交流与合作,则主要体现在与国际竞争网络(ICN)以及经济合作与发展组织的联系上。国际竞争网络 2012 年年会在巴西里约热内卢举行,汇集了各国竞争主管机构、学术界和非政府组织的代表。捷克竞争保护局副局长 Michal Petr 参加了会议,并参与了竞争主管机构与法院组成的讨论小组。参与这种性质的会议对竞争保护局来说是非常重要的,因为这意味着可以参与讨论和审查 ICN 跨部门工作组的报告(例如有关经营者集中或垄断协议的工作组的报告)、工作计划和已经取得的成果。而且,此类会议进一步加强了竞争保护局与竞争法领域的国际专家保持联系的机会。这种信息和经验交流的形式是增强竞争保护局的专业知识所不可或缺的,并且可以据此了解和判断竞争法领域的重大事件,对捷克的竞争保护存在大量益处。2012 年,竞争保护局代表再次参加了经合组织竞争委员会、全球竞争论坛和相关工作组举办的所有会议。比如,2012 年 2 月,会议讨论了医疗服务领域的竞争问题;2012 年 6 月,会议讨论了经营者集中和串通投标问题。

　　为了加强与全球竞争机构的联系,竞争保护局代表还参加了在布拉迪斯发召开的东欧竞争研讨会。这是美国联邦贸易委员会(FTC)以此名义召开的第五次会议。2011 年 6 月,竞争保护局已经主办过类似的活动,主题是竞争法中的经济问题。布拉迪斯发的会议采取了为期两天的讨论会形式,讨论了没有直接证据证明存在垄断协议和滥用市场支配地位的问题。该会议的主要依据是美国竞争法,此外还比较了欧洲和其他地区(如印度和南非)的法律。

2.3.9　竞争司法

　　就司法审查而言,2012 年的数据显示,对竞争保护局的裁决不服提起诉讼的

---

①　ECN 公布的所有的文件,http://ec.europa.eu/competition/ecn/documents.html。

数量和撤销原判的判决数量都增长了两倍多。在公共采购领域,布尔诺地区法院和最高行政法院就做出的裁决更是增长了 36%。2012 年,行政法院共处理了 24 项关于对竞争保护局的裁决不服的法律诉讼。总的来看,竞争保护局在 2012 年的司法审查成功率只有约 50%(见表 2.8)。可见,捷克的司法机关在竞争法的实施方面也发挥了重要的作用。

表 2.8 司法审查情况(2012 年)

司法审查		
2012 年起诉到布尔诺地区法院的案件数量		52
2012 年起诉到最高行政法院的案件数量		25
2012 年行政法院审结的案件数量		24
	判决维持竞争保护局裁决	12
	判决撤销竞争保护局裁决	12
2012 年竞争保护局司法审查成功率		50%

发生在捷克的"石油卡特尔案"是通过司法审查撤销竞争保护局裁决的典型案例。根据 2001 年 5 月 28 日至 2001 年 11 月底几家燃料分销商的联合行为(通过加油站向消费者供应汽车燃料扭曲竞争的行为),竞争保护局对其处以 3.13 亿克朗的罚款。但是,行政法院撤销了该项裁决。撤销裁决的原因是审判程序的继承。在行政诉讼中,或在对实施行为的调查中,由于商业资产被其他公司所接管,几家公司(当时的诉讼当事人)不复存在(变更)。尽管当时法律规定不允许转移违法行为的责任,竞争保护局随后要求这些法定继受者承担违法行为的责任。司法审查期间,布尔诺地区法院起初认为竞争保护局有权对这些法定继受者作出禁止协议行为的裁决,但是无权作出对继受者实施惩罚的裁决。地区法院的裁决随后被最高行政法院更改了,认为竞争保护局可以对一个违反法律的实体的法定继受者进行惩罚,但是只有当这个实体为规避竞争法而不复存在时才可以进行惩罚。这个案件因此发回竞争保护局进行进一步调查。竞争保护局局长随后撤销了一审裁决并退回一审机构重审,以便其修改自己的裁决符合行政法院的法律观点,证明这些公司是否不复存在,是否为了规避违法行为的惩罚被其

他实体继受,以及这些行为是否视为违反法律的行为所以其继受实体可以被处罚。

2.4　小结

与波兰竞争法一样,捷克竞争法的制度设计基本上来源于欧盟经验,但是在具体运行过程中,还是体现出了较为典型的本土特色。其中,最具代表性的是明确将竞争法适用于除了经营者之外的所有国家行政机关。而且,竞争执法机构不仅可以要求其他行政机关纠正违法行为,还可以对其处以罚款。这是十分罕见的做法。但是,由于罚款规定是在最近一次修法中引入的规定,具体实施情况如何还有待观察。另外,与波兰一样,对滥用市场支配地位的规制处于竞争执法的核心。但是,虽然有关滥用市场支配地位的举报很多,但是现实中的执法案例并不多。这一方面反映出转型国家的一个共性:原本计划时代遗留下来的大企业(特别是国有垄断大企业)很容易成为市场条件下具有市场支配地位的企业,并滥用这种支配地位,成为"众矢之的";另一方面,由于各方面的原因(包括滥用行为认定方面的技术性难题),真正查处滥用市场支配地位行为又相对困难。我国的情况也基本如此。

捷克竞争法还有一些值得称道的特点。第一,捷克竞争法经过了多次修订,但是每次修订采用的是"修正案"的方式,逐步引入包括宽恕制度、和解程序、对国家机构的处罚权等新的制度和做法,避免了全方位修法可能带来的高额成本,又根据执法经验及时补充了新的好的制度。第二,捷克竞争法十分注重细节,比很多国家和地区的竞争法都要详细。比如,对于宽恕制度适用的具体条件、和解程序适用的具体程序等,都在竞争法中做了具体的规定。第三,赋予竞争执法机构广泛的职能。除了竞争执法的职能之外,捷克竞争保护局还负责监督公共采购、开展行业调查、控制国家援助和开展竞争推进。这与波兰的做法十分类似。特别是通过竞争推进的方式处理相关案件的做法,值得我们加以借鉴。第四,捷克的司法机关在竞争法实施方面的功能异常强大。这比波兰的情况更为突出。在捷克,竞争执法机构的裁决有可能有一半会被司法机关推翻。这是一个非常高的比例。最后,捷克竞争执法机构在信息公开方面的做法也值得我们学习。捷克竞争保护局每年发布年报,对执法机构的职责、执法情况、员工情况、预算及其实施情况等都进行详细公开和说明。这无疑有助于提高透明度,能够在接受社会监督的同时,提升竞争执法机构的公信力。

第3章

中东欧国家的竞争法典型之三:匈牙利竞争法研究

3.1 匈牙利竞争法的制度构成及其特点

3.1.1 匈牙利竞争法的基本情况

匈牙利当前有效的竞争法是于 1997 年 1 月 1 日生效的《1996 年关于禁止不正当和限制性市场行为的第 57 号法案》(以下简称匈牙利《竞争法》)。与波兰和捷克"分别立法"不同,匈牙利《竞争法》属于"合并立法",即将反垄断和反不正当竞争都规定在同一部法律之中。匈牙利《竞争法》最初于 1996 年 6 月 25 日颁布,随后经过了数次修正,最近一次修正发生在 2009 年。匈牙利《竞争法》规制的行为主要包括:不正当竞争行为(第 2—7 条)、不正当影响商业决策(特别是影响消费者选择)的行为(第 8—10 条)、限制竞争协议(第 11—20 条)、滥用市场支配地位(第 21—22 条)和经营者集中(第 23—32 条)。

实际上,匈牙利《竞争法》所禁止的不正当竞争行为和不正当影响商业决策的行为在广义上都属于其他国家所称的"不正当竞争行为"。一般认为,该法第 2 条是针对不正当竞争行为的一般条款,该条款"禁止不正当的经济行为,尤其是那些侵犯或损害竞争对手、交易相对人、消费者的合法权益或违反商业公平要求的行为"。并且,该法将"消费者"定义为"根据《禁止对消费者实施不公平商业行为的2008年第47法案》(UCPA)所指的顾客、购买者和使用者",将"交易相对人"定义为"除了消费者以外的任何人"。

与此同时,匈牙利《竞争法》还对不正当竞争行为进行了列举性规定,主要包括:①诋毁商誉:禁止通过制造或传播虚假信息或伪造事实或其他行为伤害或损害竞争对手的名誉和信誉;[①]②侵犯商业秘密:禁止以不公平的方式获得或使用商业秘密或未经授权而将其向第三方或公众公开;[②]③抵制性申诉:禁止以破坏其他人与第三方的经济关系或阻止这类经济关系的建立为目的,而向其他人提出不正当的申诉;[③]④不正当模仿:如果商品或服务(以下统称为"商品")具有特有的外观、包装或标签(包括产地标识),或者具有在通常情况下被认知的名称、标记或外形,那么未经竞争对手的同意,不得生产、销售或宣传该商品;[④]⑤不正当招投标:禁止以任何方式破坏投标程序的公平性,尤其是涉及竞争性投标,以及拍卖和证券交易所的交易。该禁止性规定只适用于本法其他条款或其他法律没有规定的行为。[⑤]

此外,匈牙利竞争法还明确禁止不公平地影响商业决策的行为。在匈牙利竞争法中,此类行为主要被分为三类:

第一类误导交易相对人的行为。[⑥]下列情形应被推定为欺骗交易相对人:①做出虚假陈述,或者有关商品的价格或基本特征的描述容易导致误解,尤其在成分、用途、对健康或环境的影响、使用、来源或原产地、采购的源头或方式等方面;商品的名称容易导致误解,或者其他与商品基本特征相关的容易导致误解的信息被散布;②隐瞒商品不符合法律要求或其他一般要求的信息,或者隐瞒商品的使用需要满足与通常条件下有显著差别的条件的信息;③有关商品销售的信息是迷惑性的或容易让人迷惑的,而这些因素影响了交易相对人做出决定,尤其是关于销售的方式、付款方式、与商品有关的礼品、折扣或中奖的机会。④制造一种购买优势的假象。

---

① 参见匈牙利《竞争法》第3条。
② 如果商业秘密的获得没有经过持有人的同意,而且是在当时或之前与之有保密关系或业务关系的人的帮助下取得的,那么也被认为是非法的。参见匈牙利《竞争法》第4条。
③ 参见匈牙利《竞争法》第5条。
④ 参见匈牙利《竞争法》第6条。
⑤ 参见匈牙利《竞争法》第7条。
⑥ 参见匈牙利《竞争法》第8条。

　　第二类是误导性广告。①根据匈牙利《竞争法》，在判断某些信息是否足以导致误解时，在商业环境下条款的通常含义应被视为具有指导性。但是，竞争法关于误导性广告的规定不适用于《关于商业广告活动基本条件和特定限制的 2008 年第 48 号法案》中规定的误导性广告。后者作为特别法，优先于竞争法的适用。

　　第三类是限制交易相对人的自由选择权的行为。②匈牙利《竞争法》禁止无正当理由采取限制交易相对人选择自由的营业手段。这种"营业手段"尤其指，通过创造条件，使得对商品或出价的客观估计或者与其他商品或出价的客观比较变得相当困难。

　　下面重点对与反垄断有关的相关规定予以论述。

3.1.2　限制竞争协议

　　与欧盟、波兰和捷克的竞争法一样，匈牙利《竞争法》针对限制竞争协议也是采取了"一律禁止＋例外豁免"的形式。匈牙利《竞争法》规定，企业之间的协议或协同行为以及企业联合组织、公共机构、协会或其他类似组织的决议（以下简称协议），凡具有妨碍、限制、扭曲竞争的意图或有可能或实际上造成这种结果，均应予以禁止。③与此同时，又对限制竞争协议进行了列举性规定，尤其禁止以下行为：①直接或间接地固定商品的购买或销售价格，或其他商业条款和条件；②限制或控制生产、销售、技术开发或投资；③分配货源、限制选择、排除特定的消费者群体或交易相对人购买某些商品；④分割市场、排他性销售或者限制对销售可能性的选择；⑤妨碍市场准入；⑥对相同价值或特征的交易相对人构成歧视，包括在支付价格、付款时间、销售或购买的条款、条件或方式方面使得特定交易相对人处于竞争劣势；⑦在订立合同时强加义务，该义务就其本质或商业惯例而言不属于这类合同的标的。

1. 豁免制度

　　在"一律禁止"的基础上，与波兰和捷克的竞争法类似，《匈牙利竞争法》提供了三种豁免的情况：

---

① 参见匈牙利《竞争法》第 9 条。
② 参见匈牙利《竞争法》第 10 条。
③ 参见匈牙利《竞争法》第 11 条。

第一,安全港豁免。这主要体现在对"次要协议"的豁免。匈牙利《竞争法》第13条明确规定:次要协议不应被禁止。如果参与企业和参与企业所属的非独立企业在相关市场的共同市场份额不超过10%,那么该协议应被视为是次要协议。同时,市场份额不超过10%的情形必须发生在协议生效当时,或生效后保持一年以上时间。但是,如果协议具有以下意图则不应被认定为次要协议:①在竞争者之间直接或间接地固定购买或销售价格;②在竞争者之间分割市场。此外,如果相关市场的协议或其他类似协议的累积效应明显妨碍、限制或扭曲了竞争,那么这些协议也应被禁止。匈牙利《竞争法》执法机构在调查过程中可以认为这些协议是属于禁止性的,但是在这种情形下,不能处以罚款。

第二,符合竞争法条件的豁免。[①]如果满足以下条件,限制竞争协议不应被禁止:①有助于形成更加合理的生产或销售的组织,促进技术或经济进步,提高竞争力,改善环境保护;②允许消费者和交易相对人公平分享最终产生的利益;③相伴而来的限制或排除竞争没有超过实现经济合理的共同经济目标的必要限度;④不可能导致排除相关产品实质部分竞争的结果。

第三,集体豁免。[②]政府可以采取集体豁免的措施,将某些类别的协议豁免适用针对限制竞争协议的禁止性条款。但是,根据匈牙利《竞争法》,授予集体豁免的前提是达到"符合竞争法条件的豁免"的条件,即符合匈牙利《竞争法》第17条的要求。比如,如果在协议或相关市场其他类似协议的累积效应下,无法满足第17条规定的豁免条件,那么集体豁免就不适用于该协议。匈牙利《竞争法》执法部门可以在调查过程中直接认定集体豁免不适用于上述协议。但是,在这种情形下,不得处以罚款。

与波兰和捷克的做法一样,证明协议可以取得豁免的责任,由主张豁免的人承担。[③]

2. 宽恕制度

匈牙利竞争执法机构可以对违反匈牙利《竞争法》或欧盟竞争法的限制竞争协议免于征收罚款或减少征收罚款。[④]对于匈牙利竞争执法机构而言,宽恕制度有

---

① 参见匈牙利《竞争法》第17条。
② 参见匈牙利《竞争法》第16条。
③ 参见匈牙利《竞争法》第20条。
④ 有关宽恕制度的具体规定参见匈牙利《竞争法》第78条A。

助于竞争执法机构提前获得开展调查措施的司法授权。在很多情况下,竞争执法机构还不掌握足够的信息,因此可能无法获得开展调查的司法授权。宽恕制度提高了获得司法授权的可能性。同时,宽恕制度也有助于竞争执法机构证明违法行为的存在。

与大多数国家的宽恕制度一样,匈牙利的宽恕制度分为两种情况:免于征收罚款和减少征收罚款。免于征收罚款只授予最先提交宽恕申请并提交证据的经营者。如果经营者不符合免于罚款的条件,但主动向竞争执法机构提交了违法证据,则经营者的罚款数额可以依申请予以减少。前提是相比于竞争执法机构已掌握的证据,经营者提交的证据必须能够有重大附加值。减少罚款申请应当最迟于竞争执法机构通知初步立场之日或对任何当事人开始档案查阅之日之中较早的那一日之前提出。

匈牙利《竞争法》还给出了减少征收罚款的幅度:①第一个满足减少罚款条件的经营者,减少 30%—50%;②第二个满足同样条件的经营者,减少 20%—30%;③第三个或随后满足同样条件的经营者,减少 20%。

主动坦白除了可能减免罚款外,也有助于不增加罚款。如果经营者向匈牙利竞争执法部门提供了与违法行为相关的事实证据,这些证据匈牙利竞争执法部门事先并不知情,且对于是否能够减少罚款有重大影响,那么匈牙利竞争执法部门在确定该经营者的罚款数额时,不应再采信该加重的证据。

为了满足免于罚款或减少罚款的条件,或者享受上述不增加罚款方面的利益,经营者除了要满足上述规定的条件外,还需要:①在提交宽恕申请或提交证据后,立即停止参与违法行为;②与竞争管理局诚实地、完全地、连续地合作,直到竞争规制程序结束。需要注意,采取措施迫使其他经营者参与违法行为的企业不能免于罚款。此外,一个以上的经营者联合申请,或者一个经营者代表一个以上的经营者申请免于罚款、减少罚款或提交相关证据,均不被允许。

3.1.3　滥用市场支配地位

根据匈牙利《竞争法》,"市场支配地位"是指:在相关市场中,能够在很大程度上独立于其他市场参与者进行经济活动。换言之,在决定其市场行为时,基本上不需要考虑供应商、竞争者、消费者和其他交易相对人的市场反应。在评定是否存在市场支配地位时,匈牙利竞争执法机构应当考虑以下因素:①进入和退出相关市场的成本和风险,必须满足的技术、经济和法律条件;②企业或企业集团的财产状况、资金实力、盈利指数和它们的发展趋势;③相关市场的结构、市场占有率、市场参与者的行为以及企业和企业集团对市场发展的经济影响。①

匈牙利《竞争法》还对滥用市场支配地位的种类进行了列举性规定,包括:①在业务关系中,包括通过设置标准合同条款的方式,设定不公平的购买和销售价格,设定不正当的竞争优势,强迫对方接受不利条件;②为了歧视消费者或交易相对人而限制生产、销售或技术进步;③无正当理由拒绝建立或维持适合于特定交易类型的业务关系;④为获得不正当的竞争优势而影响对方的经济决策;⑤在价格上涨前,无正当理由将商品从流通中撤回或从交易中扣留,或者具有导致价格上涨的意图,或以其他任何方式带来不正当竞争优势或导致竞争劣势;⑥要求商品的供应和购买取决于其他商品的供应和购买,而且要求与其缔结合同的一方接受按其自然属性或商业惯例不属于这类合同的标的义务;⑦对相同价值或特征的交易相对人构成歧视,包括在支付价格、付款时间、销售或购买的条款、条件或方式方面使得特定交易相对人处于竞争劣势;⑧设置极低的价格,该价格与竞争对手相比并非基于更高的效率,而是有可能将竞争对手排除出相关市场或阻止它们进入相关市场;⑨无正当理由以任何其他方式阻止市场准入;⑩为了获得不正当的竞争优势,无正当理由为竞争对手设定不利的市场条件或影响其经济决策。②

此外,与欧盟竞争法一样,匈牙利《竞争法》也存在共同市场支配地位的概念。即市场支配地位可能由单个的企业或企业集团持有,或由一个以上的企业或企业集团共同持有。

3.1.4 经营者集中

根据匈牙利《竞争法》,经营者集中是指以下情形:第一,两个或两个以上相互独立的企业合并,或者其中一个企业收购另一个企业或企业的一部分;第二,单独

---

① 参见匈牙利《竞争法》第 22 条。
② 参见匈牙利《竞争法》第 21 条。

一个企业或一个以上企业共同直接或间接地控制一个或一个以上其他独立的企业或企业的一部分；第三，彼此相互独立的一个以上企业共同成立一个受其共同控制的企业，该企业能长久地独立地履行其所有职能。[1]在匈牙利《竞争法》中，经营者集中既包括直接控制的情形，也包括间接控制的情形。所谓直接控制，是指由单个企业或一个以上企业共同行使以下行为：①对另一个企业的利润或份额享有所有权，这使其能行使多数表决权，或是50%以上表决权的所有者；②有权任命、选举或罢免另一个企业的主要管理人员；③按照合同规定有权对另一个企业的决策施加决定性的影响；④在事实上能够对另一个企业的决策施加决定性的影响。所谓间接控制，是指企业通过其控制的第三方企业，或者与被其控制的第三方企业一起，对另一个企业实施控制。

但是，以下情况不视为经营者集中：为了准备再次出售而临时（最长不超过一年）被保险公司、信贷机构、金融控股公司、投资公司或财产管理机构收购，不能视为经营者集中，前提是上述企业没有行使控制权或控制权的行使只是达到实现其目标必不可少的程度。如果这些企业能证明不可能在一年内执行这些安排，可以向匈牙利竞争执法机构申请延长期限。[2]

与大多数国家一样，匈牙利的经营者集中控制也实行事先申报制度。在满足以下标准的情况下，经营者集中应当向匈牙利竞争管理局进行申报：所有相关企业集团以及被相关企业集团成员和其他企业共同控制的所有企业的总营业额，在前一业务年度超过150亿福林[3]，并且至少任何两个相关企业集团或者被相关企业集团成员和其他企业共同控制的企业中的任一个，其营业额在上一业务年度超过5亿福林。但是，对于特定公司的申报有特别规定：对于保险公司，申报标准应根据总的保险费计算，而不是营业额。对于投资服务提供商和基金会，这些服务的收入和接受的捐赠，都应分别予以考虑。对于信贷机构和金融企业，应考虑以下收入项目的总和而不是营业额：①利息收入和类似收入；②证券收入；③手续费收入；④资产运营净收益；⑤从其他商业活动中获得的收益。

如果在竞争规制过程中，发现有些经营者集中没有经过申报且具有不被批准

---

① 参见匈牙利《竞争法》第23条。
② 参见匈牙利《竞争法》第25条。
③ 匈牙利货币为"福林"。1匈牙利福林约等于0.02元人民币；1元人民币约等于44福林。

的可能性,匈牙利竞争执法机构可以发布决定,要求其在合理的时间限期内,分离或剥离被兼并的企业、资产或利润,或撤回联合控制权,或为恢复有效竞争而附加其他义务。[1]对于应当申报而没有申报的经营者集中,还可以对其处以每天不超过20万福林的罚款。[2]

在经营者集中的审查标准上,匈牙利与波兰和捷克几乎采用了一模一样的"实质性减少竞争(特别是创造或增强市场支配地位)"标准:如果经营者集中没有在相关市场明显减少竞争,特别是没有形成或加强市场支配地位,匈牙利竞争执法机构应该批准经营者集中。匈牙利《竞争法》特别强调,在审查经营者集中的申报时,有利和不利条件都应予以考虑。在审查的过程中,以下几个方面尤其要注意:①相关市场的结构,相关市场现存的或潜在的竞争,采购和销售可能性,成本,风险,市场准入和退出的技术、经济和法律条件,经营者集中对相关市场竞争的潜在影响;②市场地位和策略,经济和财务能力,商业行为,相关企业内部和外部的竞争以及可能产生的变化;③经营者集中对供应方、交易相对人和消费者的影响。[3]

最后,除了禁止集中和同意集中之外,匈牙利竞争执法机构还可以附条件批准集中,包括在其决定中附加事先或事后的条件和义务,比如剥离部分企业或企业的某些资产,撤回对间接参与者的控制,同时为执行这些要求而设定一个合理的时间限制。其中,附"事先条件"的批准(pre-conditioned authorisation),在条件成就之日起生效;附"事后条件"的批准(post-conditioned authorisation),在被授权之日起生效。如果附加条件当中的任何一个没有得到满足,批准都将失效。在以下情形下,匈牙利竞争执法机构还应当撤回批准决定:①尚未被法院审查的批准决定建立在误导性信息的基础上,据此认定的事实对于决定的做出具有根本性影响;②企业违反了决定附加的任何义务。此外,如果企业违反了任何附加的义务,或不能满足决定附加的条件,同时企业不存在过失的情形,则匈牙利竞争执法机构可以修改决定。[4]

---

[1] 参见匈牙利《竞争法》第 31 条。
[2] 参见匈牙利《竞争法》第 79 条。
[3] 参见匈牙利《竞争法》第 30 条。
[4] 参见匈牙利《竞争法》第 32 条。

3.1.5　竞争规制程序

1. 竞争规制程序的构成

匈牙利《竞争法》中涉及竞争执法的程序主要包含以下四个阶段：①调查员程序；②竞争委员会程序；③监督程序；④执行程序。以下统称为"竞争规制程序"。竞争规制程序可依申请或依职权开始。其中，依申请程序主要是指经营者集中的申报和审查程序。在竞争规制程序中，调查员程序和竞争委员会程序可以发布命令，但是案件的实质性决定只能由竞争委员会做出。值得注意的是，对于决定，竞争委员会是"应当"公布；但是对于命令，竞争委员会是"可以"公布。但是这不影响当事人申请法院对决定或命令进行司法审查。①

以下对四个程序予以分别介绍。

第一，调查员程序。在依申请或依职权开展调查后，调查员应当准备一个报告，并将该报告和档案同时提交给竞争委员会。该报告应当包含以下内容：①调查的主要问题；②查明的事实和证据；③调查员对开展进一步程序和采取必要的临时措施的相关建议。在有正当理由的情形下，调查员可以在调查终结前，在单独的报告中提出采取临时措施。②如果引发发布调查命令的情形并不存在，或者在调查过程中收集的证据表明不存在违反竞争法的情形，或者继续程序很可能导致失败的结果，那么调查员可以发布命令，终止依职权开始的竞争规制程序。当事人可以对于终止程序的命令单独寻求法律救济。③

第二，竞争委员会程序。④在收到调查员提交的报告后，竞争委员会应当根据情况分别采取措施：①如果引发发布调查命令的情形并不存在，或者在调查过程中收集的证据表明不存在违反竞争法的情形，或者继续程序很可能导致失败的结果，则其可以发布命令终止程序。对于终止程序的命令，当事人可以单独寻求法律救济。②如果发现案件的事实需要进一步的调查，或有必要延长程序，或需要召集新的当事人参与程序，则其可以将相关档案发回调查员，开展进一步调查。

---

① 参见匈牙利《竞争法》第 80 条。
② 参见匈牙利《竞争法》第 71 条。
③ 参见匈牙利《竞争法》第 71 条 A。
④ 参见匈牙利《竞争法》第 72—74 条。

③如果为了保护利害关系人的法律或经济利益需要迅速采取行动,或者经济竞争的形成、发展或持续正受到威胁,则其可以发布命令采取临时措施,禁止不法行为或排除不法情势。如果一方当事人请求采取临时措施,竞争委员会可以要求其提供担保。当然,当事人对于采取临时措施或提供担保的命令可以单独寻求法律救济。此外,在调查结束前,竞争委员会还可以为调查员提供有关调查方法或调查方向等方面的指导。

如果竞争委员会发现,终止程序或开展进一步调查的措施不是必需的,那么竞争委员会应当将其初步立场告知当事人,包括已经查明的相关事实、证据、评估意见、对于做出决议所必需的结论和各方面的主要内容。如果程序是依申请开始的,竞争委员会同意了申请的内容并且不存在附加限制性条件的情况,则不需要告知初步立场。在这种情形下,竞争委员会应当不经过审理直接做出决定。

如果当事人申请或竞争委员会认为确有必要,竞争委员会应当组织案件的审理。在发出初步立场的同时,竞争委员会应当询问当事人是否打算申请案件审理。案件审理的时间应当及时设定,以便当事人能够为审理做准备。

在案件审理过程中(或没有进行审理),如果竞争委员会发现引发发布调查命令的情形并不存在,或者在调查过程中收集的证据表明不存在违反竞争法的情形,或者继续程序很可能导致失败的结果,可以通过发布命令的方式终止程序。

竞争委员会的案件审理应当公开进行。无论是依申请还是依职权案件,如果案件公开审理可能会侵害国家机密、行业秘密、商业秘密、银行秘密、保险秘密、单行法规定的秘密或国民经济利益,竞争委员会可以通过发布命令的方式,进行非公开审理或进行部分的非公开审理。

最后,竞争委员会应当发布案件处理决定。竞争委员会的决定包括:①决定是否批准经营者集中,并可以对授权经营者集中的决定附加前置或后置条件和义务;②决定是否授予限制竞争协议集体豁免;③确认行为违法;④命令消除违法情形;⑤禁止违法行为持续;⑥对违法行为施加义务,特别是在不合理拒绝交易的情况下,施加缔结合同的义务;⑦命令矫正不合法信息并进行公布;⑧确认行为合法;⑨撤回或修改之前的决定。竞争委员会的决定应当由 3 或 5 个成员组成的小组做出。①

---

① 参见匈牙利《竞争法》第 48 条。

　　第三，监督程序。①在发布了针对案件的调查决定之后，调查员应当开展监督程序，以确定当事人是否按照承诺命令履行了承诺，是否履行了决定中附加的事前或事后条件，以及是否履行了决定中规定的义务。调查员可以在竞争委员会发布决定之后开展监督程序，并向竞争委员会提交监督报告。在调查员提交监督报告的基础上，竞争委员会应当：①在当事人没有履行承诺时，通过命令对其处以罚款，除非由于情势的改变导致执行承诺是不正当的。在该情形下以及在承诺已经被履行的情形下，应当通过命令终止调查后调查。对于罚款，当事人可以寻求单独法律救济。②通过命令确认当事人是否履行了附加的事前或事后条件。③当义务已经被履行时，通过命令终止调查后调查；当义务没有被履行时，撤销之前的决定；当义务的履行不正当时，修改之前的决定。④如果确认当事人履行了承诺，则发布命令终止调查后调查；如果确认当事人没有履行承诺，则发布命令执行决定。

　　第四，执行程序。②在竞争规制程序中，如果在法律规定的时间期限内没有主张法律救济，则调查员通过命令方式做出的决议为最终决议。竞争委员会的决议在送达当日即为最终决议。最终决议应当被执行。非最终决议也可能被执行，前提是救济主张没有暂停执行的效力。

　　如果竞争委员会通过决议责成一方当事人根据决议履行特定行为，可以在发布执行命令的同时征收执行罚款（enforcement fine）。执行罚款的数额每天不能超过5万福林。基于合理的请求，竞争委员会可以允许义务人延长履行期限，与此同时提高执行罚款的比率。增加的罚款数额每天不得超过10万福林。值得注意的是，执行罚款可同时向经营者及其管理人员征收。这有效地避免了企业管理人员转移责任，能够最大限度地督促相关人员执行相关决议（包括决定和命令）。

　　如果当事人认为决议的执行或罚款的征收侵犯了其权利或合法利益，则其有权在得知其利益被侵犯之日起3日内向竞争委员会主席提出执行异议。竞争委员会主席应当在接到执行异议之日起8日内做出决定。但是，不能对该命令提出法律救济，只能对决定提出法律救济。

---

① 参见匈牙利《竞争法》第76条。
② 参见匈牙利《竞争法》第89—91条。

2. 竞争规制程序中的回避规则

为了确保竞争规制程序的公平、公正,匈牙利《竞争法》规定,以下人员不得介入竞争规制程序:①当事人、被共同授权或与当事人负有共同义务的人、权利或义务会受竞争规制程序影响的人;②上述第(1)项提及的人的代表人;③上述第(1)项和第(2)项提及的人的亲属或前配偶;④在竞争规制程序中作为证人或专家已被听证或已被命令参与听证的人;⑤不能期待就案件做出客观评价的人(存在偏见的人)。①

如果存在上述回避情形,调查员和竞争委员会成员必须毫不迟延地分别通知匈牙利竞争管理局主席和竞争委员会主席。如果没有做出通知或迟延做出通知,竞争委员会程序中的调查者和成员必须承担纪律责任和财产责任。与此同时,在竞争规制程序的任何阶段,当事人都可以要求特定人员回避。如果当事人提出明显没有事实依据的回避请求,或在同一程序中针对同样的人反复主张没有事实依据的回避请求,在发布拒绝请求的命令的同时,可以对其处以程序性罚款。②

是否同意回避申请,则因回避申请针对对象的不同而有所不同。对于调查员和竞争委员会成员的回避,应分别由竞争管理局主席和竞争委员会主席作出。与此同时,他们还可以在必要时任命新的调查员和竞争委员会成员。如果调查员或竞争委员会成员已经报告了其在某一案件中存在回避情形,那么在该问题被解决之前,其不得再继续参与该案程序。但是在其他案件中,其可以继续参与相关程序,但不能作出导致案件终结的决议。如果当事人提出的回避申请没有被采纳,其可以对此提起法律救济,请求法院重新审查拒绝回避申请的决定。如果竞争委员会主席同时也是竞争委员会成员,针对其的回避程序与针对调查员的回避程序一样,即交由竞争管理局主席决定是否应当回避。

3. 竞争规制程序的时间限制

竞争执法部门应当在合理的时间内依职权完成案件的调查和处理。③除非法律另行规定了时间限制,程序应当在以下期限内结束:①有关不公平商业决策的程序,自调查命令公布之日起 90 日内结束,最多可延长两次,每次最多 60 天;②有关限制竞争协议和滥用市场支配地位的程序,自调查命令公布之日起 180 日内

---

① 参见匈牙利《竞争法》第 49 条。
② 参见匈牙利《竞争法》第 50 条。
③ 参见匈牙利《竞争法》第 63 条。

结束,最多可延长两次,每次最多 180 天;③有关没有按照规定进行经营者集中申报的程序,自调查命令公布之日起 180 日内结束。

经营者集中的控制程序相对特殊,应当在以下期限内结束:①在以下情形下的时间限制为 45 天,最多可延长 20 天;第一,不存在经营者集中;第二,该经营者集中没有达到竞争法规定的申报门槛;第三,该经营者集中明显不会实质性限制竞争;②在其他情形下,应当自申请被接受之日或完成之日起 120 天之内结束。

在依申请开始的程序中,如果竞争委员会没有在规定期限内做出决定,那么该申请应被推定为得到批准。值得注意的是,当一个调查员被回避时,调查期限应当自新的调查员被委任之日起重新计算。

4. 竞争规制程序中的承诺制度

在依职权开始的竞争规制程序中,如果当事人通过特定的方式承诺其行为将符合匈牙利竞争法或欧盟竞争法的规定,并且这种方式可以有效保障公共利益,那么竞争委员会可以通过命令的方式确保这些承诺约束当事人,与此同时终止竞争规制程序,而不是通过命令的方式认定是否存在违法行为。对于承诺命令,当事人可以寻求单独法律救济。但是,如果情势发生了根本的改变,或者承诺命令是建立在误导性信息的基础上,而这些信息对于决定的做出具有根本性影响,那么竞争管理局有权撤销承诺命令,启动新的竞争规制程序。①

5. 竞争规制程序中的罚款规则

竞争委员会可以对违反匈牙利竞争法规定的人处以罚款。对于经营者,最高罚款额不得超过确认违法时该经营者上一业务年度营业额的 10%;如果该经营者是企业集团的一个成员,则最高罚款额不得超过确认违法时该企业集团上一业务年度营业额的 10%。针对企业的社会组织、公共公司、协会或其他类似组织的最高罚款额不得超过这些组织所有成员上一业务年度营业额总和的 10%。如果没有数据能够确定上一年度的营业额,那么在确定最高罚款额时,可以考虑上一年度的真实年度决算数据。

在确定罚款数额时,应考虑与案件相关的所有情况,尤其是违法的严重性、不法情形的持续期间、通过违法行为所获得的利益、违法当事人的市场地位、行为的

---

① 参见匈牙利《竞争法》第 75 条。

归责性、经营者在调查过程中的合作情况、违法行为重复出现的程度。违法行为的严重性应当尤其考虑对于经济竞争的威胁以及对消费者福利的损害范围和程度。

为了防止出现不缴纳罚款的情况,匈牙利《竞争法》还规定了罚款缴纳的"连带责任":第一,如果企业集团的一个违法成员没有主动交付罚款,导致执行程序失败,竞争委员会应当通过单独的命令,责成企业集团中的其他成员交付全部罚款或交付尚未缴纳的部分罚款;第二,当企业的社会组织、公共公司、协会或其他类似组织没有自愿交付罚款,导致执行程序失败,则竞争委员会应当通过单独的命令,责成参与不法行为并导致该决定的企业交付罚款。对于上述命令,当事人可以寻求单独的法律救济。

除了以上"实体性罚款",匈牙利《竞争法》还规定了"程序性罚款"。[①]匈牙利《竞争法》规定,当事人或其他参与竞争规制程序的人可以被处以程序性罚款。有义务对案件事实的澄清提供帮助的人,如果他们实施了意在延长竞争规制程序、妨碍事实公布的行为或具有此类效果的行为,那么他们也可能被处以程序性罚款。主审官员可以向妨碍审理程序的人发布命令。反复或严重影响审理程序的人,应被驱逐出审理室,并可以对其处以程序性罚款。程序性罚款的最低值为 5 万福林,针对企业的程序性罚款最高值可达其上一年度营业额的 1‰,针对自然人的程序性罚款最高值可达 50 万福林。在超过时间限制履行程序性义务的情形下,针对企业的程序性罚款最高值可达其上一年度每天净营业额的 1‰,针对自然人的程序性罚款最高值可达 5 万福林。对于程序性罚款,当事人可以寻求单独的法律救济。该申请将暂停命令的执行。调查员或竞争委员会成员可以修改关于处以程序性罚款的命令。

3.1.6 司法救济

匈牙利《竞争法》还为当事人以及竞争执法机构提供了许多司法救济手段。

1. 针对竞争规制程序的法律救济

首先,当事人可以针对调查提出异议(objections to the investigation)。当事人

---

① 参见匈牙利《竞争法》第 61 条。

如果发现调查员在调查过程中采取了不合规的措施，那么应当在该措施采取之日起 3 日内通过书面方式提出异议。调查员或竞争委员会应当分别在调查报告和最终决议中对异议做出解释。[①]

其次，当事人可以针对命令寻求法律救济。[②]但是，只有在匈牙利《竞争法》明确授权，即有明确法律规定的情况下，才能针对调查员或竞争委员作出的命令主张单独的法律救济。法律救济申请的提交不影响命令的执行或竞争规制程序的持续进行，除非匈牙利《竞争法》有例外规定。法律救济的申请应当由当事人在命令送达之日起 8 日内提交。

针对调查员作出的命令的法律救济由竞争委员会进行审理。如果法律救济的申请提交晚了，或不是由有资格提交的人提交的，或根据匈牙利《竞争法》不能提出法律救济的主张，那么竞争委员会应当拒绝该申请而不审查其实质内容。在审查救济申请的实质内容后，竞争委员会可以确认、修改或废除调查员的命令。在废除命令的同时，它可以要求调查员重新作出命令。针对竞争委员会作出的命令，则可以向布达佩斯法院寻求单独法律救济。

再次，当事人可以提起行政诉讼。[③]如果当事人向法院提起诉讼，请求法院对竞争管理局作出的决定进行审查，那么起诉状应当在决定送达之日起 30 日内向竞争委员会提交或邮寄。竞争委员会应当在收到起诉状之日起 30 日内，将起诉状、案件文件及其对起诉状内容的评论意见提交给法院。如果起诉状包含了暂停执行的请求，那么与案件相关的文件应当在收到起诉状之日起 15 内向法院提交。经过竞争委员会主席的授权，竞争委员会的成员可以作为竞争管理局的代表参与行政诉讼。法院可以否决竞争委员会的决定。如果竞争委员会的决定违反了法律规定，导致一方当事人主张退还罚款，那么退还的数额应当附加利息，利息为中央银行在争议期间优惠利率的两倍。

2. 竞争管理局发起的"官告官"诉讼

这是匈牙利《竞争法》的一项特殊规定，它赋予竞争执法机构对其他不符合竞争政策的公共措施提起诉讼的权利。[④]如果竞争管理局发现任何公共行政措施违

---

① 参见匈牙利《竞争法》第 81 条。
② 参见匈牙利《竞争法》第 82 条。
③ 参见匈牙利《竞争法》第 83 条。
④ 参见匈牙利《竞争法》第 85 条。

反了自由竞争,可以请求公共行政机构修改或撤销涉及的决议。如果公共行政机构在 30 天内没有采取措施,那么竞争管理局可以向法院请求审查该公共行政机构违反了经济的自由竞争,除非法律禁止法院对该类公共行政机构进行司法审查。但是,在公共行政机构的决议生效一年后,不能再提出该类主张。

3. 针对不正当竞争行为的私人诉讼

匈牙利法院有权审理违反匈牙利《竞争法》第 2 条到第 7 条规定的行为(不正当竞争行为)的案件。[1]利害关系人可以请求法院:①确认行为违法;②要求终止违法行为,并禁止侵权人继续违法行为;③要求违法者修正行为(比如通过作出宣告或以其他合法的方式);④要求停止侵权状态、恢复原状、没收因侵权行为而生产或销售的商品,在无法没收的情况下,销毁商品或生产该商品需要的特殊设备;⑤根据民法规定获得损害赔偿;⑥要求违法者提供有关生产和销售商品的涉嫌违法人员的信息,以及与该商品的宣传相关的商业信息。

对于不正当竞争行为的诉讼有诉讼时效的限制。[2]对于不正当竞争行为提起诉讼,当事人应当自知道该行为之日起 6 个月之内起诉。如果有争议的行为是持续进行的,那么诉讼时效是从该行为终止之日开始算起。在涉嫌的不正当竞争行为结束 5 年后,不能采取任何行动。

在因侵犯商业秘密或不正当模仿而提起的诉讼中,利害关系人除了提出民事主张外,还可以请求法院根据适用临时措施的条件,发布命令采取预防性措施。对于采取临时措施的请求,法院应当及时给予考虑,最迟应当在请求提交之日起 15 日做出决定。对于针对临时措施决定提起的上诉,上诉法院应当及时给予考虑,最迟应当在上诉请求提交之日起 15 日内做出决定。

此外,为了达到采取预防性措施的目的,利害关系人还可以要求侵权人披露其银行的、金融的及商业的数据和文件。同时,在因侵犯商业秘密或不正当模仿而提起的诉讼中,一方当事人应证据提供方的请求,已经将其事实陈述证实到了一个合理的程度,那么法院应当责成反对方:①展示其掌握的文件和其他物证,并使其在调查过程中可供查询;②披露银行的、金融的和商业的数据,并展示其占有的包含该类信息的文件。

---

① 参见匈牙利《竞争法》第 86 条。
② 参见匈牙利《竞争法》第 88 条。

在诉讼正式发起之前，如果利害关系人能够合理地证明可存在侵犯商业秘密或不正当模仿的事实，或证明存在此种风险，则可以对证据开展预评估。在没有发起诉讼的情况下申请证据的预评估，应当向布达佩斯法院申请。当事人可以对法院发布的针对证据预评估的命令提出上诉。

4. 针对垄断行为的私人诉讼

当事人可以根据匈牙利《竞争法》第三章到第五章的规定（即限制竞争协议、滥用市场支配地位和经营者集中）提起民事诉讼。除非匈牙利《竞争法》另有规定，私人诉讼适用民事诉讼法的相关程序。

在收到当事人提起的反垄断民事诉讼之后，法院应当毫不迟延地将该情况通知竞争管理局。在审理结束之前，竞争管理局可以提交与适用匈牙利《竞争法》第三章到第五章相关问题的书面意见，此外，它还可以在审理过程中提出口头意见。如果竞争管理局想行使权利发表口头意见，应当事先通知法院。竞争管理局的意见可以作为诉讼中的证据使用。

在法院的请求下，竞争管理局应当在收到法院请求其提供相关信息的命令之日起 60 天内，向法院告知其关于适用匈牙利《竞争法》第三章到第五章的相关意见。同样，在竞争管理局的请求下，法院应当将与诉讼相关的文件传递给它。法院也可以同意竞争管理局查阅文件而不是将文件传递给它。

在诉讼过程的任何阶段，如果竞争管理局通知法院其针对法院在审案件启动了竞争规制程序，则法院应当中止案件审理，直到针对竞争规制程序中的决定提起诉讼的时间期限届满，或者在针对该决定提起诉讼的情况下，直到复审法院的决定具有法律约束力的时候。竞争管理局关于是否存在违法行为的决定，如果没有当事人提起诉讼，或者复审法院作出的决定，对于法院审理案件具有约束力。

在上述诉讼中，证明存在违反匈牙利《竞争法》第三章到第五章规定的行为的责任，由主张违法的一方承担；证明满足集体豁免条件的责任，或证明满足匈牙利《竞争法》规定的限制竞争协议的豁免条件的责任，由提出该主张的当事人承担。

最后还值得一提的是，在民事诉讼过程中，匈牙利《竞争法》还有一条"涨价推定"规则：当事人对于竞争者之间的限制竞争协议的指控，如果涉及直接或间接地固定商品价格、划分市场或设定生产或销售配额，在证明违法行为对价格的影响程度时,推定违法行为对价格的影响达到了 10%的程度,除非能证明存在相反的情况。[①]

5. 公益诉讼

匈牙利《竞争法》还规定了民事公益诉讼制度。[②]如果经营者的行为涉嫌侵害一群消费者的利益,而消费者个人并未意识到这种侵害,即便个体消费者的身份无法识别,竞争管理局仍可以代表消费者提起民事公益诉讼。

值得注意的是,只有在竞争管理局已经对上述违法行为启动竞争规制程序的情况下,它才可以提起公益诉讼。在竞争规制程序已经发起的情况下,法院应竞争管理局的要求,应该中止诉讼,直到竞争规制程序结束。

公益诉讼具有诉讼时效的限制:在违法行为被证实之日起一年后再提起诉讼将导致丧失起诉权。此外,竞争管理局提起公益诉讼并不影响消费者自己根据民法的相关规定采取进一步行动来对抗违法者。

3.2 匈牙利竞争法的执法机构及其职能

3.2.1 匈牙利竞争执法机构的基本情况

匈牙利竞争执法机构是匈牙利竞争管理局,它是以保障市场自由和公平竞争为使命的自治性公共行政机关,直接向国会报告工作。匈牙利加入欧盟意味着匈牙利竞争管理局历史上的转折。匈牙利竞争管理局成为欧洲竞争网络(ECN)的一个成员,并开始适用欧盟竞争法。欧洲竞争网络是由欧盟委员会竞争总司以及各成员国的竞争执法机构共同组成的工作和交流网络。

市场竞争是市场经济的运行机制,能够最好地传递社会的需求并提升企业效率,并由此带来社会福利(包括消费者福利、竞争力、经济水平、就业和生活水平)的增长。竞争管理局的职责就是确保该机制的正常运作,并防止任何对它的限制和扭曲。

---

① 参见匈牙利《竞争法》第 88 条 C。
② 参见匈牙利《竞争法》第 92 条。

为了保障市场经济中的自由、公平竞争，竞争管理局的主要任务是：在其管辖权范围内实施代表公共利益、提升长期消费者福利和竞争力的竞争法条款。它也采取所有可行的方式来支持竞争，或者当竞争是不可能的或者竞争不能带来最好的结果时，辅助采取国家管制手段来建立或代替竞争。

为了实现上述目标，竞争管理局主要基于以下三大支柱：①执行匈牙利《竞争法》及其管辖权范围内的其他法律文本，包括欧盟竞争法；②在竞争推进（competition advocacy）的框架内，使用所有可能的方式来影响政府的决策，以支持竞争；③为了确保社会接受竞争理念，致力于促进竞争文化和消费者作出理性选择的文化的发展。

3.2.2　匈牙利竞争执法机构的组织机构和法律地位

匈牙利竞争管理局是一个自治性的公共行政机构。它独立于政府，只对国会负责。竞争管理局主席每年向国会报告竞争管理局开展的行动以及自由和公平的竞争秩序的维持情况。竞争管理局负责全国范围内的竞争执法，不设区域性机构。

竞争管理局由一名主席领导，两名副主席辅助主席开展工作。竞争管理局的主席由共和国总统经总理的提名而任命，任期为 6 年。竞争管理局的副主席由主席提名，然后提交给总理。如果总理同意，他将建议共和国的总统进行任命，任期也为 6 年。在任命的同时，共和国的总统指派其中一名副主席担任竞争委员会主席，另一名副主席负责管理和监督竞争管理局调查部门的工作。在 6 年任期届满后，被委任的人可以再次被任命。但是，竞争委员会的主席只能被再任命一次。

匈牙利竞争管理局主席的职责主要包括以下方面：

第一，领导竞争管理局开展工作，具体又包括以下职责：①指导竞争管理局开展活动；②代表匈牙利竞争管理部门；③制定竞争管理局的组织和业务规则，批准竞争委员会的组织和业务规则；④行使雇主权利，竞争委员会成员的任命和免职除外；⑤任命在"限制性商业行为和市场支配地位咨询委员会"（根据《欧盟理事会第 1/2003 号条例》设立）和在"经营者集中咨询委员会"（根据《欧盟理事会第 139/2004 号条例》设立）中代表匈牙利竞争管理局的人员；⑥指导竞争管理局发展竞争文化和理性消费文化,提高公众的竞争意识。

第二,向国会报告工作,具体又包括:①参加国会的会议;②应国会的要求,对与经济竞争有关的问题提供专业意见;③向国会提交年报,并基于国会相关委员会的要求,向其报告如何维护自由和公平竞争。

第三,参与政府竞争合规(竞争推进)。基于竞争管理局享有的咨询权,在其职责范围内参与政府会议。对于与竞争管理局的职责相关的立法草案或政府措施,特别是可能存在限制竞争可能性(比如对市场行为和市场准入有要求)的立法草案或政府措施,在出台之前必须征求竞争管理局主席的意见。

第四,行政调查程序之外的信息搜集工作。应政府、部长或国际组织的要求,竞争管理局主席应当对其活动过程中有关经济竞争的经验和与经济竞争有关的问题作出报告。为此,竞争管理局主席可以自行收集数据或要求有关部门提供相关信息。

第五,发布联合声明。竞争管理局主席可以和竞争委员会主席发布联合声明,说明竞争管理局在实践中实施法律的基本原则。当然,声明并无约束力,其功能在于加大执法的可预测性。

第六,发展竞争文化。推动匈牙利和欧盟层面竞争文化的发展,促进竞争法在该地区实施的制度体系的发展。

竞争管理局秘书长在主席的指导下,按照法律规范和专业要求,领导竞争管理局的组织机构。秘书长应被归类为主任调查员(bureau head-investigator)。

竞争委员会(Competition Council)则由主席和委员组成。竞争委员会是竞争管理局内一个独立的决策主体。在竞争案件中,竞争委员会负责就实质问题做出决议。它同时也负责将决议向公众公开,并发布执行令。竞争委员会还负责评估针对在竞争调查程序中由调查员作出的所谓临时决定而主张法律救济的申请。竞争委员会的活动由委员会主席组织和控制,竞争委员会主席也是竞争管理局副主席之一。竞争委员会由3或5名成员对单独的案件作出决定,成员的组成由竞争委员会主席任命。根据匈牙利《竞争法》的规定,竞争委员会的成员在竞争规制程序中是完全独立的:当他们作出决定时,他们只依据法律,而不是任何指令。除了与竞争规制相关的职责外,竞争委员会的成员也参加竞争管理局开展的与竞争推进和竞争文化相关的活动。

　　竞争委员会的主席享有下列职责:①组织竞争委员会的活动;②监督遵守程序的最后期限;③准备和提交竞争委员会的组织和操作规则;④确保竞争委员会决议的公开;⑤作为竞争委员会调查程序中的一员。

　　除了竞争管理局主席和副主席、竞争委员会主席、竞争管理局秘书长以及竞争委员会委员之外,竞争管理局中最多的是调查员。竞争管理局主席负责任命竞争管理局的公务员为调查员,履行调查或促进调查的职责。

　　调查员主要在调查部门工作。调查部门向管理他们的副主席报告工作。在竞争案件中,调查部门决定发起竞争调查程序,并安排相关决策所必需的调查。调查部门的主要职责包括:①定期地监控竞争和市场的运作;②基于竞争管理局收到的正式和非正式投诉,或通过主动调查发现涉嫌违法行为,决定是否发起竞争调查程序;③开展竞争调查程序,并起草调查决定,提交给竞争委员会批准;④竞争委员会发布正式决定后,开展后续调查保障决定的执行。

　　除了以上活动外,调查部门也参与立法草案的讨论,以及就其他提交到竞争管理局的规定发表意见,并参加竞争管理局开展的其他倡导竞争的活动。他们也参加由竞争管理局组织的发展竞争文化和消费者文化的活动。

　　调查部门以"组"为基础或根据案件的类型进行组织。比如,消费者组(con-sumer section)负责处理特定的正式和非正式的投诉,开展有关误导性广告的调查,执行有关比较广告的条款。卡特尔组(Cartel section)负责探测和调查秘密实施的卡特尔协议。生产和服务组(production and services section)、金融服务组(financial services section)和网络行业组(network industries section),都是以"组"为基础来进行组织,在其管辖权范围内,对相关案件履行行政职责。根据贸易法的规定,生产和服务组负责履行竞争管理局在监管具有显著市场力量的贸易公司方面的职责。消费者服务组负责消费者投诉的登记和处理。消费者服务组在竞争管理局秘书长的监督下运作。对投诉信息的筛选和分析能够使得调查部门更加有效地开展执法工作。

　　调查部门有关竞争规制和竞争推进的工作还得到竞争管理局主席或副主席下辖的其他组织的支持。比如,法律组(legal section)提供制度化的法律支持,国际组(international section)负责国际合作,比如有关欧盟法的适用、维持与外国伙伴的联系等。为了提高经济分析的质量以及提高经济分析工作在竞争管理局活动中的地位,首席经济师团队(chief economist team)负责在竞争调查程序中开展理论和实证分析。首席经济师团队也可能涉及其他需要高水平的经济专业知识的管理之中(包括对有关竞争推进的议题提出解决方案)。

此外,竞争文化中心(competition culture centre)执行和协助竞争管理局在其框架范围内推动竞争文化和理性消费文化的发展。

调查部门的调查员实行分级制度,分别为:初级调查员(junior investigator)、调查员(investigator)、调查顾问(investigator-adviser)、首席调查顾问(principal investigator-adviser)、领导首席调查顾问(leading principal investigator-adviser)。主席可以任命主任调查员(bureau head-investigator)和副主任调查员,分别作为分立单元的领导者和副手。初级调查员、调查员、调查顾问、首席调查顾问有权分别获得 5 天、10 天、11 天、12 天的额外假期。领导首席调查顾问、副主任调查员和主任调查员有权享受 13 天额外的假期。

匈牙利《竞争法》对竞争管理局的工作人员具有严格的"竞业禁止"要求:竞争管理局的主席、副主席以及竞争委员会的成员和调查员不能执行任何别的任务,不得从事其他有报酬的工作,不能成为公司或合伙企业的执行人员或监事会成员,除非是基于法律关系进行科学、教育、艺术活动,保护版权和工业产权的活动,或者参与咨询或编辑活动。存在上述不合规情形的人应当毫不迟疑地向行使用人权力的人报告。行使用人权的人应设定一个较短的期限,要求消除不合规情形。如果有义务报告不合规情形的人未履行该义务,或未在限定期限内消除不合规情形,那么他将被免职。

此外,匈牙利《竞争法》还对竞争管理局的相关人员提出了强制申报财产的要求。[①]竞争管理局主席、副主席以及竞争委员会的成员应当在被任命之日起 30 天内,按照相关规定申报财产。有关国会议员财产申报的记录、控制和待遇的规则同样适用于上述人员财产申报的记录、控制和待遇。如果竞争管理局主席、副主席以及竞争委员会的成员拒绝或没能履行财产申报的义务,或在财产申报过程中故意提供虚假的事实或证据,那么他们的授权将被剥夺。

在待遇方面,竞争管理局主席和副主席有权分别享有与部长和国务秘书相同

① 参见匈牙利《竞争法》第 40 条。

的工资和福利。而且,主席和副主席有权分别获得相当于其基本工资 110％和 100％的领导津贴。此外,主席和副主席有权获得相当于其基本工资 80％的工资奖金。竞争委员会成员有权获得的基本工资是公务员基本报酬的 10 倍。①调查员的基本工资则为单独立法规定的报酬的以下倍数:①初级调查员:4 倍;②调查员: 7 倍;③调查顾问:7.5 倍;④首席调查顾问:8 倍;⑤领导首席调查顾问:8.25 倍; ⑥副主任调查员:8.5 倍;⑦主任调查员:9 倍。调查员的领导津贴为各自基本工资的以下倍数:首席调查顾问为 20％,领导首席调查顾问为 30％,副主任调查员为 40％,主任调查员为 90％。

匈牙利《竞争法》还规定,竞争委员会的成员和竞争管理局的调查员必须是所在专业领域的大学毕业生。竞争委员会的法律官员还必须通过法律专业考试。②

3.2.3　匈牙利竞争执法机构的执法依据

竞争管理局主要负责实施以下法律和规则:

第一,《1996 年关于禁止不正当和限制性市场行为第 57 号法案》(一般被称为《竞争法》)。该法包含了匈牙利《竞争法》的大部分实体规则,包括不正当商业行为的一般规则、与竞争有关的消费者权益保护问题、限制性行为(反垄断),以及为竞争管理局和法院适用实体法而设定的程序性规则。

第二,欧盟竞争法。2004 年 5 月 1 日,匈牙利加入欧盟。这导致了匈牙利《竞争法》适用的巨大改变。随着欧盟的进一步扩大,欧盟竞争法的改革方案开始生效,这要求不仅欧盟委员会要与欧盟竞争法相符合,而且成员国竞争管理机构也需要与其相符合(如匈牙利竞争管理局)。《欧盟运行条约》第 101 条和第 102 条关于禁止限制竞争协议和滥用市场支配地位的内容与匈牙利《竞争法》关于限制竞争协议和滥用市场支配地位的规定是一致的。如果竞争管理局怀疑存在任何违反竞争法的行为,且该行为可能对成员国之间的贸易产生影响,那么它有权也有义务适用欧盟法(基于违反欧盟法而发起相应程序)。对成员国之间的贸易产

---

① 参见匈牙利《竞争法》第 42 条。
② 参见匈牙利《竞争法》第 43 条。

生影响是一个复杂的概念,因为它涉及该行为对成员国之间的贸易是具有事实上的还是潜在的影响,是直接的还是间接的影响。这种结果可能表现为涉及进出口活动的协议、关闭国内市场的协议、限制国外企业的竞争、滥用市场支配地位等。在针对上述行为的调查程序中,竞争管理局可以适用关于《欧盟运行条约》中的竞争规则、欧盟的其他法律规则(指令、条例、委员会通知)以及欧盟委员会和欧洲法院在判例法中发展起来的法律原则。匈牙利《竞争法》的实体规则可以与上述规则平行适用。在适用《欧盟运行条约》时,欧洲竞争网络成员之间互相紧密合作,以确保高效、一致地执行欧盟竞争法。

加入欧盟也给匈牙利的经营者集中控制带来了很大变化。涉及欧盟层面的经营者集中案件,即任何营业额达到《欧盟委员会第 139/2004 号条例》规定的申报标准的经营者集中,如果会影响到不止一个成员国,通常就不属于成员国竞争管理部门的管辖范围,而应该向欧盟委员会进行申报并由其处理。

第三,集体豁免条例。政府法令可以授予特定类型的限制竞争协议豁免适用竞争法。这些法令一般包含协议取得豁免必须满足的要求。这些要求源于过去多年在个案中获得的经验,也与竞争法规定的豁免条件相符合。政府法令授予的豁免在很大程度上是基于对市场份额的判断。自动豁免通常授予低于特定市场份额的情形,前提是协议不包含涉及竞争的不可接受的条款。

匈牙利《竞争法》中有很多有效的集体豁免法令,涉及保险(《政府法令第 18/2004 号》)、机动车销售(《政府法令第 19/2004 号》)、技术转移(《政府法令第 86/199 号》)、专业化(《政府法令第 53/2002 号》)、研究和开发(《政府法令第 53/2002 号》)、纵向协议(《政府法令第 55/2002 号》)。

根据欧盟竞争法,某些类型的协议也可以基于欧洲委员会的条例取得豁免。这些豁免基本上采取了与上述豁免类似的原则。比如,欧盟层面有效的豁免条例涉及保险领域(《欧盟委员会第 267/2010 号条例》)、机动车销售与服务(《欧盟委员会第 461/2010 号条例》)、班轮运输(《欧盟委员会第 906/2009 号条例》)、技术转移(《欧盟委员会第 772/2004 号条例》)、专业化(《欧盟委员会第 1218/2010 号条例》)、研究和开发(《欧盟委员会第 1217/2010 号条例》)、纵向协议(《欧盟委员会第 330/2010 号条例》)。

在欧盟和匈牙利都存在集体豁免条例的领域,基于法律确定性和竞争政策的统一性,匈牙利的豁免规则与欧盟层面的规则保持一致。

第四,《2008 年关于禁止针对消费者的不正当商业行为的第 47 号法案》(《不正当商业行为法》)。2008 年 9 月 1 日生效的《不正当商业行为法》建立了为消费者提供信息保障的基本法律框架。不正当商业行为法普遍禁止任何不公平的商业行为,尤其是误导性的和侵略性的商业行为。此外,它还附加了 31 种行为的具体清单(即所谓的"黑名单")。对于这些行为,可以仅仅依据行为本身而不需要考虑其可能产生的后果就可认定为违法。

在匈牙利,对于不正当商业行为法的实施有三个机构享有共同管辖权。除了匈牙利竞争管理局,匈牙利消费者保护管理局和匈牙利金融监督管理局也有权适用不正当商业行为法。匈牙利消费者保护管理局享有一般性权力,而匈牙利金融监督管理局享有特定职责(处理在其监管范围内的案件,如涉及金融机构的案件)。以上两大机构负责处理不涉及竞争的案件,匈牙利竞争管理局则处理所有影响竞争的案件,但是不公平商业行为是通过标签、手册、使用指南或者不遵守其他单行法规定的特殊信息披露要求来实现的案件除外。如果特定行为扭曲了消费者的决策,如果影响广泛,也可以视为扭曲竞争过程。

第五,《2008 年关于商业广告行为的必要条件和某些限制的第 48 号法案》(即《商业广告行为法》)。商业广告行为法禁止任何误导性的广告,尤其涉及广告中的信息披露问题,包括商品的特征、价格、价格设定的方式、其他涉及商品购买的合同条款或条件、对广告商的评价(比如其资产、资格、奖项和荣誉等)。无论是从整体上看还是部分上看,广告都应当提供真实、准确的信息。《商业广告行为法》也判定合法的比较广告的条件。不合法的比较广告中使用的误导性信息可能扭曲决策、选择和广告接受者的自由。

《商业广告行为法》主要是为了保护非消费者市场主体(比如交易相对人)的商业决策,即除了通过竞争法防止不公平地操纵商业决策之外,通过《商业广告行为法》防止误导性广告和涉及误导性和不公平的比较广告。

第六,欧盟消费者保护法。欧盟发布了《不公平商业行为指令》(《欧盟委员会第 2005/29 号指令》)。欧盟意识到,不同成员国之间在消费者保护法上的差别很可能会扭曲竞争。因此,为了最大可能地协调成员国之间有关消费者保护的法规,并确保成员国之间一致适用最高水平的消费者保护法,欧盟委员会发布了指令。该指令通过《2008 年关于禁止针对消费者的不公平商业行为的第 47 号法案》（即《不正当商业行为法》），被移植到了匈牙利法律体系中，并且匈牙利竞争管理局是有权适用本法的机构之一。

此外，为了在欧盟层面协调适用消费者保护法，欧盟成立了一个关于消费者保护机构的网络。该网络效仿了欧洲竞争网络（ECN），由成员国的竞争管理机构组成（《欧洲议会和欧盟委员会关于消费者保护机构之间合作的第 2006/2004 号条例》）。由于该类案件是随着欧盟一体化的加深而平行增长，该网络只针对那些很可能欺骗消费者的跨境违法行为。

第七，《2005 年关于贸易的第 164 号法案》（即《贸易法》）。《贸易法》于 2006 年 6 月 1 日起生效，与此同时，竞争管理局的权限也相应增加。贸易法禁止任何具有显著的市场支配力的交易方对供应商滥用市场支配地位。竞争管理局可以基于贸易法的实体规则对该类滥用市场支配地位的案件进行规制。

第八，《2004 年关于公共行政程序和服务的一般规则的第 140 号法案》。针对竞争管理局的程序规则主要规定在竞争法中。但是，《2004 年关于公共行政程序和服务的一般规则的第 140 号法案》也包含程序规则。当竞争法没有包含不同于该法的规则时，本法的条款才适用于竞争管理局的程序。

第九，其他关于竞争的法律规范。还有一些其他的法律规范，虽然它们不包含在竞争法中，但是包含了一些涉及竞争的条款，从而也间接地涉及竞争管理局的活动。这些法律规范主要涉及被管制行业和自然垄断行业，比如有关电子通信、电力和铁路的法规（欧盟法中也存在类似的规定）。这些规范由为了监管相关部门而设立的机构来执行（比如国家通信管理局、匈牙利能源办公室和国家交通管理局）。但是，在特定问题上，由于考虑到竞争方面的问题，上述规范要求这些管理部门与竞争管理局开展合作。这些合作通常都建立在双方合作协议的基础之上。

第十，竞争管理局主席和竞争委员会主席的联合声明。竞争法授权竞争管理局主席和竞争委员会主席发布联合声明，说明竞争管理局执行法律的情况。不同于法律规范，这些声明没有法律约束力，其主要目的是说明竞争管理局在执行法律实践过程中的相关内容，概括法律实施情况，并设想它的未来。这些声明是建立已经处理的案件的经验基础之上，但也反映了竞争管理局在特定竞争问题上的态度和方法，以及竞争执法的一般趋势。

最后，还包括竞争委员会的立场声明。竞争委员会的立场声明反映了它对竞争法的解释，但是也没有法律拘束力。竞争委员会之所以公开立场声明，主要是向市场参与者提供竞争法适用的指导性说明，协助企业遵守法律，促进企业竞争合规。但是，这些声明在有关竞争的民事或行政案件中都没有法律约束力。

3.2.4　匈牙利竞争执法机构的执法程序

1. 竞争调查程序

匈牙利竞争管理局可以对涉嫌违反匈牙利竞争法和欧盟竞争法的市场行为发起调查，包括不正当影响商业决策、滥用市场支配地位、限制竞争协议以及涉嫌违反《不正当商业行为法》《商业广告行为法》和《贸易法》的行为。

竞争管理局可以依职权对涉嫌违法的行为发起调查，此外任何人都可以向竞争管理局提出正式或非正式的投诉。但是，提起正式或非正式投诉并不自动导致竞争调查程序。只有在相关行为可能涉嫌违反上述条款的情况下，竞争管理局才会展开调查。

在关于卡特尔的案件中，违法的当事方可以通过提交宽恕申请而请求豁免罚款或减少罚款数额。对于不正当商业行为、不正当影响商业决策和违反《商业广告行为法》而发起的调查，竞争管理局应当在三个月内做出决议，在特定的情形下可以延长两个月。对于限制竞争协议和滥用市场支配地位展开的调查应当在六个月内结束，在特定的情形下可以分别延长六个月。

在针对案件的实质问题作出的决定中，竞争委员会可以：①确认行为违法；②要求消除违反法律的情形；③要求停止违法行为；④给确认违法的企业强加义务；⑤针对违法信息，要求发布更正公告；⑥处以罚款；⑦确认行为合法。

竞争案件可以基于承诺而结束。如果经营者承诺其采取措施消除竞争影响，竞争委员会可以发布命令要求经营者遵守承诺，与此同时，终止调查程序而不需要宣布行为违反法律。

在缺乏证据证明行为违法的情况下，竞争案件也可以基于命令而终止。比如,撤回经营者集中的申报,或者没能提交完整的文件。终止调查的命令可以由竞争委员会和调查员共同做出。

经营者集中需要向竞争管理局进行申报。如果没有进行申报,竞争管理局可以发起调查程序。在经营者集中案件中,竞争管理局可以依据案件的复杂程度,采取简易程序或一般程序。简易程序的时间期限是 45 天,在特定情形下可以延长 20 天。一般程序应当在 4 个月内做出决定。基于没有申报而发起的调查程序应当在 6 个月内结束。竞争委员会可以批准集中、否决集中或对集中附加条件。

根据《2010 年媒体服务和大众传媒第 185 号法案》的规定,对于媒体企业之间的集中,竞争管理局应当获得国家媒体和通信管理局媒体委员会的立场声明。媒体委员会的声明对于竞争管理局具有法律约束力。然而,这一事实并不能阻止竞争管理局禁止那些已经获得媒体委员会官方批准的合并,或对其附加条件或义务。

在竞争调查程序中,为了证实案件事实,竞争管理局享有广泛的调查权。[1]竞争管理局可以动用很多权力,包括搜集资料、听取证人证言、雇用专家、查询文件、调查企业经营场所和企业员工的家和机动车辆,以及基于法官的允许,在没有经过事先通知的情况下,扣押、密封和备份电脑数据。

根据匈牙利《竞争法》,在调查员和竞争委员会程序的要求下,当事人有义务提供有关案件的实质性资料,包括个人资料。当事人没有义务做出承认违反法律的陈述,然而他们不能拒绝提供任何可能被定罪的证据。调查措施可以在对于澄清案件事实所必需的证据所在的任何地点执行。为了查清案件事实,任何组织和个人都有义务提供必要的书面信息,并将有关文件送交竞争管理局。拥有文件的当事人或其他人,在调查员的要求下,有义务将信息以可查阅的方式展示、复制或提供给数据载体传输。案件调查员和竞争委员会成员有权复制文件。竞争管理局有权查询、管理当事人或其他程序参与人的个人信息。竞争管理局可以获取包含此类信息的记录或数据载体。如果有证据包含了与程序涉及的主要问题无关的个人信息,且在不减小该证据的证明力的情况下不可能将该证据分开,则竞争

---

[1] 参见匈牙利《竞争法》第 65 条、第 65 条 A。

管理局有权管理与该证据有关的任何个人信息。然而，与调查的主要问题相关但又不涉及违法的个人信息的调查必须达到能合理证明的必要程度。

此外，在依职权开始的过程中，调查员可以违背所有者或占有者的意愿独自进入任何地点或任何关闭的建筑或厂房进行调查。当他们这样做的时候，他们可以责成当事人或其代理人或其前代理人、雇员或前雇员提供口头或书面的信息和解释，或以任何其他方式现场收集信息。如果被调查场所（包括交通工具和土地）是私人所有，调查措施只能在使用人是以下人员的情况下开展：执行官或前执行官、雇员或前雇员、当事人的代理人或前代理人，或控制了或事实上行使控制权的任何其他人。

但是，在执行上述具体调查措施时，需要事先取得司法授权。对于竞争管理局提出的授权申请，布达佩斯法院需要在收到申请之日起 72 小时内以非诉讼程序做出决定。不得针对该法院的决定提出上诉。如果竞争管理局有能力证明其他措施将导致调查失败，并有合理理由可以推断与具体的违法措施相关的信息保存在司法授权申请中所指示的地点，而且该信息不可能自动获得，那么法院应授权竞争管理局开展调查措施。法院可能部分授权，即授权采取部分的调查措施，特别是针对目标人员采取特定的调查措施。调查措施应当在法院发布决定之日起 90 日内执行。

在调查措施开始实施之前，相关人员应被告知法院的授权决定和调查措施的目的。调查措施开始实施时，应当告知相关人员，如果可能的话，应当在相关人员在场时实施。开展调查措施时，调查员有权复制或保存各种与调查的主要问题无关并且不在法院授权范围内的证据，前提是这些证据有可能证明存在限制竞争协议或滥用市场支配地位的情形。在涉及这些证据的情况下，应该事后获得法院的授权。授权申请应当至少在采取措施之日起 30 日内提出。

为了开展调查措施，竞争管理局还可以求助于警方。警方可以根据相关规则采取强制措施和手段。

竞争调查程序结束后，竞争管理局可以开展事后调查，确保经营者的行为与竞争委员会的决定保持一致（比如完成附加的义务）。

2. 行业调查程序

当价格波动或其他市场形势显示特定行业的竞争被扭曲或限制了，竞争管理局主席可以发布命令介入调查。①调查命令应当说明拟被调查行业存在的引发调查的具体情况,并在竞争管理局的官方网站上公示。行业调查当由竞争管理局主席任命的有能力开展相关调查的公务员实施。

在行业调查过程中,竞争管理局主席可以要求相关经济部门提供信息(包括商业秘密),并限定一定时间。对于未按命令提供信息、未在规定期限内提供信息或提供不正确的或虚假信息的企业,竞争管理局主席可以发布命令处以罚款。罚款数额最小为1.5万福林,最高可以达该企业上一业务年度营业额的1%。超过时间限制的企业可以天为单位处以罚款,罚款的最高数额可达上一业务年度内每天营业额的1%。

在行业调查中,竞争管理局主席还可以要求匈牙利中央国家机关或匈牙利国家银行向竞争管理局提供其所掌握的个人信息或经信息提供者确认的整合信息(包括商业秘密)。但是,对于上述机构,竞争管理局无权处以罚款。

在行业调查的过程中,专家可以查阅为了履行其职责所必需的文件,包括那些包含了商业秘密、银行秘密、保险秘密或被单行法规所定义的和与保险待遇或资金运行有关的秘密的文件。

为了保护商业秘密,有义务提供信息的人可以请求竞争管理局不揭露相关信息。在考虑这类请求时,竞争管理局主席可以通过发布命令的方式,责成有义务提供信息的人准备没有包含商业秘密的文件版本。

在开展行业调查之后,竞争管理局应当在一个合理期限内把行业调查结果制作成调查报告。②竞争管理局主席可以发布一个不包含国家或行业机密、银行秘密、保险秘密、被单行法定义的和与保险待遇或资本运行相关的秘密或商业秘密的报告。

在发布调查报告之前,竞争管理局应当允许相关当事人提交有关报告内容的书面意见。竞争管理局也可能以此为目的召开听证会。不包含商业秘密的报告应当提前送达给相关企业,以确保他们至少有30天的时间提交书面意见或准备听证会。

基于调查报告的内容,竞争管理局主席可以:①针对特定经营者发起竞争调

---

① 参见匈牙利《竞争法》第43条C。
② 参见匈牙利《竞争法》第43条E。

查程序;②在无法通过竞争调查程序寻求救济的情况下,通知国会的专门委员会或相应的政府部门,处理行业调查中发现的市场失灵情况。

最后,对于开展行业调查、被处罚款或拒绝将文件内容视为商业秘密的命令,当事人可以寻求法律救济。①救济请求应当在命令传达之后 15 天内提出。但是,救济请求不影响行业调查的实施。法律救济的申请应当向布达佩斯法院提出。

3. 基于《贸易法》的规制任务

基于《贸易法》,竞争管理局有权禁止任何具有显著的市场力量的交易方针对供应商实施滥用市场支配地位行为。竞争管理局基于《贸易法》的实体规则发起调查,同时适用竞争法以及其他规范中针对滥用市场支配地位的程序规则。

4. 正式和非正式投诉

任何人都可以对涉嫌违反匈牙利《竞争法》、欧盟竞争法、《不正当商业行为法》《商业广告行为法》或《贸易法》的行为,向竞争管理局提交正式或非正式的投诉。提起正式或非正式投诉是免费的。基于提交正式或非正式投诉人员的请求,竞争管理局不能将其身份披露给相关企业。

如果竞争管理局的调查程序是依职权展开的,哪怕竞争管理局是基于正式或非正式投诉而展开调查的,提交正式或非正式投诉的人也不能视为当事人。调查程序终结后,应当告知投诉方,而且投诉方有权对该命令寻求单独的法律救济。

如果是提起正式投诉,必须完整地填写竞争管理局公布的投诉表格。投诉方应当如实填写表格中强制性填写的部分,在上面签字,然后将其交给竞争管理局。投诉表格可以从竞争管理局的官网上下载,或从竞争管理局消费者服务组的工作人员处拿到,或竞争管理局应请求将其邮寄给投诉方。基于投诉中描述的行为,竞争管理局的调查员有两个月的时间(不公平商业行为的调查时间是 30 天)来决定是否发起竞争调查程序。如果没有基于投诉发起调查,那么投诉者可以针对该拒绝向布达佩斯市法院寻求单独的法律救济。

此外,对于竞争管理局管辖范围内的任何违法行为,任何人都可以向竞争管理局提起非正式投诉。非正式投诉的优点是简便性,它不需要任何特定的形式和

---

① 参见匈牙利《竞争法》第 43 条 F。

内容。投诉者可以选择提交手写的或打印的书面报告，也可以通过电子邮件方式提交。对于非正式投诉，竞争管理局将会采取更为简单的程序来做出判断。非正式投诉首先由消费者服务组来检查。竞争管理局不接受对于同一个人提出的具有相同内容的反复的非正式投诉，或者匿名提交的非正式投诉。同样，如果非正式投诉涉及竞争法以外的内容或者竞争管理局管辖权范围以外的问题，也不予接受。在必要的情况下，非正式投诉可以被转交到有管辖权的主体。需要进一步调查的非正式投诉会被转交到调查部门。消费者服务组会将该措施告知提交非正式投诉的人。最后，需要注意的是，如果竞争管理局没有基于非正式投诉发起竞争调查，那么投诉者不能寻求单独的法律救济。

3.2.5 匈牙利竞争执法机构的竞争推进和竞争文化培育职能

竞争推进是指竞争管理局为了推动促进竞争的公共政策而开展的所有活动。竞争推进的最重要方式之一是针对立法草案提意见。根据竞争法的规定，所有的立法草案和法律条例在出台之前都应当事先与竞争管理局主席进行沟通和讨论。在准备立法草案意见期间，竞争管理局采取所有合理的措施来反映竞争政策的标准和形势。竞争管理局可以调查可能被立法草案影响的市场的竞争条件以及市场准入条件的变化情况，判断立法草案试图实现的目标是否与管理手段一致，以及与预期的结果相比，是否会导致不相称的竞争限制。除了在公共行政方面开展竞争推进，竞争管理局也在个案中开展竞争推进。如果在任何案件中发现存在管制不当（比如过度监管），或任何违法行为，那么竞争管理局会将发现的问题向主管机构指明。

如果竞争管理局无意中发现违反竞争法的自由竞争原则的公共行政决定，竞争管理局可以请求做出该决定的公共行政机构修改或甚至撤销该决定。如果该公共行政机构不接受该建议，竞争管理局可以向法院请求审查该公共行政决定。

除了竞争规制和竞争推进，竞争管理局保护竞争的第三个支柱就是发展竞争文化。从2005年开始，竞争法赋予竞争管理局在发展和传播竞争文化方面的职责。而且，竞争法为竞争管理局在竞争文化发展方面不断增强的角色提供了必要的财政条件。匈牙利《竞争法》规定：竞争管理局应促进竞争文化的发展，促使消费者做出明智的决策。①尤其是支持竞争法、竞争政策、消费者保护政策领域的科学研究和教育项目，促进竞争法、竞争政策、消费者保护政策领域的专业教育，提高公众对于竞争政策和消费者保护政策的意识。为了实现上述任务，竞争管理局最高可以动用过去两年内年均罚款额的 10％。并且，每一年用于竞争文化发展的经费占罚款额的比例不得低于上一年。如果某一年可利用的资金总额没有被用于该目的，那么它将被转接到下一年度使用。竞争管理局可以将上一年度征收的程序性收费和程序性罚款的总额用于竞争调查和行业调查程序中履行职责所涉及的费用。

竞争管理局还设立了竞争文化中心专门负责竞争文化的发展工作。作为一个独立的组织单位，竞争文化中心有责任履行和协调与发展竞争文化有关的工作，并且评估和搜集相关的需求。

发展竞争文化和消费者理性决策文化，主要依靠竞争政策信息的传播，以确保竞争能被社会所接受。竞争管理局支持专业文献的出版，组织和支持各种职业活动，支持教育科研项目。竞争文化项目的受众广泛，包括高等教育机构的导师和学生、初级和中等教育的老师和学生、理论专家和学者、中小型企业、非政府组织等。此外，还为消费者、公共行政人员以及国会成员和他们的顾问等提供信息。竞争文化中心还通过其职员出版容易理解的、说明性的材料。这些材料向广泛的读者传递了关于竞争和与竞争相关的基本概念。

3.3　匈牙利竞争法的实施情况及其绩效

3.3.1　匈牙利竞争法实施的基本情况

近年来，匈牙利竞争管理局每年处理的案件基本上维持在 90 件到 160 件之

---

① 参见匈牙利《竞争法》第 43 条 A。

间。在 2007 年达到了 158 件的峰值之后,近几年处理的案件基本上维持在 100 件左右(见图 3.1)。

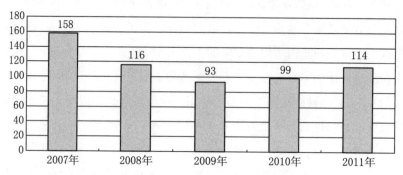

图 3.1 竞争管理局的决定数量(2007—2011 年)

2011 年,匈牙利竞争管理局按照竞争规制程序共处理了 114 起案件,其中绝大多数案件(73 件)最终由竞争委员会做出决定,只有少部分案件(5 件)由于经营者做出承诺而终结(见图 3.2)。在这 114 起案件中,有 109 起案件始于 2011 年,年结案率达到了 95% 左右。这意味着,匈牙利竞争管理局的效率还是很高的。

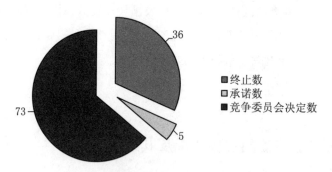

图 3.2 竞争管理局的决定数量(2011 年)

在匈牙利竞争管理局处理的案件中,绝大多数案件都是消费者保护方面的案件和经营者集中的案件,有关限制竞争协议和滥用市场支配地位的案件占少数。比如,2011 年,匈牙利竞争管理局处理的 114 件案件中,有 71 件(约占 62%)是有关消费者保护的案件;有 31 件(约占 27%)是有关经营者集中的案件,分别只有 6

件是关于限制竞争协议和滥用市场支配地位的案件，合计仅占约 11％（见图 3.3）。

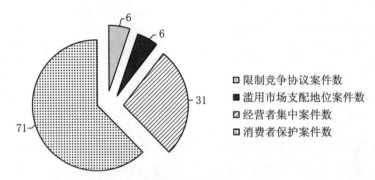

图 3.3　竞争管理局处理的案件类型（2011 年）

　　此外，有意思的是，匈牙利竞争管理局的罚款数额一直处于较大的波动范围。比如，2010 年的罚款额度超过了 100 亿福林，但是 2011 年的罚款额度还不到 10 亿福林，相差十多倍（见图 3.4）。值得注意的是，根据匈牙利《竞争法》，罚款中有很大一部分被专款专用于竞争文化的教育。比如，在 2011 年，竞争管理局被授权使用在过去两年中收取的罚款总额的每年平均值的最大值，用于发展竞争文化、促使消费者做出理性的决策和支持竞争文化中心的运作。2011 年，竞争文化中心可以支配的金额为 8.435 亿福林（约 300 万欧元）。

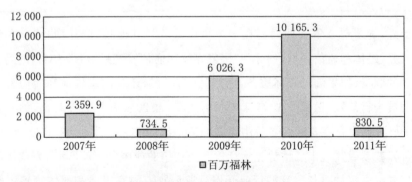

图 3.4　竞争管理局收取的罚款数额（2007—2011 年）

　　在预算方面，匈牙利竞争管理局每年的预算大约为 200 多亿福林（不到 1 亿欧元）。其中，2010 年为 246.55 亿福林（9 300 万欧元），2011 年为 232.82 亿福林

(8 100 万欧元)(见表 3.1)。

表 3.1　竞争管理局的年度预算(用福林或欧元计算)

2010 年	福林	246.55 亿
	欧元	9 300 万
2011 年	福林	232.82 亿
	欧元	8 100 万

匈牙利竞争管理局的员工人数则一直处于较为稳定的状态。2010 年和 2011 年竞争管理局的工作人员数量均为 125 人(见表 3.2)。其中,经济学家大约占了 25％的比例,律师占了大约 40％的比例,两者合计占所有员工数量的 65％。相关行政人员只占了员工总数的 12％左右。

表 3.2　竞争管理局的员工人数

	2010 年	2011 年
经济学家	37	32
律　师	49	51
其他专业人员	25	27
行政人员	14	15
总　　数	125	125

此外,匈牙利竞争管理局还在多个执法领域与其他政府部门共同享有管辖权。首先,媒体和通信领域,匈牙利"国家媒体和通信管理局"(NMIAH)被授予市场监管的职责(如果涉及媒体服务,则相关权力由匈牙利国家媒体和通信管理局媒体委员会行使)。根据 2010 年末通过的法案,自 2011 年 1 月 1 日起,国家媒体和通信管理局也是参与经营者集中审查的适格部门之一。此外,自 2011 年开始,只要价格波动或其他市场情势显示竞争已经被扭曲或限制,匈牙利国家媒体和通信管理局也有权针对其监管的行业开展行业调查。国家媒体和通信管理局媒体委员会可以针对媒体服务市场发起调查,匈牙利国家媒体和通信管理局局长则可以对通信市场发起调查。如果媒体委员会或匈牙利国家媒体和通信管理局局长认为,经过行业调查,发现相关问题只能在竞争规制程序中解决,则其可以与匈牙

利竞争管理局主席一起发起相关规制程序。

其次,消费者保护法的实施权力也在不同机构之间被分割。除了匈牙利竞争
管理局,匈牙利消费者保护管理局和匈牙利财政监管局也具有与消费者保护相关
的管辖权。如果一个针对终端消费者(B2C 行为)的违法行为对竞争施加了实质
性的影响,那么匈牙利竞争管理局负责适用该法,除非违法行为发生在标签、用户
手册(警告和说明)上面或者违反了其他法律规范中的信息要求。匈牙利财政监
管局有权管辖由财政机构实施的行为。除了以上专属管辖权,在任何其他情形
中,匈牙利消费者保护管理局具有普遍管辖权。在界定对竞争的实质性影响时,
对违法行为负有责任的企业的行为的程度及其规模应当被考虑在内。为了保证
法律的确定性,《禁止针对消费者的不正当商业行为法》通过阐释案件的方式对何
为对竞争产生实质性影响做出了说明。针对 B2B 行为(企业与企业之间的交易行
为),则匈牙利竞争管理局享有唯一的管辖权。其中,B2C 案件根据《禁止针对消
费者的不正当商业行为法》来处理,B2B 案件则根据《竞争法》和《广告法》的相关
条款来处理。《禁止针对消费者的不正当商业行为法》禁止不正当的商业行为,特
别是欺骗性或攻击性的商业行为;《广告法》禁止误导性广告,并且对对比性广告
的出版发行设定了条件;《竞争法》则涉及除了广告之外的信息欺骗或攻击性的行
为。但是,比较性广告受制于特殊的规则:根据《广告法》,匈牙利竞争管理局有权
对非客观的比较性广告进行管辖,不论该行为是 B2C 行为还是 B2B 行为。

3.3.2　不正当竞争行为规制与消费者利益保护

对不正当竞争行为(包括不正当影响商业决策的行为和针对消费者的不正当
商业行为)的规制是实现竞争保护与消费者保护有效统一的重要途径。竞争使得
消费者能够从最多可能的选择中做出最合适的选择。然而,如果消费者不能做出
理性的选择,那么他们也不能从竞争中获益。保护竞争和保护消费者相互依存,
不能孤立存在。最好的结果是两者能够互相补充。

匈牙利竞争管理局保护消费者活动的主要目的是通过消费者自由选择来确
保竞争不被扭曲和使消费者的利益最大化。匈牙利竞争管理局保护消费者的活
动主要集中在市场需求方面:通过调查供应方的沟通活动,其目的是为了保护消

费者的选择自由。如果消费者在既有市场中的选择权确定被一个企业不公平地控制了,例如消费者在做决定时没有其他选择,那么竞争程序很可能被扭曲了,从而导致消费者的决定也被扭曲了。

因此,在竞争规制程序中,匈牙利竞争管理局会审查消费者是否有机会获得相关信息,以及能否得到必要的信息来做出合理决策。此外,它也审查企业是否在其职权范围内做了所有该做的事,为消费者提供了相关的和决定性的信息。总之,市场竞争在通常情况下能够弥补对消费者造成的损害。然而,在某些情形下并非如此,而是需要国家干预。

2011 年,匈牙利竞争管理局处理了 71 个有关消费者保护的案件。竞争委员会最终在 40 个案件中确认存在违法行为,在 1 个案件中确认不存在违法行为,在 5 个案件中因为做出了承诺而终止案件程序(见图 3.5、图 3.6)。在 25 个案件中,调查员通过决定或其他方式终止了程序。

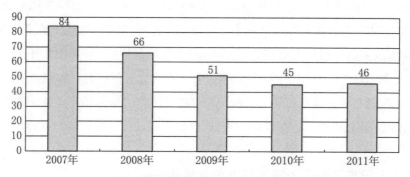

图 3.5　竞争委员会有关消费者保护案件的决定数(2007—2011 年)

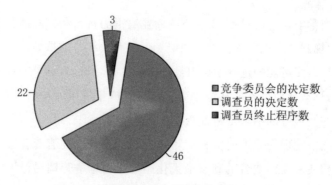

图 3.6　消费者保护案件的决定数(2011 年)

但是，在消费者保护案件中，竞争管理局征收的罚款数额近年来一直处于下降趋势。比如，2011 年，竞争管理局征收的罚款总额为 4.236 亿福林（大约 150 万欧元）（见图 3.7）。但是在 5 年前，征收的罚款数额达到了 18.23 亿福林（超过 600 万欧元）。

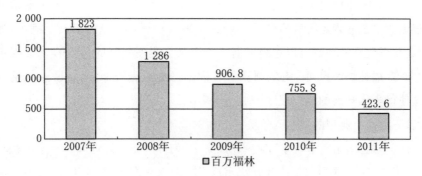

图 3.7　消费者保护案件的罚款数额（2007—2011 年）

3.3.3　限制竞争协议的规制

限制竞争协议一直是匈牙利竞争管理局的执法重点。2011 年，匈牙利竞争管理局针对限制竞争协议发起了 14 个调查程序，并总共对 32 个场所进行了没有事前通知的现场突袭检查。最终，匈牙利竞争管理局对 6 个案件做出了决定，在 2 个案件中确认存在违法行为，终止了 3 个案件，中止了 1 个案件。2011 年，匈牙利竞争管理局针对限制竞争协议的罚款总额达 8 450 万福林（约 30 万欧元）。

匈牙利竞争管理局在过去几年关于现场调查获得的经验表明，电子信息交换已经失去了"战场"，企业已经越来越多地使用新的、更安全的、难以发现的和新的分析技术来联系彼此（例如移动通信技术）。因此，获得决定性的证据愈加困难。为了应对该发展趋势，匈牙利竞争管理局已经获得相关工具和 IT 设备，以便促进对移动技术搜索，提高对所搜集数据的分析效率。这些工具和方法的进步促成了更多现场调查和证据搜集的成功。此外，为了提高"黎明袭击"的效率，匈牙利竞争管理局已经购买了更有效率的、最先进的法医成像器件，这比往年使用的设备运行速度快好几倍，以及用于复制其他数字数据载体的必要设备。

匈牙利竞争管理局认为,宽恕制度和刑法条款必须协调一致,以确保限制竞争协议能更有效地被发现。为了表达对这个问题的关注,匈牙利竞争管理局联系了负责立法的部门和总检察长办公室。根据讨论的结果,该问题有望在 2012 年通过一项刑法典修正案来解决。

自从 2009 年推出了告密者奖励制度以来,提供有关核心卡特尔重要信息的人,根据竞争法的规定有资格获得奖励。如果该法规定的条件得到了满足,那么告密者获得奖励的数额可以达到根据竞争委员会程序判处的罚款的 1%,但不能超过 50 万福林。2011 年,匈牙利竞争管理局已经收到近 20 个告密者奖励的申请,这使得当年开展的调查程序比上一年多出了 2 倍。

以下为两个典型的限制竞争协议方面的规制案例。

第一个是"出租车卡特尔"案。[①]在该案中,匈牙利竞争管理局对 6 家出租车公司处以了 3 450 万福林(约 12.3 万欧元)罚款,因为它们在 2006 年 11 月份达成了一份关于获得 Rádió Taxi 合作伙伴的限制竞争协议。

竞争规制程序重点调查出租车公司之间是否已经存在有意的或事实上的合作,即以协调一致的方式来获得 Rádió Taxi 的某些客户。竞争规制程序还审查了,出租车公司是否在 2006 年达成了在 2006—2008 年间提高票价,以及在彼此之间分配合同伙伴的一致意见,特别是在通过竞标来选择供应商的时候。

根据现有的证据,匈牙利竞争管理局确认被调查企业已经达成获得 Rádió Taxi 合作伙伴的限制竞争协议。通过它们的行为,各方降低了市场的不确定性,共享了彼此的信息,并了解了对方的意图(就其本身而言对竞争是不利的)。竞争委员会认为,事实上,每一个被调查企业都已经意识到竞争对手集中在 Rádió Taxi 客户上的行为,就其本身而言已经影响到市场行为。

第二个案例是"轧机卡特尔"案。[②]在"轧机卡特尔"案中,匈牙利竞争管理局对三个轧机公司的反竞争行为处以 5 000 万福林(约 18 万欧元)的罚款。2006 年 7 月,在农业和农村发展署(MVH)发起的"粮食生产以及定点交付指定仓库"的政府采购程序中,三家企业达成了限制竞争协议。卡特尔成员相互之间分配了面粉的供应市场。根据达成的协议,如果任何一方中标,它将与其他各方达成面粉生

---

① 参见 Vj-29/2008。

② 参见 Vj-134/2008。

产的分包协议,由后者负责一半面粉的生产。

3.3.4　滥用市场支配地位的规制

对于转型经济国家而言,滥用市场支配地位的规制都是重点和难点。匈牙利竞争管理局处理的滥用市场支配地位的案件数每年处于较大的波动范围。在 2007年和 2010 年的时候达到了 13 件,但是在 2009 年的时候只有 1 件(见图 3.8)。这是可以理解的。由于滥用市场支配地位案件的调查和处理异常复杂,匈牙利竞争管理在这方面处理的案件数已经不算少。

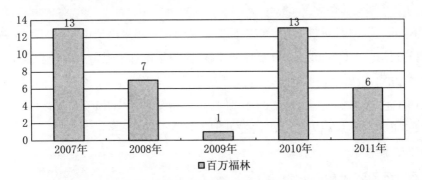

图 3.8　滥用市场支配地位案件的决定数(2007—2011 年)

以下为有关滥用市场支配地位规制的几个案例。

第一个案例是针对 E.ON Tiszántúli Áramhálózati Zrt(TITÁSZ)的竞争规制程序。该调查建立在竞争委员会(从 2001 年开始)之前的决定和上诉法院针对该决定的司法审查的基础之上。法院在先前判决中,要求匈牙利竞争管理局就该企业与当地政府签订的长期协议开展新的调查,并要求竞争管理局就涉嫌存在的问题按比例罚款。在针对 TITÁSZ 的新的调查中,竞争委员会在 2011 年 1 月确认,TITÁSZ 在 2001 年就涉嫌滥用市场支配地位,在其对当地政府提供公共照明服务的背景下,对当地政府终止长期购电协议附加了不正当的不利的法律后果。竞争委员会认为,地方政府作为缔约一方承担的 10 年的义务和终止合同的不切实际的负担条款,构成了不利条件的利用。此外,对于与 TITÁSZ 竞争的能源公司而言,上述限制竞争行为使得它们处于不利的市场条件。在这种情况下,竞争委员会对 TITÁSZ 处以 0.45 亿福林的罚款(约 16 万欧元)。

第二个案例是匈牙利竞争管理局针对 Invitel Zrt(作为 Hungarotel Zrt.的法定继承人)发起的竞争规制程序。最初的案件中可以追溯到 2005 年,当时布达佩斯法院推翻了竞争管理局的决定,迫使其开展新的调查。在 2011 年春天结束的新的调查中,竞争委员会确认了,在 2002 年 7 月 24 日至 2006 年 4 月 30 日,Hungarotel Távközlési Zrt.(Invitel Távközlési Szolgáltató Zrt.的前任)滥用了在商业零售地面线路电话服务和电话接入市场的市场支配地位,无正当理由阻碍新的竞争者进入市场。这对现有的竞争者创造了不利的市场条件,并限制了消费者可以选择的运营商的数量。在这种情况下,竞争委员会对其处以 2 亿福林的罚款。

第三个案例是针对 Városüzemeltetö és Fenntartó Kft.(VÜF) of Mosonmagyaróvár and Karolina Hospital 的案例。该案同时涉嫌滥用市场支配地位和限制竞争协议。竞争管理局对 VÜF 处以 50 万福林的罚款,因为其通过延迟与另一个企业的合同谈判的方式,阻碍该企业的市场进入。竞争委员会认为,通过延长合同过程的行为,VÜF 已经阻碍了其唯一的潜在竞争对手,即 ANUBISZ Temetkezési Kft.(ANUBISZ)的市场准入。ANUBISZ 也是其所在公司集团的一个成员。

3.3.5 经营者集中的规制

在 2011 年年初,竞争管理局对经营者集中的规制程序予以重新审视,以加快审查进程。最后,在 2011 年底发布了新的经营者集中申报表格和关于经营者集中的事先协商的指南。新的申报表格有助于区分明显没有问题的交易和需要进一步深入分析的交易,并对需要加以分析的问题进行了识别。新的申报表格也包含了很多简化的程序,以减少当事人的行政成本,比如,只需要提供涉及匈牙利市场的交易企业的信息;不需要再提交法院登记的摘录;需要翻译的用外语书写的文件减少;在通常情况下,需要提交的文件的数量大大减少。对于许多集中案件而言,申报人不再需要回答与市场相关的详细问题,他们只需要提供那些有实质性重叠的或涉及当事人之间关系的市场信息。如果需要对集中进行深入的审查,使用更具体的问题有助于进行经济分析。所以在这类经营者集中案件中,企业还是需要提供更多的信息。但是,这也减少了企业在调查的后续阶段提交信息的数量，并让整个过程变得更加有效率。

在 2011 年，竞争管理局共审结了 31 个经营者集中案件。其中，22 个集中申请被无条件地批准，1 个集中被附条件批准。在 5 个案件中，竞争委员会或调查员通过发布决定的方式终结了程序，有 3 个集中被禁止。对于没有按照规定事先申报的经营者集中，竞争管理局对相关企业处以了总额为 2 400 万福林（约 8.5 万欧元）的罚款。

以下为有关经营者集中规制的三个案例。

第一个案例是"Axel Springer AG/Ringier AG 集中案"。[1]该案集中影响了报纸出版、印刷、分销和广告的市场；当事人希望通过设立新的合资控股公司的方式集中其在中东欧的企业。对此，经营者集中需要获得相关监管机构——匈牙利国家媒体和通信管理局媒体委员会——的批准。媒体委员会拒绝给予批准。竞争委员会表示，鉴于媒体委员会的决定，它将根据有效的法律规定驳回申请。此后，申请人撤回了经营者集中的申报，竞争委员会也终结了该程序。在解释其决定时，媒体委员会表示，经营者集中将使申请者拥有包括一般的日报、普通的杂志、有关娱乐和生活方式内容的期刊等市场，内容提供的多样性将显著地被限制、扭曲和危及。因此，多元信息的权利不能得到保证。

第二个案例是"Hewlett-Packard GmbH-E. ON IT GmbH 集中案"。[2]在该案中，竞争委员会对竞争法的适用做出了重要的原则性声明。竞争委员会表示：第一，根据竞争法的目的，受交易合同影响的资产应视为经营者的一部分，因为资产不仅包括资产本身，还包括附着在其之上的相关资源，包括结合了资产、权利、专家和专门技术在内的资源，足以使经营者从事相关的市场活动。该决定指出，根据竞争法的目的，经营者的一部分的买方是否在实际上从事这些市场活动，以及是否会排他性地为了卖方或它自己而从事这些活动，都不相关。被转让的资产或权利，就其自身或结合收购方的资产和权利，已经足以证明其适合从事市场活动。第二，关于超过什么样的最低时间限制，一项运营协议就可能会被认定为是经营者集中，目前还没有确定的、清楚的实践。但是，根据竞争委员会的评估，原来 5 年期的合同审查可能延长至 7 年，该期限长度通常足以认定协议为一个永久性协

---

① 参见 Vj-42/2010。

② 参见 Vj-30/2011。

议,从而构成竞争法当中的经营者集中。

第三个案例是"M-RTL Zrt 收购 IKO Televisions(IKOT)案"。[①]该案涉及针对匈牙利电视频道的收购。竞争管理局审查了从观众、广播公司和广告主的角度能够在匈牙利电视频道之间被识别的群体和相关市场,以及每个市场的竞争状态和交易发生后可能产生的竞争状态的变化。竞争管理局认为,电视频道就像一般的媒体服务,可以被认定为双边市场。调查指出,根据竞争法的目的,无论是在广播市场还是广告市场,RTL Klub 和其他 7 个拟议被收购的频道不能彼此替代;相反,它们是互补的关系。这是因为,在该市场中,为了能够吸引用户,广播电台将节目打包在一起,从而构建更广泛的观众基础是必要的。因此,由于其独特的个性,内容广泛且高评级的频道之间是不能彼此替代的,而低评级的频道之间反而可以相互替代,因为它们不太流行。

竞争管理局认为,从广告商的角度来分析市场,电视频道可分为两大类,每一类都有不同的广告功能,也部分由于这个原因,导致了不同的价格水平。第一类包括 RTL Klub 和 TV2(以及潜在的公共服务频道 m1)。该类电视频道能够将广告快速地向广大观众传播,因为它们有更好的内容覆盖和评级。结果,它们可以收取更高的广告费率。第二类是其他通常具有较低评级的频道(尽管它们在实际上也可能存在很大差异)。这类频道能够向观众传播特定的商业广告。此外,它们可能作为服务于特定目标群体的有效工具。各大广告商和广告代理商通常同时利用两种类型的频道,这也支持了以下假定,即两种类型的频道不能彼此替代,而是相互补充。鉴于上述情况,在审查经营者集中的影响时,竞争管理局重点关注交易可能产生的组合效果。尽管一些广告商和电视频道已经对此表示担忧,认为收购成功后,RTL Klub 和 IKOT 可以互相促进彼此节目的影响,或者将相关媒体法规定的必须强制性播出的节目转移到评级更低的频道,参与频道节目的联合出售,从而共同获益。但是,竞争管理局不担心这些问题。通过分析集中可能产生的竞争效果,匈牙利竞争管理局得出的结论认为,上述担忧的问题并不是集中所特有的(也就是说,它们在提到的经营者集中之前就已经存在)。竞争管理局认为,通过媒体法本身可以有效地防止或处理一些问题。但是,鉴于市场的独特性

---

① 参见 Vj-66/2011。

（尤其考虑到数字转换、较高评级的频道的"必须存在"的性质，以及小频道市场的准入的低门槛等），企业集团有足够的能力将竞争者驱逐出市场，集中也可能产生市场封锁效应，所有这些问题都值得考虑。

与此相反，基于可用的数据，竞争管理局无法明确地排除集中可能对广告市场产生的不利影响。事实上，经营者集中的结果，将使得两个互相补充的在各自市场上拥有足够影响力的频道成为同一集团的一部分。两者的结合将能满足广告商和代理商的绝大部分需求。一个具有类似广告潜力的"电视组合"只能通过同时使用几乎所有的其他竞争对手而产生，这在交易成本方面相比于一站式安排显然是更为昂贵的解决方案。所有的这些因素都可能进一步加强 RTL KLUB 和 IKOT 频道的广告地位，而且这不可能通过实际的或潜在的竞争或与之相对抗的买方力量得到抵消。因此，不能排除竞争显著下降的可能性，但是 M-RTL 通过作出承诺的方式对该问题作出了回应。

在经营者集中之后的两年内（合同自 2013 年 12 月 31 日开始执行），M-RTL 有义务确保 RTL Klub 和 IKOT 频道独立销售广告时段。而且，单独销售的价格和条件只能在合理的、正当的限度内不同于联合销售的价格和条件，不能构成任何不正当的歧视；尤其是，单独销售的选择对广告商/代理商而言必须是经济、合理的，无论是就其本身而言还是与 M-RTL 集团之外的其他频道的组合而言。M-RTL 有义务将作为一般商业条款一部分的价格和其他条款告知广告商/代理商，并向竞争管理局证明其合理性。

由于 M-RTL 作出承诺，联合销售中利润的实现将不带来任何负面的竞争后果，竞争管理局批准了该经营者集中，并将该承诺作为经营者的义务。该经营者集中之前已经获得匈牙利国家媒体和通信管理局媒体委员会的批准。

3.3.6　行业调查

当价格变化或市场情势表明特定市场中的竞争被扭曲或限制了，竞争管理局主席可以通过发布命令的方式介入行业调查，以了解和评估该市场的运行情况。不同于竞争规制程序，行业调查是为了获知特定行业或市场的总体竞争情况，不专注于某些企业的特定行为。

比如，在 2011 年，竞争管理局发起了关于建筑协会市场（building society market）的行业调查。①竞争管理局之所以对建筑协会市场开展行业调查，是因为之前开展的调查表明，该领域市场参与者之间的竞争程度较低。竞争管理局发现，以低存款利率提供住房贷款服务的安排接受了相当数量的政府补贴，虽然该安排是为了住房政策服务的，但其在实现最初的目的方面少有成效。这是因为，消费者使用银行产品通常并不是为了申请住房贷款，而是出于节约的目的。由于能够在总体较高的利率环境下获得较低的贷款利率，建筑协会在合同中实现了显著的额外利润。

经过详细的行业调查，竞争管理局得出了以下结论：①建筑协会的价格政策在几个领域为更加激烈的竞争留下了足够的空间。法律法规对建筑协会可能收取的费用的范围和程度规定了相当严格的限制条件：市场参与者通常将费用设定在允许的最大值，不将其作为竞争因素。②高额的政府补贴扭曲了竞争，无论是在存款还是贷款方面。③在过桥贷款中，建筑协会获取资金的低成本为房屋贷款提供了竞争优势。④建议在相关规定中允许建筑协会提供浮动利率产品，或在更广范围内提供用于风险管理的衍生产品。⑤行业调查发现，在当前经济环境下，并没有任何对竞争的限制，在两个现任者的行为中也没有发现将显著地阻碍潜在竞争者进入市场的战略动机。

竞争管理局建议加强建筑协会市场的竞争。为了实现这一点，建议制定规则确保在长期内可以预见新的市场参与者进入该市场。具体包括：①利润分配模式的详细说明：为了确保更有效地利用政府补贴，建议在建筑协会法中规定一种利润分配模式。当投资产生的利润超过一定水平，建筑协会有义务每年与它的客户分享超过预定水平的利润。②确保政府补贴的长期可持续性：在住房补贴的体制中，通过建筑协会的补贴可能成为政府激励机制的重要渠道。必须保证补贴的可持续性，也就是说，应当做好合适的财政计算，确定好安排什么样的资金需求。③在政府补贴可预测的情形下，维持或增加总量的同时，也应当考虑降低补贴率。竞争管理局不排除以税收优惠形式提供政府补贴的可能性。④利差的上限：目前的监管体制规定的贷款利率的上限为 10%，低于理想中的利差比例。重新设置存款和贷款利率的上限，将为消费者提供更好地福利。⑤为了控制市场风险，竞争

---

① áv-1/2010.

管理局建议更广泛地使用衍生产品和浮动利率产品。⑥相比于商业银行，现行的规定为建筑协会取得了不正当的竞争优势。因此，只有在例外的情形下给予过桥贷款的选择才是正当的。

3.3.7　竞争推进和竞争文化培育

竞争推进和竞争文化的培育也是竞争管理局的法定职能。仅 2011 年，竞争管理局就收到 202 项立法草案，并对其作了评论。该数字基本上与往年送到竞争管理局征求意见的立法草案的数量差不多。

在行使对立法草案发表意见的权利的过程中，竞争管理局主要着眼于被立法所影响的市场的竞争条件；特别是在设置或更改市场准入条件的情况下，竞争管理局会评估监管目标是否与监管手段兼容，被提议的措施是否对预期的结果产生不合理的反竞争的结果。在授予排他性权利的情形下，竞争管理局会审查排他性权利的授予对于一些公共服务条款而言是否是不可避免的，如果是，那么相关监管规定是否能够阻止垄断者滥用其市场支配地位。

对于设定价格的立法，竞争管理局通常不审查价格本身的水平，因为这是监管机构的职责；相反，它侧重于防止交叉补贴（这将扭曲竞争）的保障措施，并强调在竞争与非竞争领域实行服务成本的会计分离。

竞争管理局还特别重视其反对意见的接受程度。如果在草案的部际循环过程中，竞争管理局的意见被忽视了，竞争管理局通常要求草案的提案人表明竞争管理局的不同意见，并在其提案中对该反对意见加以解释。但是，竞争管理局发现提案人自己很少这样做。在大多数情况下，竞争管理局只能在立法已经颁布以后才能知道其意见是否被采用了。

以下为竞争管理局对立法草案提出的一些意见：

第一，在关于国家高等教育体系的立法草案中，有条款指出："高等教育机构的核心活动不在竞争法规定的市场活动的范围内"。竞争管理局认为，这将剥夺当前有效的法规所允许的高等教育机构从事更广范活动的权利，这不仅将豁免他们之间的重组，也豁免了他们从事滥用市场支配地位行为和限制性竞争协议行为。相应的，即便是在高等教育机构完全基于市场提供高等教育服务的情形下，竞争法也将不能适用于私立大学之间的潜在合并,也不能对限制性竞争协议[比如大学之间的协作(专业化协议)]或高等教育机构的滥用市场支配地位行为发起调查程序。立法者考虑了竞争管理局的意见。

第二,在 2011 年通过的关于《2003 年农产品市场条例》的修正案中,竞争管理局阐明其立场,认为竞争法规定的禁止限制竞争协议的任何豁免不应该是无条件的,而应受到实质性的限制。对于非内部组织成员的市场参与者而言,如果要扩展市场发展措施,应该取得规制机构(比如竞争管理局)的决定,而不仅仅是取得部长令。并且,应该通过正式程序,向竞争管理局开展强制性的协商程序。

此外,所有的竞争文化活动由竞争管理局下属的竞争文化中心(Competition Culture Centre, CCC)组织。竞争文化中心基于预先制定的年度工作计划而运作,主要功能是提高公众的竞争意识,传播竞争政策的知识,促进与竞争相关的符合公共利益的法律和经济活动的发展。竞争管理局有专门预算为其提供支持。

竞争文化中心的活动包括:①负责运作竞争管理局的网站,发布竞争管理局的全部决定。②负责出版名为"*Versenytükör*"(《竞争之镜》)的专业期刊。期刊文章主要来自竞争管理局的工作人员。*Versenytükör* 被散发到律师事务所、企业、行业协会、记者、行政机关、监管机关、法官、图书馆和大学。同时,期刊的文章也可以在竞争管理局的网站上以电子方式阅读。③制作发布关于竞争的卡通电影,用通俗易懂的语言让公众了解核心卡特尔造成的危害。④制作发布名为《你应当知道的匈牙利竞争管理局》的小册子并不定期更新,用匈牙利语和英语同时出版。⑤举办针对研究人员和大学生的论文竞赛。比如,竞争文化中心在 2011 年收到了 142 篇竞赛论文,其中有 86 篇被采纳。最终,有 30 项研究被入选,并给予财政支持——所有被资助的研究项目都可以在竞争文化中心的网站找到。⑥负责举办国际会议。比如,竞争管理局在 2011 年 5 月 30 日("欧洲竞争日")组织了大型的国际会议,邀请在竞争法和竞争政策领域受人尊敬的专家作为演讲嘉宾参加会议。

3.3.8 国际交流与合作

竞争管理局的国际交流与合作主要集中在:

第一,与欧盟委员会和欧盟成员国家竞争主管机构之间的合作,即在欧洲竞争网络框架内开展的关于适用欧盟竞争规则的与案件有关的合作。这部分合作仍然是竞争管理局的主要国际合作内容。

第二，与经济合作和发展组织（OECD）之间的合作。竞争管理局对 OECD 竞争委员会及其工作组的贡献也是相当重要的。这些贡献主要体现在提供以下智力支持：关于监管行为的防御、对竞争损害的量化、超高定价、经营者集中的救济、经营者集中决定的影响评价和经营者集中分析的经济性证据等。在 2011 年，竞争管理局还向 OECD 派出了一位专家，开展为期一年的轮流借调。2005 年 2 月 16 日，OECD 和匈牙利竞争管理局共同在布达佩斯设立了"区域竞争中心"（Regional Centre for Competition，RCC）。依托 OECD 和竞争管理局的专业背景，该中心为中欧、东欧、东南欧地区的竞争管理机构提供能力建设援助（capacity building assistance）和政策建议，服务对象包括阿尔巴尼亚、亚美尼亚、阿塞拜疆、白俄罗斯、波斯尼亚和黑塞哥维那、保加利亚、克罗地亚、格鲁吉亚、马其顿、摩尔多瓦、黑山、罗马尼亚、俄罗斯、塞尔维亚和乌克兰。RCC 由匈牙利政府提供财政资助。RCC 处理的问题包括：核心竞争案件的分析、调查手段、在监管改革过程中的竞争政策原则、法官的培训、执法重点、指导方针、政策、实践和程序、与地方竞争管理局合作的框架、竞争推进、沟通的工具、竞争管理局和监管机构之间的合作以及在竞争法和竞争政策领域内的其他通常问题。针对所有这些议题，RCC 组织定期会议、培训课程、研讨会和讲习班。

第三，与国际竞争网络（ICN）之间的合作。比如，竞争管理局参与了国际竞争网络卡特尔工作组，与欧盟委员会竞争总司和日本公平贸易委员会一起担任共同的主席。

第四，双边合作。在这方面，与阿尔巴尼亚的结对项目值得一提。2009 年，英国商业、创新和技术部，意大利竞争管理局和匈牙利竞争管理局组建了一个联盟，对与阿尔巴尼亚的结对项目进行投标，旨在为阿尔巴尼亚竞争委员会提供技术性援助。最终投标成功，并在 2011 年做好了筹备工作。2011 年开始了实际的技术援助工作，竞争管理局的短期专家已经在该年内完成了多项任务。

3.3.9　竞争司法

匈牙利竞争司法主要包括私人执行和公益诉讼两大方面。在私人执行方面，违反匈牙利《竞争法》、欧盟竞争法、《不正当商业行为法》《商业广告行为法》或《贸易法》的行为,可能不仅仅侵害了公共利益(这是竞争管理局需要保护的利益),而且有可能违反了消费者、市场参与者或其他人的个人利益(典型的表现是造成损害)。因此,对于违反竞争法的行为可以采取两种措施:首先,为了保护公共利益,竞争管理局可以发起竞争调查程序,排除不合法的行为,或在任何适当的时候对违法者给予制裁;其次,遭受损害的一方也可以直接提起民事诉讼,就个人损害主张法律救济。

在公益诉讼方面,当违法行为涉及群体时,竞争管理局可以如同消费者提起民事诉讼一样提起公益诉讼。但是,只有在竞争管理局已经对涉嫌违法的行为发起竞争调查的情况下,它才可以提起诉讼。竞争管理局的执行主张不损害消费者自己根据民法规定向违法者采取进一步行动的权利。在公益诉讼的案件中,如果竞争管理局提出的主张可以被证实,竞争管理局可以请求法院在其判决中责成企业满足这些要求。如果涉及的主张不能作出统一的决定,那么竞争管理局可以请求法院在其判决中确认,企业的行为是不合法的。此外,它应当确认消费者团体有权请求被告履行判决中的义务。这可以促进消费者的私人执行。

3.4　小结

与波兰和捷克一样,匈牙利的竞争法也具有许多欧盟竞争法的特征。比如,在限制竞争协议的规制方面,同样实行了"原则禁止＋例外豁免"的形式,且豁免的种类都是一样的,分为安全港豁免、符合竞争法条件的豁免和集体豁免三种情况。在滥用市场支配地位的规制方面,都承认"共同市场支配地位"。在经营者集中的控制标准上,都实行"实质性减少竞争(特别是创造或增强市场支配地位)"标准。此外,都将竞争推进作为竞争执法机构的法定职责。在这方面,匈牙利《竞争法》的表现尤为突出。匈牙利竞争管理局通过竞争推进对诸多立法草案提出了建设性意见,避免了许多可能排除、限制竞争的规定的出台。

但是,匈牙利《竞争法》也具有诸多特色,是波兰、捷克乃至欧盟竞争法中都不具备或不突出的。首先，匈牙利竞争执法机构的地位明显更高。与波兰和捷克不同，匈牙利竞争管理局并非行政机关，是独立的自治机关，只向立法机关负责。而且，在待遇方面，匈牙利竞争管理局的工作人员大大优于普通公务员，不仅基本工资是普通公务员的数倍，而且还有领导津贴。

其次，在执法方面，匈牙利《竞争法》的竞争规制程序也具有更多"司法"特性。即匈牙利竞争执法更多的是"准司法程序"，而非典型的行政执法。在执法过程中，先是由调查员负责案件调查，然后由竞争委员会负责裁决，接着对于裁决还有监督程序，最后还有执行程序。此外，为了防止不公平的偏见，竞争规制程序中还设计了回避制度。整个执法链条非常完整，且避免了利益相关方对于案件的不良影响。还有一点，在匈牙利，竞争执法机构在开展正式的调查措施之前，必须获得司法授权。这在大多数行政执法为主导的国家都很少见。同时，为了确保调查措施的开展，匈牙利竞争管理局还可以求助于警方。这大大提升了调查的能力和效果。所有这些制度设计，都体现出了匈牙利竞争法的创造性。

再次，在司法方面，除了私人实施之外，匈牙利《竞争法》的最大创新是"官告官"制度，即匈牙利竞争管理局可以请求其他公共行政机构修改或撤销违反竞争政策的决议或规定，如果后者没有在规定时间内采取措施，则竞争管理局可以向法院提起诉讼。这是竞争推进的一种保障机制，能够督促相关公共机构做出有利于或至少不会损害竞争的公共决策。此外，匈牙利竞争管理局还可以代表消费者提起公益诉讼。这些制度设计都在转型国家较为少见。

最后，匈牙利《竞争法》还在立法中将竞争文化的培育也作为法定职责，并建有专门的竞争文化中心，用于开展各种有关竞争文化的活动。虽然也有很多国家的竞争执法机构常常宣传竞争文化，在相关领导人的发言和讲话中也宣示竞争文化建设的重要性，但是在竞争法中明确规定竞争文化建设的职责并建立机构负责专门的推广活动，这也是很少见的。

第4章

中国竞争法的文本分析及实施评价

4.1　中国竞争法的制度构成及其特点

4.1.1　中国竞争法的基本情况

中国竞争法实施的是分别立法模式。《反不正当竞争法》早在 1993 年就颁布实施,而《反垄断法》直到 2007 年才出台并于 2008 年开始正式实施。一般认为,反不正当竞争法旨在维护"公平竞争",而反垄断法旨在维护"自由竞争"。在这个意义上,反垄断法在理论上应该先于反不正当竞争法而存在。因为只有在自由竞争的基础上,才可能实现公平竞争。但是在 20 世纪 90 年代出台《反垄断法》的时机还不成熟,因此在最终颁布的《反不正当竞争法》中,实际上含有一些反垄断的条款(比如禁止公用企业滥用市场支配地位、禁止地区封锁、禁止串通招投标等)。在《反垄断法》出台后,《反不正当竞争法》与《反垄断法》之间的衔接问题开始凸显出来。

《反不正当竞争法》实施至今已 20 年,工商行政管理机关作为《反不正当竞争法》的主要执法部门,多年来为维护公平竞争的市场秩序,进行了不懈的努力。据统计,20 年来工商行政管理部门共查处各类不正当竞争案件 54.73 万件,由 1995

年的 5 300 件,发展到 2012 年的 3.49 万件。①不仅执法总量不断增加,还针对市场经济活动中危害较大的几类不正当竞争行为展开集中执法,取得了较为显著的效果。但是,近年来,随着我国市场经济的不断发展和市场竞争的日趋激烈,不正当竞争行为呈现出新的特点。而且随着法律实施的力度不断增强,不正当竞争行为的表现形式日益变化,隐蔽性越来越强。这些新的情况给执法工作带来了新的挑战;同时也反映出 20 年前制定的《反不正当竞争法》在一定程度上的滞后性。对法律的及时修改以满足市场经济发展的需要就成为当务之急。

目前,工商行政管理部门已经牵头开始研究《反不正当竞争法》的全面修订工作,修订的焦点主要集中在以下方面:第一,在总则层面,需要明确《反不正当竞争法》规制的主体范围的界定,特别是对于"经营者"的概念界定,需要予以明确,比如是否包含不以盈利为目的的法人和组织(包括国家机关)。第二,如何改革《反不正当竞争法》的行政执法体制,特别是如何避免非竞争主管机构对于竞争主管部门的执法权限的蚕食。第三,如何看待和准确定位"一般条款"的问题。第四,对于新型不正当竞争行为(特别是互联网领域的不正当竞争行为)的规制问题。第五,法律责任方面的问题,比如是否有必要提升罚款数额,以及如何提升(比如是规定固定的数额,还是参照反垄断法的规定按照营业额的比例还罚款),等等。

鉴于《反不正当竞争法》在处于修订过程之中,同时考虑到前文讨论的中东欧三国的竞争法主要是指《反垄断法》,下面主要针对我国《反垄断法》中的相关问题予以分析和评论。与大多数国家的反垄断法不同,我国的《反垄断法》在制度构成上除了禁止垄断协议、滥用市场支配地位和排除、限制竞争的经营者集中之外,还专章规定了滥用行政权力排除、限制竞争(学界通常称之为"行政性垄断")。

4.1.2　垄断协议

对于垄断协议的规制方式,我国主要学习了欧盟的立法模式,即"一律禁止＋例外豁免"的模式。我国《反垄断法》第 13 条首先禁止"横向垄断协议",并对横向垄断协议进行了列举性规定,包括:①固定或者变更商品价格;②限制商品的生产

---

① 《国家工商总局召开纪念〈反法〉施行 20 周年新闻通气会》,国家工商总局网站:http://www.saic.gov.cn/fldyfbzdjz/gzdt/201312/t20131202_140087.html,2015 年 5 月 16 日。

数量或者销售数量;③分割销售市场或者原材料采购市场;④限制购买新技术、新设备或者限制开发新技术、新产品;⑤联合抵制交易;⑥国务院反垄断执法机构认定的其他垄断协议。同时,该条还对"垄断协议"予以界定,指"排除、限制竞争的协议、决定或者其他协同行为"。第14条则禁止"纵向垄断协议",包括:①固定向第三人转售商品的价格;②限定向第三人转售商品的最低价格;③国务院反垄断执法机构认定的其他垄断协议。

紧接着,第15条为第13条和第14条提供了"例外豁免",凡经营者能够证明所达成的协议属于下列情形之一的,可以不适用第13条、第14条的规定:①为改进技术、研究开发新产品的;②为提高产品质量、降低成本、增进效率,统一产品规格、标准或者实行专业化分工的;③为提高中小经营者经营效率,增强中小经营者竞争力的;④为实现节约能源、保护环境、救灾救助等社会公共利益的;⑤因经济不景气,为缓解销售量严重下降或者生产明显过剩的;⑥为保障对外贸易和对外经济合作中的正当利益的;⑦法律和国务院规定的其他情形。其中,如果属于第①项至第②项情形,不适用第13条、第14条规定的,经营者还应当证明所达成的协议不会严重限制相关市场的竞争,并且能够使消费者分享由此产生的利益。

最后,《反垄断法》第16条还禁止行业协会组织本行业的经营者达成垄断协议。这是因为,行业协会在达成垄断协议方面具有天然的优势,能够起到协调和监督的作用,危害尤为明显。

4.1.3 滥用市场支配地位

我国《反垄断法》第17条禁止具有市场支配地位的经营者从事下列滥用市场支配地位的行为:①以不公平的高价销售商品或者以不公平的低价购买商品;②没有正当理由,以低于成本的价格销售商品;③没有正当理由,拒绝与交易相对人进行交易;④没有正当理由,限定交易相对人只能与其进行交易或者只能与其指定的经营者进行交易;⑤没有正当理由搭售商品,或者在交易时附加其他不合理的交易条件;⑤没有正当理由,对条件相同的交易相对人在交易价格等交易条件上实行差别待遇;⑥国务院反垄断执法机构认定的其他滥用市场支配地位的行为。同时,该条还对"市场支配地位"进行了界定,是指"经营者在相关市场内具有能够控制商品价格、数量或者其他交易条件,或者能够阻碍、影响其他经营者进入相关市场能力的市场地位"。

　　紧接着,《反垄断法》第 18 条和第 19 条分别提供了"认定"和"推定"两种方式,来确定经营者是否存在市场支配地位。在"认定"经营者是否具有市场支配地位时,应当依据下列因素:①该经营者在相关市场的市场份额,以及相关市场的竞争状况;②该经营者控制销售市场或者原材料采购市场的能力;③该经营者的财力和技术条件;④其他经营者对该经营者在交易上的依赖程度;⑤其他经营者进入相关市场的难易程度;⑥与认定该经营者市场支配地位有关的其他因素。有下列情形之一的,则可以"推定"经营者具有市场支配地位:①一个经营者在相关市场的市场份额达到二分之一的;②两个经营者在相关市场的市场份额合计达到三分之二的;③三个经营者在相关市场的市场份额合计达到四分之三的。但是,有前述第②项、第③项规定的情形,其中有的经营者市场份额不足十分之一的,不应当推定该经营者具有市场支配地位。同时,被推定具有市场支配地位的经营者,有证据证明不具有市场支配地位的,不应当认定其具有市场支配地位。

4.1.4　经营者集中

　　在我国《反垄断法》尚未出台之前,学界一般将经营者集中称为"企业合并",实际上两个概念并无实质区别。①在反垄断法的角度,合并的真正内涵不在于一个企业对另一个企业的吞并,而在于是否能够通过合并、取得股权或者资产以及通过合同等方式达到经营者之间互相控制或支配的目的。从这个意义上说,反垄断法并不关注"合并"或"集中"的形式,只要其可能造成实质意义上的限制竞争结果,就成为反垄断法的规制对象。因此,我国《反垄断法》第 20 条明确指出,经营者集中包括下列情形:①经营者合并;②经营者通过取得股权或者资产的方式取得对其他经营者的控制权;③经营者通过合同等方式取得对其他经营者的控制权或者能够对其他经营者施加决定性影响。换言之,认为能够"取得对其他经营者的控制权或者能够对其他经营者施加决定性影响"的情形,都属于经营者集中。

---

① 用"经营者集中"代替"企业合并"有一个好处,即不再容易将反垄断法意义上的合并概念等同于公司法上以"吸收合并"和"新设合并"为表现形式的"合并"概念。

我国《反垄断法》采用了事前强制申报制度。根据《国务院关于经营者集中申报标准的规定》第 3 条的规定,我国经营者集中申报采用的是"营业额"标准,即经营者集中达到下列标准之一的,经营者应当事先向国务院商务主管部门申报,未申报的不得实施集中:①参与集中的所有经营者上一会计年度在全球范围内的营业额合计超过 100 亿元人民币,并且其中至少两个经营者上一会计年度在中国境内的营业额均超过 4 亿元人民币;②参与集中的所有经营者上一会计年度在中国境内的营业额合计超过 20 亿元人民币,并且其中至少两个经营者上一会计年度在中国境内的营业额均超过 4 亿元人民币。此外,考虑到银行、保险、证券、期货等特殊行业、领域的实际情况,商务部会同国务院有关部门共同制定了《金融业经营者集中申报营业额计算办法》。根据该办法,银行业金融机构、证券公司、期货公司、基金管理公司和保险公司等金融业经营者集中申报营业额的计算计算公式为:营业额=(营业额要素累加-营业税金及附加)×10%。在各国实践中,除了营业额标准外,市场份额或市场占有率、资产额、收入额、利润额、经营者在相关市场排名等指标也可能被采纳为申报标准。

我国之所以采用营业额标准,是因为经营者的营业额是反映经营者经济力的重要指标,较为客观、明确,世界各国大都采用这一指标确定经营者集中的申报标准。从目前掌握的资料看,上述规定的申报标准低于瑞士、阿根廷等国家的申报标准,高于德国、法国、日本等国家的申报标准。这与我国市场容量较大、企业数量多的情况是相符的,也与鼓励企业做强做大的产业政策目标相吻合。目前各国都还没有完全合理、精确的方法来事先确定经营者集中的申报标准,都是先规定一个大体的标准,根据实际情况再及时调整。我国的经营者集中申报标准施行一段时间后,如果不合适,也可以及时调整。①

因此,我国经营者集中的申报标准实际上充分考虑了操作的易行性以及我国经济规模较大但是规模经济不强的特殊情况,设计了较为宽松的申报标准。但是在目前情况下,这种对经济效率和经济实力的过度追求,很可能会与消费者福利和社会公共利益造成强烈冲突。因此,根据经济发展水平的变化和经济结构的调整对该标准加以适时调整是有必要的。比如美国《克莱顿法》第 7A 条就授权了联

---

① 《国务院法制办解读〈国务院关于经营者集中申报标准的规定〉》,《政府法制》2008 年第 17 期。

邦贸易委员会逐年对合并的申报标准进行审查,以适应美国经济发展的需要。我国的经营者集中申报标准也有必要建立类似的审查制度。只有在一个确定的合理程序下进行标准调整的分析,才能最切实地反映申报标准的阶段性需求。

此外,因为有些经营者集中活动事实上是企业集团的内部交易,对市场竞争不会产生重要影响,因此我国《反垄断法》第 22 条规定,经营者集中有下列情形之一的,可以不向国务院反垄断执法机构申报:①参与集中的一个经营者拥有其他每个经营者 50% 以上有表决权的股份或者资产的;②参与集中的每个经营者50% 以上有表决权的股份或者资产被同一个未参与集中的经营者拥有的。

我国关于经营者集中的反垄断审查程序主要在《反垄断法》第 25 条和第 26条进行了规定。根据第 25 条,反垄断执法机构应自收到经营者提交的符合规定的全部文件、资料之日起 30 日内,对申报的经营者集中进行初步审查,做出是否实施进一步审查的决定,并书面通知经营者。根据第 26 条,反垄断执法机构决定实施进一步审查的,应自决定之日起 90 日内审查完毕,作出是否禁止经营者集中的决定,并书面通知经营者;作出禁止经营者集中的决定,应当说明理由。审查期间,经营者不得实施集中。该条还规定,有下列情形之一的,国务院反垄断执法机构经书面通知经营者,可以延长前款规定的审查期限,但最长不得超过 60 日:①经营者同意延长审查期限的;②经营者提交的文件、资料不准确,需要进一步核实的;③经营者申报后有关情况发生重大变化的。

上述关于审查期的规定有很多优点。特别是两阶段审查期可以使绝大多数于市场竞争有利或者于市场竞争无害的经营者集中早日得到批准。即这种情况下,大部分经营者集中可在第一审查期的 30 日内得到批准。30 日内没有被告知得到批准的合并,只要没有被通知进入第二审查期,合并也被视为得到了批准。因为经营者集中的审查期间是企业组织结构最不稳定的时期,缩短审查期,尽快使那些于市场竞争无害的经营者集中得到批准,这对于稳定企业组织结构和促进企业生产经营活动有重要的意义。

4.1.5　滥用行政权力排除、限制竞争

我国《反垄断法》第 5 章专门规定了对"滥用行政权力排除、限制竞争"行为的

反垄断法规制。从表面上看,将行政性垄断纳入《反垄断法》的规制范畴是一个巨大的胜利;但是,"专章"规定的做法却可能起到相反的效果。这是因为,这有"特殊对待"的嫌疑,即在对行政性垄断性质、认定和责任方面,都实施与市场垄断不同的规则,导致行政性垄断的规制困难重重。

我国的《反垄断法》同时列举了诸多典型的行政性垄断行为,包括强制限定交易行为(第 32 条)、地区封锁行为(第 33 条)、排斥或限制外地经营者参加招投标(第 34 条)、排斥或者限制外地经营者在本地投资(第 35 条)、强制从事经济性垄断行为(第 36 条)和抽象行政性垄断行为(第 37 条)。但是,这些行为大多数属于地方性行政性垄断,几乎没有行业性行政性垄断的明确规定。可见,相比于地方性行政性垄断,对于行业性行政性垄断的规制要更加困难。

此外,我国《反垄断法》对行政性垄断只规定了有限的法律责任。《反垄断法》第 51 条规定:行政机关和法律、法规授权的具有管理公共事务职能的组织滥用行政权力,实施排除、限制竞争行为的,由上级机关责令改正;对直接负责的主管人员和其他直接责任人员依法给予处分。反垄断执法机构可以向有关上级机关提出依法处理的建议。法律、行政法规对行政机关和法律、法规授权的具有管理公共事务职能的组织滥用行政权力实施排除、限制竞争行为的处理另有规定的,依照其规定。但是,值得肯定的是,该条赋予反垄断执法机构"建议权",使其可以向上级机关提出依法处理的建议。

4.2　中国竞争法的执法机构及其职能

4.2.1　我国竞争执法机构的基本情况

我国竞争法(主要是指反垄断法)的公共实施机制是一个"双层次、多机构"的实施机制。①所谓"双层次",是指存在反垄断委员会和反垄断执法机构的分工,

---

① 《反不正当竞争法》的实施机构主要是工商行政管理部门。但是,实际上,相关行业主管部门也可能分享一部分竞争执法职能。

其中反垄断委员会负责组织、协调、指导反垄断工作,反垄断执法机构负责具体的执法工作。所谓"多机构",是指在反垄断法的具体实施中存在的"3＋X"的格局,即除了专门负责反垄断法实施的"三驾马车"(商务部、发改委和工商总局)之外,地方政府部门以及诸多行业监管机构都有可能对竞争形成"事实上"的规制。但是,专门行使反垄断法公共实施职能的机构主要是商务部、发改委和工商总局。

我国反垄断法实施由中央和地方两级机关承担。国务院设立反垄断委员会,并由国家商务部、国家工商行政管理总局、国家发展和改革委员会三家机关分头执行反垄断法。我国反垄断执法机构的主要任务是发动反垄断调查程序、审理案件和对案件做出行政裁决。

4.2.2　反垄断委员会

根据我国《反垄断法》第 9 条的规定,国务院设立反垄断委员会,负责组织、协调、指导反垄断工作。设置反垄断委员会的主要目的在于保证反垄断执法的统一性、公正性和权威性。国务院反垄断委员的职责主要包括以下几个方面:①研究拟定有关竞争政策;②组织调查、评估市场总体竞争状况,并发布评估报告;③制定、发布反垄断指南;④协调反垄断行政执法工作;⑤国务院规定的其他职责。国务院已经批准印发了《国务院反垄断委员会工作规则》,规定了委员会组成、会议制度、工作制度和工作程序。

4.2.3　商务部

商务部享有反垄断执法权的主要依据是 2006 年以商务部为首的六部委共同发布的《外国投资者并购境内企业的规定》。根据这个规定,商务部对外资并购境内企业享有审查权,包括反垄断审查的权力。《反垄断法》颁布之后,国家商务部对外资并购的反垄断审查权扩大到了所有的经营者集中。国家商务部下设反垄断局,其主要职责主要包括如下几个方面:①起草经营者集中相关法规,拟定配套规章及规范性文件。②依法对经营者集中行为进行反垄断审查;负责受理经营者集中反垄断磋商和申报,并开展相应的反垄断听证、调查和审查工作。③负责受理并调查向反垄断执法机构举报的经营者集中事项,查处违法行为。④负责依法调查对外贸易中的垄断行为,并采取必要措施消除危害。⑤负责指导我国企业在国外的反垄断应诉工作。⑥牵头组织多双边协定中的竞争条款磋商和谈判。⑦负责开展多双边竞争政策国际交流与合作。⑧承担国务院反垄断委员会的具体工作。⑨承担部领导交办的其他事项。

目前商务部已经制订颁布了一系列的关于经营者集中审查的规范性文件,包括《关于实施经营者集中资产或业务剥离的暂行规定》、《经营者集中申报办法》和《经营者集中审查办法》等。

4.2.4 国家工商行政管理总局

国家工商行政管理总局享有反垄断执法权的依据主要是 1993 年颁布的《反不正当竞争法》。该法规范不正当竞争行为,也规范某些限制竞争行为(比如公用企业排除、限制竞争的行为、行政性垄断行为和串通招投标行为)。为了配合《反垄断法》顺利施行,国家工商总局于 2008 年 7 月 25 日成立了"反垄断与反不正当竞争执法局",负责《反垄断法》实施的相关具体工作。新成立的反垄断与反不正当竞争执法局主要承担以下工作:①负责垄断协议、滥用市场支配地位、滥用行政权力排除、限制竞争方面的反垄断执法工作(价格垄断行为除外)。②具体负责"拟订有关反垄断、反不正当竞争的具体措施、办法"。③承担有关《反垄断法》执法工作。④查处市场中的不正当竞争、商业贿赂、走私贩私及其他经济违法案件,督查督办大案要案和典型案件。

因此,国家工商行政管理总局负责除价格垄断协议之外的大部分垄断协议的查处工作,除价格垄断行为之外的大部分滥用市场支配地位行为的查处工作,以及滥用行政权力排除、限制竞争行为的有关执法工作。在《反不正当竞争法》修订之前,《反不正当竞争法》中若干禁止垄断行为的规定,如串通投标、公用企业滥用市场支配地位、不正当低价、搭售等行为之禁止,在没有被正式删除并与《反垄断法》的规定保持一致前,仍然属于现行有效之规定,凡与《反垄断法》规定不冲突的,仍可作为工商行政管理机关反不正当竞争执法的依据。

4.2.5　国家发展和改革委员会

国家发改委享有反垄断执法权的主要依据是我国 1997 年颁布的《价格法》。该法第 14 条第 1 款规定,经营者不得"相互串通,操纵市场价格,损害其他经营者或者消费者的合法权益"。根据该法第 5 条,国务院价格主管部门统一负责全国的价格工作,包括执行《价格法》第 14 条第 1 款的任务。国家发改委执行反垄断法的机构主要是其下属的价格司,其任务主要是禁止价格卡特尔以及涉及价格的其他垄断行为。国家发改委 2003 年发布过《制止价格垄断行为暂行规定》,依法查处过一些串通价格的行为。

《反垄断法》颁布后,国务院规定,依法查处价格违法行为和价格垄断行为属于国家发改委的一项职责。按照"三定"方案规定,国家发改委内设价格监督检查与反垄断局,负责依法查处价格垄断行为等工作。今后可能在执法中需要进一步明确价格垄断行为的内涵和外延。比如,无正当理由以低于成本价格销售商品,其行为本身涉及价格,是否属于价格垄断行为? 在《反垄断法》颁布实施之前,它是被列入不正当竞争行为的。再如,串通投标涉及抬高标价和压低标价及投标者和招标者相互勾结问题,是垄断协议的一种,但其是否属于价格垄断行为? 根据《反不正当竞争法》的规定,应属于工商行政管理部门规制的范围。

4.2.6　地方反垄断执法机构

出于建立全国统一、开放和竞争性大市场的需要,我国《反垄断法》把反垄断执法作为中央事权,明确规定由国务院规定的承担反垄断执法职责的机构负责反垄断执法工作。即地方各级人民政府及其有关部门均不享有反垄断行政执法权。然而,考虑到我国辽阔疆域,人口众多,如果所有案件全部由国务院反垄断执法机构来处理,工作量势必太大,反垄断执法机构事实上也不可能有足够的时间进行反垄断调查,反垄断执法工作就会成为一句空话。因此,《反垄断法》第 10 条第 2 款规定,国务院反垄断执法机构根据工作需要,可以授权省、自治区、直辖市人民政府相应的机构负责有关反垄断执法工作。即省、自治区、直辖市人民政府的相关机构虽然没有执行反垄断法的职责,但它们可在国务院反垄断执法机构授权的范围执行反垄断法,例如授权处理省、自治区、直辖市行政区域具有限制竞争影响的案件。实际上,我国《反垄断法》实施以来处理的垄断案件(除了经营者集中案件),大多也正是出自地方执法部门之手。

值得注意的是,根据《反垄断法》的授权规定,我国的三大反垄断执法机构对各自系统内反垄断执法权的纵向配置具有不同的做法。首先,商务部系统实施的是"不授权"模式:经营者集中案件由商务部统一管辖,不对下级商务部门进行统一的或个别的授权。其次,发改委系统实施的是"统一授权"模式:在一般性授权的前提下,对于跨省级区域的价格垄断案件,由发改委指定有关省级价格主管部门进行查处,重大案件则由发改委直接组织查处。而且,发改委和省级价格主管部门还可以在其法定权限内委托下一级政府价格主管部门实施反垄断调查。再次,工商系统实施的是"个案授权"模式:工商总局的授权仅以个案的形式进行,且被授权的省级工商行政管理局不得再次向下级工商行政管理局授权,即是否需要授权的决定权掌握在工商总局手中。

4.2.7 对我国竞争执法机构设置的反思

总体来看,我国现有反垄断执法机构的设置不能满足竞争执法专业性、独立性及权威性要求。

首先,独立性欠缺。在我国,工商部门、发改委及商务部主管部门都是政府的组成部分。根据行政规划,它们分别受各级政府的直接领导,独立性不够,在我国现行体制下难以独立地执行反垄断法。特别是涉及行政性垄断时面临着非常大的困难。从某种意义上讲,反行政性垄断是我国反垄断法最重要的任务或者说是当前我们的第一任务,而反行政性垄断的任务不适合由承担了其他各种经济管理职能的现有机关完成。

其次,权威性欠缺。这三家反垄断执法机构的权威性与反垄断执法应该具备的"权威性"标准相差甚远。而专业性、独立性的缺失更是进一步证明其缺乏作为反垄断执法机构的权威性标准。因为权威性是由专业性和独立性所决定的,也就是说反垄断执法机构的专业性和独立性决定了它必然具有权威性。正因为其在执行反垄断方面具有高度的专业性,所以它受到人们的尊重;也正因为其具有较高的独立性,其做出的决定才会受到人们普遍认同和遵守。

　　第三,效率欠缺。多头机关执法容易产生成本高而效率低的问题。反垄断法分割在这三家机构手中,就难免出现多头执法,职能交叉重叠,出现纠纷和冲突是必然。例如根据现行《反不正当竞争法》,公用事业滥用行为应由工商行政部门监督管理;按照现行《价格法》的规定,价格垄断行为应由发改委监督管理,那么公用企业凭借垄断地位实施价格垄断的行为该由谁管呢? 这肯定会产生管辖权的问题。另外,在几个政府部门有权制止限制竞争行为的情况下,它们之间即便不存在管辖权的冲突,实践中也很难操作。例如,一个占市场支配地位的企业同时操纵价格强制交易行为,前一个行为应由价格部门管,后一个行为应由工商部门管。在这种情况下,两个部门没有管辖权的冲突,两班人马处理一个经营者的违法行为也明显存在执法资源配置不当的问题。

4.3　中国竞争法的实施情况及其绩效

4.3.1　中国竞争法实施的基本情况

　　由于目前中国三家竞争执法部门均未像国外一些竞争主管部门那样发布执法年报,因此,有关中国竞争法实施的一些基本数据主要来源于新闻报道。[①]

　　首先,在商务部层面,商务部先后制定了 10 余部配套法规、部门规章和规范性文件,初步形成了经营者集中反垄断审查法律体系。在审查机制方面,为规范办案程序,商务部建立了商谈、立案、审查、监察等相互制约的工作流程,保证了案件审查的效率和质量。

　　在经营者集中的反垄断审查方面,从 2008 年 8 月份开始到年底立案 17 件,

①　相关数据主要来源于新闻报道,比如:《国新办举行反垄断执法工作情况新闻吹风会》,http://fldj.mofcom.gov.cn/article/i/201409/20140900733559.shtml;《商务部:上半年收到反垄断申报 160 件　同比增 55%》,http://www.chinanews.com/cj/2015/07-21/7417997.shtml, 2015 年 8 月 8 日。

2009 年立案 77 件,2010 年立案 136 件,2011 年立案 205 件,2012 年立案 207 件,2013 年立案 224 件,2014 年到 9 月份为止立案 149 件。到 2014 年 8 月为止(《反垄断法》实施 6 周年),商务部共立案 945 件,审结 875 件,最近 3 年年均审结 210 件左右。6 年来,商务部无条件批准 849 件案件,约占全部审结案件的 97%;附条件批准 4 件,禁止 2 件,两者加起来约占全部审结案件的 3%,这个比例和其他司法辖区反垄断执法机构附条件和禁止案件的比例大体一致。除了对经营者集中申报进行审查外,商务部还负责对未依法申报经营者集中进行监管,并为此专门制定了配套立法和工作规则,依法查处未依法申报案件,商务部于 2014 年 5 月 1 日开始对查处的未依法申报案件的审查决定予以公开。

2015 年上半年,商务部共收到经营者集中反垄断案件申报 160 件,同比增长 55%;立案 169 件,同比增长 46%;审结 156 件,同比增长 33%。在 2015 年上半年的所有审结案件中,153 件无条件批准,立案后撤销 2 件,撤回 1 件。在全部审结的 153 起案件中,从行业看,制造业仍占据最大比例,占比 57%,主要涉及汽车及零部件、船舶、机械制造、电气设备等领域;金融、通信、农业、交通运输业并购较为活跃,增长明显;电力、燃气、批发零售业等行业案件所占比率同比有所下降。从交易模式看,股权收购和设立合营企业是最主要的交易模式,共占比 87%,合营仍是外国投资者对华投资主要交易模式。从交易主体看,境内企业间的并购同比有所增长,中国企业赴海外并购成为新亮点。从交易规模看,交易金额在 100 亿元人民币以内的交易占比最大,共占比 84%。其中,交易金额小于 1 亿元人民币的案件 29 件,占 18%;交易金额在 1 亿至 10 亿元人民币的案件 57 件,占 36%;交易金额在 10 亿至 100 亿元人民币的案件 47 件,占 30%。

其次,在工商总局层面,至 2014 年 9 月,工商总局立案 3 件,授权省级工商局立案 36 件,共 39 件,其中外资案件只有 2 件(即由国家工商总局立案调查的微软、利乐涉嫌垄断案),仅占案件总数的 5%,现已结案 15 件,中止调查 1 件。

值得注意的是,基于工商部门属于市场监管和行政执法的职能部门这一职能定位,在市场监管方面,除了履行反垄断职能以外,还负责对不正当竞争行为(包括仿冒、虚假宣传、商业贿赂、侵犯商业秘密、公用企业和依法具有独占地位经营者限制竞争等)、流通领域商品质量、无照经营、商标广告违法行为、侵害消费者权益等行为进行监管。仅 2014 年上半年,全系统共查处相关违法行为 28.2 万件,罚款和没收违法所得共计 27.7 亿元。

此外,为进一步加强执法透明度,工商总局在 2013 年 7 月建立了反垄断案件长效公布机制和平台。通过工商总局政府网站将已查结的所有案件处罚决定书向社会予以公布,接受社会监督和评判。相比较而言,工商总局在信息公开方面相对做得更好一些。

最后,在发改委层面,主要处理一系列大案、要案。比如,2013 年的液晶面板价格垄断协议案、茅台五粮液限制转售价格垄断协议案、婴儿奶粉企业限制转售价格协议案和电信联通垄断案、2014 年的浙江省保险业垄断案、镜片厂商纵向价格垄断案和高通案、2014 年以来的汽车行业垄断案等。此外,国务院反垄断委员会已经授权发改委牵头起草六部反垄断法配套指南,内容涉及知识产权滥用行为、汽车业反垄断规制、宽恕制度、豁免程序、中止调查程序以及罚款额的计算等。

值得注意的是,不管是从成立时间还是执法经验上看,中国竞争执法部门的执法能力都与以美国和欧盟为代表的竞争执法机构之间存在较大差距。比如,正如时任发改委价格监督检查与反垄断局局长许昆林先生所言:现在 3 家执法机构加起来还不到 100 人,商务部反垄断局是专门从事反垄断工作的,而在发改委价格监督检查和反垄断局以及工商总局的反不正当竞争和反垄断执法局,反垄断执法只是工作的一部分,真正从事反垄断工作的在 3 家机构加起来也许只有 50 人左右。随着执法工作的发展,今后从长远看,确实需要有一个统一的、相对独立的、比较权威的、力量更大的执法机构。[①]

4.3.2　垄断协议的规制

在 2008 年《反垄断法》实施到 2012 年的近五年时间里,中国反垄断执法机构并没有处理太多案件。可以将这一段时间视为一个过渡期,一方面,反垄断执法机构需要学习和研究反垄断法的相关规定;另一方面,虽然没有聚焦执法,但相关执法部门还是配套出台了一些反垄断法的配套规则,为下一步执法奠定了基础。从 2013 年开始,大量有影响力的案件开始陆续出现。

---

① 《国新办举行反垄断执法工作情况新闻吹风会》,http://fldj.mofcom.gov.cn/article/i/201409/20140900733559.shtml,访问时间:2015 年 8 月 8 日。

在横向垄断协议方面,2013 年 1 月,针对韩国三星、LG,我国台湾地区奇美、友达、中华映管和瀚宇彩晶六家企业于 2001 年至 2006 年六年时间里在液晶面板领域达成价格垄断协议的行为,发改委处以了总计 3.53 亿元的经济制裁(包括责令涉案企业退还大陆彩电企业多付价款 1.72 亿元,没收 3 675 万元,罚款 1.44 亿元)。据报道,涉案的六家液晶面板企业已将大陆彩电企业多付价款 1.72 亿元全部退还,并提出了整改措施:一是承诺今后将严格遵守中国大陆法律,自觉维护市场竞争秩序,保护其他经营者和消费者合法权益;二是承诺尽最大努力向中国大陆彩电企业公平供货,向所有客户提供同等的高端产品、新技术产品采购机会;三是承诺对中国大陆彩电企业内销电视提供的面板无偿保修服务期限由 18 个月延长到 36 个月。①值得注意的是,该案中除了行政罚款之外,还出现了没收违法所得、责令退还多付价款等制裁方式。但是,在以后的案件中,除了行政罚款外,其他方式都很少再出现。

2013 年 8 月,针对上海黄金饰品行业协会组织老凤祥银楼、老庙、亚一、城隍珠宝、天宝龙凤等金店通过商议制定《上海黄金饰品行业黄金、铂金饰品价格自律实施细则》垄断黄、铂金饰品价格的行为,根据国家发改委的要求,上海市物价局对上海黄金饰品行业协会处以最高 50 万元罚款;5 家金店因垄断价格被处以上一年度相关销售额 1%的罚款,共计人民币 1 009.37 万元。②在该案中,行业协会首次被处以《反垄断法》中规定的"顶格"罚款。

2013 年,发改委还处理了浙江省保险业垄断案。从 2009 年起,浙江省保险行业协会与相关保险公司就多次召开车险专业委员会议,最终形成三方面一致意见:约定新车费率调整系数、约定商业车险代理手续费、商定对部分公司的手续费进行调整,分六档执行不同标准。发改委依法对负主要责任的浙江省保险行业协会处以 50 万元的最高额罚款,对负次要责任的涉案财产保险公司处以上一年度商业车险销售额 1%的罚款,共计 11 019.88 万元。9 家企业未参与达成、实施垄断协议,依法对其停止调查。对 22 家保险公司的处罚也分了三档:第一,19 家保险公司按标准全额处罚;第二,1 家第一个站出来向国家发改委提供历次车险会议

---

① 刘阳:《三星、LG 等六家境外企业实施液晶面板价格垄断被查处》,http://finance.people.com.cn/n/2013/0104/c1004-20084230.html,2015 年 8 月 9 日。
② 王爽:《沪黄金饰品协会和 5 家金店垄断价格被罚逾千万元》,http://news.xinhuanet.com/2013-08/12/c_116914094.htm,2015 年 8 月 9 日。

情况说明及相关证据,最终被免除处罚;第三,2 家主动报告达成价格垄断协议的有关情况并提供重要证据,被减轻处罚。[1]值得注意的是,早在 2013 年 12 月 30日,就有发改办价监处罚[2013]第 7 号到第 29 号的文件发出,这些全部是对浙江省车险行业的反垄断处罚。但是,上述 23 项处罚决定书直到 2014 年 9 月 2 日才公开。此外,学界对于保险业是否应该存在豁免,也存在争议。首先,在反垄断问题上,欧美国家都曾出台法律对保险业给予一定的豁免。其次,从我国《保险法》的法条看,我国保险业还没有实现市场化,比如《保险法》第 136 条规定,关系社会公众利益的保险险种、依法实行强制保险的险种和新开发的人寿保险险种等的保险条款和保险费率,应当报国务院保险监督管理机构批准。在新版保险国十条中,提出未来要实现费率市场化,那意味着现在还没有市场化。[2]如果相关法律法规都承认我国保险行业没有完全市场化,那么适用《反垄断法》是否合适?

2014 年,发改委开始重点调查汽车领域的价格垄断。在宝马 4S 店统一收取PDI 检车费价格垄断协议案中,湖北省鄂宝、中达江宝、汉德宝、宝泽 4 家宝马汽车经销 4S 店统一协商收取 PDI 检车费,达成价格垄断协议。[3]最终,鄂宝、中达江宝、汉德宝、宝泽 4 家宝马汽车经销 4S 店分别被处罚 93.79 万元、34.16 万元、19.72 万元、15 万元的罚款。[4]在 8 家日企零部件企业价格垄断案中,从 2000 年 1 月至2010 年 2 月,日立、电装、爱三、三菱电机、三叶、矢崎、古河、住友八家日本汽车零部件生产企业为减少竞争,以最有利的价格得到汽车制造商的零部件订单,在日本频繁进行双边或多边会谈,互相协商价格,多次达成订单报价协议并予实施。最终,发改委的处罚决定为:①对第一家主动报告达成垄断协议有关情况并提供重要证据的日立,免除处罚。②对第二家主动报告达成垄断协议有关情况并提供重要证据的电装,处上一年度销售额 4% 的罚款,计 1.505 6 亿元。③对只协商过一种产品的矢崎、古河和住友,处上一年度销售额 6% 的罚款,分别计 2.410 8 亿

① 李松涛:《浙江省保险行业协会因涉及垄断被罚 1.1 亿》,http://news.qq.com/a/20140905/008381.htm,2015 年8 月 9 日。
② 中国青年报:《浙江省保险行业协会因垄断受罚　冤不冤》,http://finance.ifeng.com/a/20140905/13069684_0.shtml,2015 年 8 月 9 日。
③ PDI 检车(Pre Delivery Inspection)又称"出厂前检查",PDI 检查项目范围涉及外观、遥控器、配置、发动机内油量、电瓶规格、仓内线束及螺丝的装配情况、有无漏油及漏水情况、各种传感器及卡子的装配情况、喷漆部位的喷漆情况,以及各个重要部件的检查,确认是否都运转正常和室内各种开关等。
④ 陈浩:《反垄断首罚:湖北四家宝马经销商被处罚》,http://www.autohome.com.cn/news/201408/833063.html,2015 年 8 月 9 日。

元、3 456 万元和 2.904 亿元。④对协商过两种以上产品的爱三、三菱电机和三叶，处上一年度销售额 8%的罚款，分别计 2 976 万元、4 488 万元和 4 072 万元。在 4 家日企轴承企业价格垄断案中，从 2000 年至 2011 年 6 月，不二越、精工、捷太格特、NTN 四家轴承生产企业在日本组织召开亚洲研究会，在上海组织召开出口市场会议，讨论亚洲地区及中国市场的轴承涨价方针、涨价时机和幅度，交流涨价实施情况。最终，处罚决定为：①对第一家主动报告达成垄断协议有关情况并提供重要证据的不二越，免除处罚。②对第二家主动报告有关情况并提交涉及中国市场所有证据和销售数据的精工，处上一年度销售额 4%的罚款，计 1.749 2 亿元。③对 2006 年 9 月退出亚洲研究会但继续参加中国出口市场会议的 NTN 公司，处上一年度销售额 6%的罚款，计 1.191 6 亿元。④对提议专门针对中国市场召开出口市场会议的捷太格特，处上一年度销售额 8%的罚款，计 1.093 6 亿元。

在纵向垄断协议方面，2013 年 2 月，发改委处理了茅台五粮液限制转售价格垄断协议案。[①]经查，2012 年以来，贵州省茅台酒销售有限公司通过合同约定，对经销商向第三人销售茅台酒的最低价格进行限定，对低价销售茅台酒的行为给予处罚，达成并实施了茅台酒销售价格的纵向垄断协议。五粮液公司则自 2009 年以来，通过书面或网络的形式，与全国 3 200 多家具有独立法人资格的经销商达成协议，限定向第三人转售五粮液白酒的最低价格，并通过业务限制、扣减合同计划、扣除保证金、扣除市场支持费用、罚款等方式对不执行最低限价的经销商予以处罚。2011 年，公司给予四川一家大型连锁超市停止供货的处罚，迫使超市承诺不再低于规定价格销售五粮液产品。2012 年，公司对北京、天津、河北、辽宁、吉林、黑龙江、山东、湖南、四川、云南、贵州 11 省市的 14 家经销商"低价、跨区、跨渠道违规销售五粮液"行为，给予扣除违约金、扣除市场支持费用等处罚。最终，茅台和五粮液因实施价格垄断被罚 4.49 亿元，所罚金额是上年度两家酒企销售额的 1%。其中，贵州物价局对茅台处以 2.47 亿元的罚款，四川省发改委对五粮液处以 2.02 亿元罚款。

2013 年 8 月，发改委又处理了 6 家婴儿奶粉企业限制转售价格协议案。[②]证据材料显示，涉案企业均实施了"纵向价格垄断"，对下游经营者进行了不同形式的

---

① 潘敏：《茅台五粮液天价罚单背后 中国反垄断提速》，http://news.jznews.com.cn/system/2013/02/20/010776764.shtml，访问时间：2014 年 4 月 10 日。
② 刘育英：《中国开出反垄断最大罚单 六家乳粉企业被罚 6.7 亿》，http://www.chinanews.com/gn/2013/08-07/5133695.shtml，访问时间：2015 年 8 月 10 日。

转售价格维持,其手段主要包括:合同约定、直接罚款、变相罚款、扣减返利、限制供货、停止供货等,事实上达成并实施了销售乳粉的价格垄断协议。这造成中国市场上配方乳粉的渠道费用占比高达 20% 至 40%,远高于世界其他国家 4% 至 14% 的情况。最终,合生元、美赞臣、多美滋、雅培、富仕兰、恒天然共 6 家企业被处以 6.687 3 亿元人民币罚单。广州合生元违法行为严重、不能积极主动整改,被处以上一年销售额 6% 的罚款,计 1.63 亿元;美赞臣不能主动配合调查但能积极整改,处以一年销售额 4% 的罚款,计 2.04 亿元;多美滋、雅培、富仕兰、恒天然均处罚上一年销售额 3%,金额分别为 1.72 亿元、0.77 亿元、0.48 亿元、0.04 亿元。对主动向反垄断执法机构报告达成垄断协议有关情况、提供重要证据,并积极主动整改的惠氏、贝因美、明治乳业免除处罚。本案是中国第一次在纵向垄断协议中使用宽恕政策。

　　说到宽恕政策,有必要注意,中国有两大执法机构可以对垄断协议开展执法,其中发改委负责与价格相关的垄断协议的查处,工商总局负责非价格垄断协议的查处。但是,两大机构在适用宽恕政策方面存在不同做法。根据发改委的《反价格垄断行政执法程序规定》,第一个主动报告达成价格垄断协议的有关情况并提供重要证据的,可以免除处罚;第二个主动报告达成价格垄断协议的有关情况并提供重要证据的,可以按照不低于 50% 的幅度减轻处罚;其他主动报告达成价格垄断协议的有关情况并提供重要证据的,可以按照不高于 50% 的幅度减轻处罚。其中,重要证据是指对政府价格主管部门认定价格垄断协议具有关键作用的证据。根据工商总局的《工商行政管理机关禁止垄断协议行为的规定》,对第一个主动报告所达成垄断协议的有关情况、提供重要证据并全面主动配合调查的经营者,免除处罚;对主动向工商行政管理机关报告所达成垄断协议的有关情况并提供重要证据的其他经营者,酌情减轻处罚。相比于发改委的规定,工商总局的规定没有规定减免法幅度,也没有解释何为重要证据。此外,国外的宽恕政策一般适用于横向垄断协议,但是发改委也将宽恕政策应用于纵向价格垄断协议之中。

　　2014 年,发改委还责成地方反垄断执法部门还处理了汽车行业的纵向价格垄断案。[①]针对一汽—大众销售有限责任公司组织湖北省内 10 家奥迪经销商达成并

---

① 周锐:《一汽—大众销售公司实施垄断遭罚 2.48 亿》,http://www.chinanews.com/gn/2014/09-11/6582195.shtml,2015 年 8 月 10 日。

实施整车销售和服务维修价格的垄断协议的行为,湖北省物价局依据《反垄断法》对对一汽—大众销售有限责任公司处上一年度相关市场销售额 6% 的罚款 2.485 8 亿元。对 7 家奥迪经销商分别处上一年度相关市场销售额 1% 至 2% 的罚款,具体数额如下:湖北鼎杰 1 606 万元、湖北中基 752 万元、武汉奥龙 65 万元、十堰奥龙 11 万元、襄阳东富 34 万元、宜昌奥龙 57 万元、黄石奥龙 19 万元;对主动报告达成价格垄断协议的有关情况并提供重要证据的湖北奥泽免除处罚,对华星汉迪按照上一年度相关市场销售额的 1% 减轻 50% 的处罚,罚款 452 万元;对违法行为轻微并及时纠正,没有造成危害后果的武汉奥嘉不予处罚。8 家奥迪经销商处罚共计 2 996 万元。同时,针对克莱斯勒达成并实施"固定向第三人转售商品价格""限定向第三人转售商品最低价格"的行为,上海市物价局依据对克莱斯勒处以上一年度相关销售额 3% 的罚款,共计人民币 3 168.20 万元;对达成并实施垄断协议的 3 家经销商依法处罚,其中对起到组织作用的上海越也处以上一年度相关销售额 6% 的罚款,对上海名创、上海信佳处以上一年度相关销售额 4% 的罚款,共计人民币 214.21 万元。

值得注意的是,在发改委调查的有关纵向价格垄断协议的案件中,不论是茅台五粮液案、婴儿奶粉案还是汽车案,从披露的信息来看,基本上采用的是类似于美国司法中形成的"本身违法原则",即只要存在纵向价格垄断协议,就推定其违法,不再具体分析其效率好处是否足以抵消排除、限制竞争的后果。但是,在司法层面,锐邦诉强生案的判决却与该思路明显不同。在该案中,原告北京锐邦涌和科贸有限公司(以下简称为"锐邦公司")是专业经销医用设备器械的企业,为被告强生(上海)医疗器材有限公司和强生(中国)医疗器材有限公司(以下合并简称为"强生公司")在北京地区经销缝合器及缝线产品。2008 年 1 月,强生公司授权锐邦公司在其指定的区域内经销产品,但是销售价格不得低于强生公司规定的产品价格。2008 年 3 月,原告私自降低销售价格参与北京人民医院竞标。被告得知后,以私自降低销售价格和在非授权区域经销为由扣除了原告的保证金,取消了原告在北京阜外医院的销售并从此停止供货。原告因此向法院提起诉讼,认为被告实施了维持最低转售价格行为,违反了我国《反垄断法》第 14 条第 2 款的规定,构成垄断协议,请求法院判令被告赔偿原告经济损失人民币 1 439.93 万元。2012 年 5 月 18 日,上海市第一中级人民法院对这起案件作出了一审宣判,驳回锐邦公司全部诉讼请求。①但是,2013 年 8 月 1 日,上海高院作出终审判决——撤销了原审判决,判决被上诉人强生应在判决生效之日起 10 日内赔偿上诉人锐邦经济损失人民币 53 万元,驳回锐邦的其余诉讼请求。②

　　该案是我国《反垄断法》实施以来的首例司法领域的纵向垄断协议案,引起了广泛的关注。从审判过程来看,该案的争议焦点主要集中在两个方面:①垄断协议的认定(适用本身违法原则还是合理原则);②被告行为是否存在合理理由。

　　在垄断协议的认定方面,基本上存在两种观点。第一种观点认为,我国《反垄断法》第 13 条第 2 款规定:"本法所称垄断协议,是指排除、限制竞争的协议、决定或者其他协同行为。"因此,对《反垄断法》第 14 条所规定的垄断协议的认定,不能仅以经营者与交易相对人是否达成了固定或者限定转售价格协议为准,而需要结合该法第 13 条第 2 款所规定的内容,即需要进一步考察此等协议是否具有排除、限制竞争效果。本案中,原被告之间所签订经销合同的确包含有限制原告向第三人转售最低价格的条款,但是,对于此类条款是否属于垄断协议,还需要进一步考量其是否具有排除、限制竞争的效果。概而言之,根据我国《反垄断法》,对所有垄断协议的分析都应该适用合理原则而非本身违法原则。第二种观点认为,我国《反垄断法》全文多次出现"限制竞争"和"排除竞争"的表述,但是并未对何谓"排除、限制竞争"作出解释,取而代之的是对"排除、限制竞争"行为进行列举,如《反垄断法》第 14 条就把"固定向第三人转售商品的价格"和"限定向第三人转售商品的最低价格"列举为垄断协议的典型,也就是"排除、限制竞争"的典型。因此,只要能证明经营者之间存在"限定向第三人转售商品的最低价格",并能证明该约定具有约束力,就应认定构成《反垄断法》第 13 条第 2 款意义上的"限制竞争"。概而言之,对维持最低转售价格行为应该适用本身违法原则而非合理原则进行分析。

　　一审法院显然是选择了第一种看法,认为本案中原被告之间所签订经销合同的确包含有限制锐邦公司向第三人转售最低价格的条款,但对于此类条款是否属于垄断协议,需考量其是否具有排除、限制竞争的效果。具体而言,需要进一步考察经销合同项下的产品在相关市场所占份额、相关市场的上下游竞争水平、该条

---

① 顾颖:《全国首例纵向垄断纠纷在沪一审宣判》,http://news. k8008. com/html/201205/news_304489_1.html,2013 年 3 月 10 日。

② 参见上海市高级人民法院民事判决书(2012)沪高民三(知)终字第 63 号。

款对产品供给数量和价格的影响程度等因素。一审法院还认为,在本案中,原告提交的证据仅为被告强生公司在互联网上对其缝线产品所作的简短介绍,并不能确切地反映出经销合同项下产品在相关市场所占份额,更不能说明相关市场的竞争水平、产品供应和价格的变化等情况。相反,被告提交的证据表明存在多家同类产品的供应商。因此,本案要确定存在垄断行为,依据尚不充分。

关于被告行为是否存在合理理由,由于一审法院根据原告举证不足而驳回起诉,对此并未进行详细分析。但是,从已经披露的相关信息来看,被告实施维持转售价格协议的行为并不具有显著合理性。维持最低转售价格的合理性主要体现在解决"搭便车"问题和"承诺"问题,从而提升产品的服务水平。但是在本案中,原告为被告分销产品的对象是各专业医院,相比于最终购买者(比如患者),医院作为中间购买者显然对于产品本身的性能和质量具有更加专业的了解,较少存在信息不对称问题。在这种情况下,通过维持最低转售价格提升零售商服务水平的必要性就要小得多。与此同时,原被告之间已经存在长达 15 年的合作,被告实施维持最低转售价格也并不是为了推广新产品,因此也并不存在"承诺"问题。可见,被告实施维持最低转售价格的行为并不存在显著的效率合理性。

最终,二审判决推翻了一审判决的分析思路。根据二审判决,第一,垄断协议的认定要以排除、限制竞争效果作为必要要件。即不管是横向垄断协议还是纵向垄断协议,在认定时都必须"以该协议具有排除、限制竞争效果为前提"。第二,原告对纵向垄断协议具有排除、限制竞争效果承担举证责任。即纵向协议仍应当遵循民事诉讼"谁主张、谁举证"的原则。第三,二审法院给出了分析限制转售价格协议反竞争效果的四个指标:①相关市场竞争是否充分(首要条件);②被告市场地位是否强大(前提和基础);③被告实施限制最低转售价格的动机(重要因素);④限制最低转售价格的竞争效果——同时考虑反竞争以及促进竞争的效果。第四,二审法院分析了损害赔偿的认定。法院认为,本案中的损害赔偿不应按照合同法规则计算(即不应按照履行限制最低转售价格的可得利润来计算损失),而应参照相关市场的正常利润计算利润损失。

本案的意义十分重大。这不仅体现在二审推翻了一审的分析思路及其结论,更在于二审判决给出了非常详细的说理,给我国反垄断法的司法实施树立了良好典范。而且,该案的二审判决还在如何分析和认定限制最低转售价格协议是否属于排除、限制市场竞争的协议问题上,归纳出了四个方面的考量因素:相关市场、市场地位、行为动机和竞争效果。这是十分重要的创造性发展。值得注意的是,在判决书中,法院并没有用"本身违法"和"合理分析"这样的词语。一般认为,这两个词语主要是对美国司法实践的一个归纳,而我国的反垄断司法主要是根据立法及相关司法解释来判案,因此在我国司法实践中并不使用这两个术语。当然,根据二审判决,在认定纵向协议时也必须考虑是否存在排除、限制竞争效果,因此从学理上看,是具有"合理分析"的内涵的。

4.3.3　滥用市场支配地位的规制

《反垄断法》实施以来,发改委处理了几个具有国际影响的滥用市场支配地位大案,比如电信、联通垄断案和高通案,不仅涉及国有企业,也涉及跨国企业。

2011 年 11 月 9 日,根据央视新闻 30 分报道,发改委证实其正在就宽带接入领域的垄断问题对中国电信和中国联通展开调查,如果事实成立,两家企业将被处以"上一年度营业额的 1%—10% 的罚款",这也意味着可能高达数十亿元的巨额处罚。据发改委称,引发此次调查的原因是收到举报,举报人称"中国电信、中国联通利用市场支配地位对其他经营者采取价格歧视:中国电信对不同宽带接入用户,采取了不同的价格,弱势网络运营商与中国电信之间的正式结算价格在 100 万/G/月以上,而第三方企业客户接入价格则低于 30 万/G/月;联通第三方接入价格为 28 万/G/月,与电信同一水平"。因此,此次调查的主要内容是中国电信、中国联通在互联网接入服务业务领域是否存在利用自身具有的市场支配地位,对其他经营者采取价格歧视,阻碍并影响其他经营者进入市场的行为。①

这是《反垄断法》生效以来我国反垄断执法机构首次对国有企业展开反垄断调查,引起了海内外的广泛关注。中国电信和联通在相关市场上具有市场支配地位,这是毫无疑问的。根据发改委价格监督检查与反垄断局的调查,"在互联网接入这个市场上,中国电信和中国联通合在一起占有三分之二以上的市场份额",因此根据《反垄断法》的规定,可以推定其具有市场支配地位。问题的关键在于,电

---

① 王晓晔:《中国电信和中国联通案的主要法律问题》,http://www.iolaw.org.cn/showArticle.asp?id=3168,2013 年 3 月 5 日访问。

信和联通是否实施了价格歧视行为,从而排除、限制了竞争。

有人认为,网络运营商和企业客户是两类性质不同的交易相对人,前者是批发商,后者是零售商,因此不属于条件相同的交易相对人。但是,反垄断法对"条件相同"的理解不应仅仅局限于交易相对人本身,而应关注交易相对人与交易相关的各种条件。在本案中,第三方客户和二级网络运营商作为中国电信的交易相对人,其交易产品均为"互联网接入服务",且接入服务都以带宽为计量依据,可以认为两者与中国电信交易的是"交易等级与质量均相同的商品"。此外,在交易方式、交易环节和货款结算上,第三方客户和二级网络运营商相比都没有太大的区别。如果说两者在交易数量上有差别而不构成"条件相同的交易相对人",那么这个理由本应成为二级网络运营商拿到更便宜价格的理由,而不是像现在这样,"批发价高于零售价"。

当然,电信、联通给二级网络运营商提供接入服务是有成本的,这个成本主要是机会成本,即电信、联通为竞争对手提供接入服务时,竞争对手会对自己的客户形成冲击,从而导致自身利润的损失。但是从国外实践来看,美国和欧盟都不是基于"机会成本"的概念来分析价格歧视,而是基于现实交易中实际发生的成本,特别是那些能够为客观的事实和数据所证明的成本。[1]可见,如果不接受机会成本抗辩,电信、联通的行为被认定为价格歧视的可能性就更大;如果考虑机会成本,被认定为价格歧视的可能性就小。

总之,根据价格歧视来认定电信、联通的垄断行为具有一定合理性,但是也存在争议。特别是对于条件相同交易相对人的理解以及机会成本等正当理由的考量,都存在很大的不确定性。在国外,类似于电信、联通这样的差别定价行为,基本上是依据"价格挤压"来予以认定的。[2]所谓价格挤压(price squeeze),是指在上

① 肖伟志:《价格歧视的反垄断法规制》,中国政法大学出版社 2012 年版,第 172 页。
② 比如德国电信价格垄断案,参见 CFI Case T-271/03, Deutsche Telekom AG v. Commission of the European Communities(2008), http://curia.europa.eu/juris/document/document.jsf;jsessionid=9ea7d0f130ded86df8f8e8494aa5a992abdbd04f2c9e.e34KaxiLc3eQc40LaxqMbN4NchqLe0?text=&docid=71055&pageIndex=0&doclang=EN&mode=doc&dir=&occ=first&part=1&cid=463001;西班牙 Telefonica 公司价格垄断案,参见 Commission of the European Committees; Commission Decision of 04.07.2007, Relating to A Proceedings under Article 82 of the EC Treaty(Case COMP/38.784—Wanadoo España vs. Telefónica), http://ec.europa.eu/competition/antitrust/cases/dec_docs/38784/38784_311_10.pdf;瑞典 Teliasonera 公司垄断案,参见 Fernando Díez Estella, Jurisprudence of the EUJC on margin squeeze: from Deutsche Telekom to TeliaSonera and beyond … to Telefonica(2011), http://ssrn.com/abstract=1851315, 2013 年 3 月 15 日访问。

游市场具有市场支配地位的纵向一体化企业,通过利用对上游产品和下游产品的定价,将效率相同或效率更高的竞争者排挤出下游市场的一种滥用市场支配地位的行为。除了美国和欧盟之外,价格挤压目前在其他绝大多数国家(包括我国)都还是一个新鲜事物,并没有被正式纳入反垄断法。

从有效规制的角度来看,将电信、联通的行为认定为价格挤压而非价格歧视也许更加准确。利用价格挤压来认定电信、联通的行为,其通过上下游市场的价格倒挂来"排挤"竞争对手的意图和后果都是极其明显的,而利用价格歧视来认定电信、联通的行为,还必须考虑交易的相似性和成本合理性等诸多抗辩因素,难免陷入争议的泥淖。因此,建议将价格挤压纳入《反垄断法》第 17 条第 7 项"国务院反垄断执法机构认定的其他滥用市场支配地位的行为"的范畴,从而对类似的价格垄断行为予以有效规制。

2014 年 1 月 19 日,国家发改委就价格监管与反垄断工作情况举行新闻发布会,对 2013 年所调查公布的案件(其中包括正在调查的重大案件)以及 2014 的执法部署进行了介绍和展望。在新闻发布会中,国家发改委回顾了 2011 年的电信联通案。自电信和联通提出了中止调查的申请并承诺进行整改后,电信和联通之间互联网互通互联的质量有了较大幅度的提高,在提高消费者上网速率的同时降低了单位宽带价格。国家发改委表示将组织专家,对两个公司是否完全履行当时提交的承诺进行评估,并会根据评估结果,适当时候依法做出处理决定。①

高通案的调查始于 2013 年。在 2014 年 7 月 11 日,发改委披露了高通涉嫌垄断行为的具体类型,提及高通总裁就该公司涉嫌违反《反垄断法》的情况及解决路径与发改委价格监督检查与反垄断局官员交换意见。发改委对外公布的调查方向包括"以整机作为计算许可费基础""将标准必要专利与非标准必要专利捆绑许可""要求被许可人进行免费反许可""对过期专利继续收费""将专利许可与销售芯片进行捆绑""拒绝对芯片生产企业进行专利许可"以及在"专利许可和芯片销售中附加不合理的交易条件"等。②到 2015 年 2 月,发改委最终公布了针对高通的

① 《国家发改委就价格监管与反垄断工作情况举行新闻发布会》,http://www.scio.gov.cn/xwfbh/gbwxwfbh/xwfbh/fzggw/Document/1363954/1363954.htm,访问时间:2015 年 8 月 10 日。
② 《高通表态愿改进涉"反垄断调查"事项》,http://finance.ifeng.com/a/20140825/12986944_0.shtml,访问时间:2015 年 8 月 10 日。

行政处罚决定书。①

　　根据最终公布的行政处罚决定书,发改委认为:首先,高通在无线标准必要专利许可市场和基带芯片市场具有市场支配地位。在标准必要专利许可市场,高通所持有的每一项无线标准必要专利许可独立构成的相关产品市场,且在所有相关市场中,高通均占有100%的市场份额。而且高通具有控制无线标准必要专利许可市场的能力,无线通信终端制造商对当事人的无线标准必要专利组合许可高度依赖,其他经营者进入相关市场难度较大。在基带芯片市场,高通在相关市场的市场份额均超过二分之一,且高通具有控制相关基带芯片市场的能力,主要无线通信终端制造商对当事人的基带芯片高度依赖,基带芯片市场进入门槛高、难度大。

　　其次,发改委认为高通实施了滥用市场支配地位的行为。具体包括:①高通滥用在无线标准必要专利许可市场的支配地位,收取不公平的高价专利许可费,包括对过期无线标准必要专利收取许可费和要求被许可人将专利进行免费反向许可等。②高通滥用在无线标准必要专利许可市场的支配地位,在无线标准必要专利许可中,没有正当理由搭售非无线标准必要专利许可。③高通滥用在基带芯片市场的支配地位,在基带芯片销售中附加不合理条件。

　　最终,发改委对高通处以了以下处罚决定:一是责令高通停止滥用市场支配地位的违法行为,具体包括:①在对中国境内的无线通信终端制造商进行无线标准必要专利许可时,应当向被许可人提供专利清单,不得对过期专利收取许可费。②当事人在对中华人民共和国境内的无线通信终端制造商进行无线标准必要专利许可时,不得违背被许可人意愿,要求被许可人将持有的非无线标准必要专利反向许可;不得强迫被许可人将持有的相关专利向当事人反向许可而不支付合理的对价。③对为在中国境内使用而销售的无线通信终端,当事人不得在坚持较高许可费率的同时,以整机批发净售价作为计算无线标准必要专利许可费的基础。④在对中国境内的无线通信终端制造商进行无线标准必要专利许可时,不得无正当理由搭售非无线标准必要专利许可。⑤对中国境内的无线通信终端制造商销售基带芯片,不得以潜在被许可人接受过期专利收费、专利免费反向许可、无正当

---

① 参见《国家发展和改革委员会行政处罚决定书〔2015〕1号》。

理由搭售非无线标准必要专利许可等不合理条件为前提；不得将被许可人不挑战专利许可协议作为当事人供应基带芯片的条件。二是对高通处 2013 年度销售额8％的罚款，计 60.88 亿元人民币。

除了发改委，工商总局有权调查处理非价格滥用市场支配地位行为。

利乐垄断案是目前为止工商总局已经查处的规模最大的反垄断案件。利乐公司是来自瑞典的世界包装业巨头。据利乐集团总裁杨德森披露，早在 2008 年，在包材方面，利乐中国即已成为利乐在全球的最大市场，利乐该年在中国市场销售的包材数量即占到该公司全球总量的18％。[①]工商总局于 2013 年 7 月 5 日，宣布对利乐包装公司展开反垄断法调查。2014 年 3 月 5 日，国家工商总局局长张茅表示，对利乐公司反垄断调查案，目前在各方的大力支持下，调查工作进行比较顺利，并且已经取得阶段性结果，整个调查完成后，会向社会予以公布。[②]2016 年 11月 16 日，工商总局在其官网发布了行政处罚决定书。根据调查，工商总局认为，在 2009 年至 2013 年期间，利乐集团在华相关 6 家企业（以下简称"利乐公司"）在中国大陆液体食品纸基无菌包装设备（简称设备）、纸基无菌包装设备的技术服务（简称技术服务）、纸基无菌包装材料（简称包材）三个市场，均具有市场支配地位。在 2009 年至 2013 年期间，利乐凭借其在设备市场、技术服务市场的支配地位，在提供设备和技术服务过程中搭售包材；凭借其在包材市场的支配地位，通过限制原料纸供应商与其竞争对手合作、限制原料纸供应商使用有关技术信息，妨碍原料纸供应商向其竞争对手提供原料纸；凭借其在包材市场的支配地位实施追溯性累计销量折扣和个性化采购量目标折扣等排除、限制竞争的忠诚折扣，妨碍包材市场的公平竞争。据此，工商总局认定，利乐公司的上述行为违反了《反垄断法》的有关规定，构成了该法第十七条第一款第（四）项、第（五）项和第（七）项规定的没有正当理由搭售、没有正当理由限定交易和其他滥用市场支配地位行为。[③]

此外，微软垄断案还在调查之中。微软垄断案源于 2013 年 6 月部分企业举报微软存在对其 Windows 操作系统和 Office 办公软件相关信息没有完全公开造成的兼容性问题、搭售、文件验证等问题。国家工商总局认为，经过前期核查不能

① 《利乐遭 20 多省市工商调查　近期曾受到密集举报》，http://money.163.com/special/view385/，2015 年 8 月 10 日。
② 付希娟：《工商总局局长：利乐公司反垄断调查案取得阶段性成果》，http://gb.cri.cn/44571/2014/03/06/3005s4450757.htm，2015 年 8 月 10 日。
③ 参见《国家工商行政管理总局行政处罚决定书（工商竞争案字[2016]1 号）》。

消除微软公司上述行为具有反竞争性的嫌疑。[①]此后,工商总局对微软(中国)有限公司及其在上海、广州、成都的分公司以及相关场所进行了突击检查,但是最终的调查结果还没有公布。

在司法方面,《反垄断法》实施以来也有两个具有重要影响的滥用市场支配地位案件。一个是华为诉 IDC 案,一个是"3Q"案。

中国的华为公司和美国交互数字集团("IDC")自 2008 年起就一直为专利许可费的数额相持不下。2011 年,IDC 在美国起诉华为,称华为侵犯其七项专利。作为反击,华为于 2011 年底向深圳市中级人民法院提起诉讼,称 IDC 因拥有 3G 必要标准专利而屡次实施滥用市场支配地位的行为,其中包括:过高定价和歧视性定价、附加不合理交易条件、搭售以及以诉讼为手段强迫华为给予免费的交叉许可。[②]2013 年 10 月 28 日,针对华为起诉 IDC 一案,广东省高级人民法院作出了终审判决,认定 IDC 构成滥用市场支配地位,华为胜诉并能从 IDC 处获得 2 000 万元人民币的赔偿。对华为的专利许可费率应从 2% 降为 0.019%,亦即与 IDC 对苹果公司 0.018 9% 的专利许可费率平均值相近的水平。[③]但是,法院未予认可关于搭售行为的认定由于该案涉及标准必要专利费率和 FRAND 原则等专业反垄断与知识产权法律问题,该案也成为"中国标准必要专利反垄断"第一案,广东省高院也成为世界范围内首个适用 FRAND 原则直接确定许可费率的法院。

"3Q"案则是中国互联网领域滥用市场支配地位的第一案。腾讯 QQ 和奇虎 360 是目前国内最大的两个客户端软件。2010 年初,"360 的 QQ 保镖"将腾讯多种软件如 QQ 游戏进行屏蔽。2010 年 11 月 3 日,腾讯公开发布《致广大 QQ 用户的一封信》,要求客户在 QQ 和 360 之间做出选择。2011 年 4 月 26 日,腾讯起诉 360 隐私保护器不正当竞争案做出判决,奇虎 360 被判停止发行 360 隐私保护器,赔偿腾讯 40 万元。随后,奇虎 360 以腾讯滥用市场支配地位为由将其告上了法庭。2012 年 4 月 18 日,奇虎 360 起诉腾讯滥用市场支配地位的反垄断诉讼在广东省高院开

---

① 《微软中国式强暴力内幕:强买强卖遭多家企业举报》,http://www.cb.com.cn/index.php? m = content&c = index&a = show&catid=22&id=1075083&all,2015 年 8 月 10 日。

② 王真:《还原华为反 IDC 垄断案,胜诉背后的反思》,http://www.tmtpost.com/97754.html,访问时间:2015 年 8 月 10 日。

③ 参见《广东省高级人民法院(2013)粤高法民三终字第 305 号》(IDC 上诉)和《广东省高级人民法院(2013)粤高法民三终字第 306 号》(华为上诉)。

庭审理。在该案中,原告 360 提出的诉讼请求包括但不限于停止限定 QQ 软件用户不得和原告交易、在 QQ 软件中捆绑搭售安全软件产品等行为,连带赔偿原告经济损失人民币 1.5 亿元,以及赔礼道歉。2013 年 2 月 20 日,广东省高院作出一审判决,驳回原告北京奇虎科技有限公司的全部诉讼请求。①2014 年 10 月 16 日,最高人民法院就 360 诉腾讯滥用市场支配地位纠纷案二审宣判,认为一审判决认定事实虽有不当之处,但适用法律正确,裁判结果适当,故驳回上诉,维持原判。②

　　本案的争议焦点主要是相关市场如何界定、被告在相关市场是否具有支配地位以及被告是否滥用市场支配地位排除、限制竞争。原告认为,被告在即时通信软件及服务相关市场具有市场支配地位。原告主张本案的相关产品市场是"即时通信软件及服务市场",包括综合性即时通信服务(如腾讯 QQ、微软的 MSN)、跨平台即时通信服务(如中国移动推出的飞信产品)和跨网络即时通信服务(如 Tom 集团公司的 Skype 软件服务);本案相关地域市场则为中国大陆的即时通信软件及服务市场。在该相关市场上,被告要求用户"二选一"的行为构成了限制交易的滥用市场支配地位行为,将 QQ 软件管家与即时通信软件相捆绑和以升级 QQ 软件管家的名义安装 QQ 医生的行为构成了捆绑销售的滥用市场支配地位行为。

　　但是,一审法院认为原告对本案相关产品市场界定错误,QQ 与社交网站、微博服务属于同一相关市场的商品集合,且相关地域市场应为全球市场。由于原告对本案相关产品市场和相关地域市场的界定过于狭窄,原告依据其所主张的相关商品和地域市场来计算被告的市场份额,不能客观、真实地反映被告在相关市场中的份额和地位,其所提供的证据不足以证明被告在相关产品市场具有垄断地位。一审法院还认为,即使在原告所主张的最窄的相关市场即中国大陆地区的综合性即时通信产品和服务市场上,亦不能仅凭被告在该相关市场上的市场份额超过 50% 而认定被告具有市场支配地位,因为被告不具有控制商品价格、数量或其他交易条件的能力和阻碍、影响其他经营者进入相关市场的能力。但是,法院承认被告的行为实质上仍然属于限制交易的行为,被告不能代替用户做出选择,强迫用户"二选一"的行为超出了必要的限度。尽管如此,被告尚不构成滥用市场支配地位。

---

① 参见《广东省高级人民法院民事判决书(2011)粤高法民三初字第 2 号》。
② 参见《中华人民共和国最高人民法院民事判决书(2013)民三终字第 5 号》。

尽管二审最终维持了一审判决,但是在相关市场界定的问题上,最高人民法院提出了不同看法。首先,最高法院认为,在免费的互联网市场中,运用"假定垄断者测试"方法界定相关市场很可能导致相关市场界定过宽。因此,一审法院在本案中直接运用基于价格上涨的假定垄断者测试,有所不当。其次,对一审中的相关产品市场界定进行了修正。最高法院认为单一文字、音频以及视频等非综合性即时通信服务应纳入本案相关商品市场范围。另外,移动端即时通信服务也应当纳入。此外,最高法院认为一审关于社交网络和微博应纳入本案相关商品市场范围的认定错误,社交网站、微博不应纳入本案相关商品市场范围。再次,重新界定了相关地域市场。最高法院推翻了一审有关相关地域市场应当界定为全球的认定,最终界定为中国大陆市场。尽管如此,最高法院仍然认为,即使腾讯的市场份额较高,但是基于反垄断法的规定,腾讯并不能被认定为具有市场支配地位,因此也不存在滥用市场支配地位行为。

4.3.4 经营者集中的规制

在经营者集中的反垄断规制方面,商务部目前处理的案件中,绝大多数(约占97%)都是无条件批准,只有约3%的案件是附条件批准和禁止集中。根据《反垄断法》的规定,禁止集中和附条件批准的案件,商务部必须予以公告。在此基础上,商务部在2012年11月又主动开始公布无条件批准案件的相关信息,并于2015年5月1日开始对未依法申报案件的审查决定予以公开。这些都说明了中国竞争执法的透明度在不断提高。

迄今为止,仅有两个经营者集中被商务部所禁止。这两个案件的争议都比较大,因此重点对这两个案例展开分析。

第一个案例是可口可乐收购汇源果汁案。[1]2009年9月3日上午,汇源果汁在香港联交所发布公告,可口可乐公司以约179.2亿港元收购汇源果汁集团的全部已发行股份及未行使可换股债券。由于该项收购满足了我国《反垄断法》以及《国务院关于经营者集中申报标准的规定》关于经营者集中事先申报的要求,2008年

---

① 参见《中华人民共和国商务部公告[2009年]第22号》。

9月18日,可口可乐公司向商务部递交了申报材料。经由初步审查和进一步审查,商务部最终于2009年3月18日否决了可口可乐收购汇源果汁的申请,认为集中将产生如下不利影响:①集中完成后,可口可乐公司有能力将其在碳酸软饮料市场上的支配地位传导到果汁饮料市场,对现有果汁饮料企业产生排除、限制竞争效果,进而损害饮料消费者的合法权益。②品牌是影响饮料市场有效竞争的关键因素,集中完成后,可口可乐公司通过控制"美汁源"和"汇源"两个知名果汁品牌,对果汁市场控制力将明显增强,加之其在碳酸饮料市场已有的支配地位以及相应的传导效应,集中将使潜在竞争对手进入果汁饮料市场的障碍明显提高。③集中挤压了国内中小型果汁企业生存空间,抑制了国内企业在果汁饮料市场参与竞争和自主创新的能力,给中国果汁饮料市场有效竞争格局造成不良影响,不利于中国果汁行业的持续健康发展。

　　该案是我国《反垄断法》生效以来,商务部第一例否决经营者集中的案例。该案一出,立即引起了巨大的讨论和争议:禁止集中到底是维护了市场竞争、保护了消费者权益还是阻碍了经济效率?抑或仅仅是为了维护民族品牌和产业安全?从反垄断法的立法目的来看,维护产业安全或国家安全、保护民族品牌以及本土企业等,都不应该成为反垄断法关注的目标,否则将成为反垄断法不能承受之重。因此,可口可乐收购汇源案本质上是一个法律问题,只有在反垄断法的角度下分析和考察,才能得出正确的结论。

　　从程序上看,从立案受理、初步审查、进一步审查到最后作出决定和公布,商务部都完全符合反垄断法的相关规定;从实体上看,商务部作出的否定裁决也完全在其自由裁量权范围之内,并且公布了其否决理由。因此从合法性角度看,商务部的做法无可挑剔。但是从其否决理由和相关表述来看,难免引起人们的合理性担忧。首先,集中后经营者在相关市场的市场份额和市场控制力并不如想象中的那样庞大,甚至还达不到一般推定具有反竞争影响的程度。其次,可口可乐的市场支配地位和品牌传导能力尽管存在,但是在果汁市场这样一个进入退出相对容易的市场,并不会造成严重限制竞争影响。再次,以挤压中小企业生存空间作为否决理由,难免使人认为反垄断法是保护"竞争者"而非"竞争"的法律。实际上,在一个市场进入相对容易的市场,一个胆敢擅自提高价格降低产量的经营者恰为中小企业带来发展契机,因为进入该市场或扩大市场份额就能与所谓的在位垄断者分享垄断利益。最后,商务部手中握有大量相关数据和材料,而面对公众如此巨大的关注,却只作了简单的陈述和说理。商务部给出的解释是,在对外披露信息时,应遵守《反垄断法》关于保密的要求。①但是查看世界其他国家和地区的反垄断执法机构网站,对于集中审查结果的公布往往不会如此草率,至少应对不涉及商业秘密的相关内容予以公布,以接受社会公众监督。

造成这种局面的原因,一方面可能来源于经验不足,不擅长对相关决定做理性推理和分析,特别是将这种分析过程公之于众;另一方面可能更来源于我国反垄断法规则的模糊性和程序缺失性。对于"市场集中度""市场控制力""经营者集中对国民经济发展的影响""社会公共利益"等如何界定,直接关系到集中的反竞争影响分析;而实体分析的准确适用又需要客观中立的程序规则来保证。而我国现有的反垄断法体系在实体和程序方面皆存在严重缺失。可口可乐收购汇源案给我国反垄断法实施带来的启示,除了学者们普遍呼吁的竞争文化的普及之外,最大的收获或许应是加快启动细化反垄断法规则的步伐。

第二个案例是P3联盟案。②P3联盟是由全球前三大集装箱班轮公司马士基航运、地中海航运和达飞海运在2013年6月宣布成立的,计划合计拿出约260万TEU的运力(各自贡献42%、34%和24%的联盟运力),以在全球东西主干航线(亚欧、跨太平洋、跨大西洋)合作运营。据法国航运咨询公司Alphaliner统计,P3在亚欧航线运力份额约占45%,跨大西洋航线运力份额约占41%,跨太平洋航线的运力份额也占有22%。该联盟原计划合作期十年,计划最快在2013年四季度落实,2014年二季度开始联合运营。③2014年6月17日,商务部禁止马士基、地中海航运、达飞海运3家航企设立P3联盟网络中心。反垄断法生效以来,本案是继2009年可口可乐收购汇源案后中国反垄断执法机构第二次否决交易。本案也是中国反垄断执法机构第一次否决纯粹的全球性重大交易。此案定性为"紧密型联营",而非并购,提出了联营是否也可以作为经营者集中对待的全新问题,也提出

---

① 参见《中华人民共和国商务部公告2009年第22号》;以及《商务部新闻发言人姚坚就可口可乐公司收购汇源公司反垄断审查决定答记者问》,http://www.mofcom.gov.cn/aarticle/zhengcejd/bj/200903/20090306124140.html,2013年5月10日。
② 参见《中华人民共和国商务部公告2014年第46号》。
③ 吴静:《姜明:P3联盟被判垄断理由牵强》,http://opinion.caixin.com/2014-06-19/100692496.html,2014年7月26日。

了协议申报是由发改委、工商总局还是商务部主管的新问题。

　　商务部认为：本案相关商品市场为国际集装箱班轮运输服务市场，相关地域市场为亚洲—欧洲航线、跨太平洋航线和跨大西洋航线。其中，跨大西洋航线不覆盖中国港口；亚洲—欧洲航线、跨太平洋航线均覆盖中国主要港口。因此，商务部重点审查了本次交易对亚洲—欧洲航线、跨太平洋航线的竞争影响。在竞争分析中，鉴于在跨太平洋航线上存在份额较高的竞争者，市场结构相对分散，商务部重点考察了亚洲—欧洲航线集装箱班轮运输服务市场：①本次交易形成了紧密型联营，与松散型的传统航运联盟有实质不同。②本次交易显著增强交易方的市场控制力。③本次交易将大幅提高相关市场的集中度。④本次交易将进一步推高相关市场的进入壁垒。⑤本次交易对其他有关经营者的影响。

　　值得注意的是：该案是在三个地区由不同部门，依据不同法律进行审查的。美国是由联邦海事委员会（FMC）审查的，欧盟虽然是由欧盟委员会竞争总局审查，但是是按限制竞争协议而非经营者集中（不论是企业合并还是新设合营企业）来审查的。但是在我国，却是由商务部依据《反垄断法》认为 P3 的合作涉嫌构成经营者集中来审查的。在 2014 年 3 月 24 日，P3 联盟已经获得了美国联邦海事委员会（FMC）的批准。欧盟则于 2014 年 6 月 3 日批准了 P3 联盟。但中国商务部的否决，意味着这个被称为史上最强航运联盟的 P3 联盟宣告流产。

　　有学者还指出，与商务部禁止 P3 合作计划形成鲜明对比的是，无论商务部还是国家发改委、工商总局的三大反垄断法执法机构都没有干预国内航运企业类似的运营联盟。①比如，据报道，2014 年 5 月隶属于中远集运、中海集运和中国外运的泛亚航运、浦海航运与中外运集运公司，在上海低调签约，约定在中国—日本集装箱运输市场上开展合作。……三家就联合陆续在上海、青岛、大连始发到日本的航线上增加了各约 1 000 TEU 以上的运力投放，目前在大连、天津、青岛、上海到日本航线市场的份额已经分别占据了约 39％、50％、47％和 26％。一个月后，三方结盟的"效果"也已经显现，上海到日本市场的运价已经跌到了－500 美元/TEU，连云港、青岛到日本的运价更是跌到－650 美元/TEU，天津、大连、威海、烟台到日本的运价也跌到－580 美元/TEU。……日本航线的价格混乱，已经让这

---

① 刘旭：《简评：商务部禁止马士基、地中海航运、达飞设立网络中心案》，http://blog.sina.com.cn/s/blog_6afc758f0101ftgm.html＃_msocom_8，访问时间：2014 年 9 月 15 日。

条航线上的很多货主、货代、班轮公司无所适从,开始联名上书交通运输部旗下的上海航交所,要求出面规范。①但是,很遗憾,商务部在禁止 P3 组建所谓"紧密联营"是否会导致协同行为的问题上,没有进行分析,也没有关注国内和欧盟对中海、中远等的调查。

总的来看,本案之所以引起争议,焦点主要体现在两个方面:第一,P3 联盟是否属于《反垄断法》意义上的经营者集中? 从商务部对 P3 的公告来看,其没有充分论证 P3 设立网络中心属于经营者集中,甚至没有明确对此做出表示"P3 设立网络中心属于经营者集中",而只是说论证其构成"紧密型联营",因此要禁止该项经营者集中。但是,"紧密型联营"这一概念在《反垄断法》中并未出现。对于该紧密型联营是否已经达到了"控制或能够施加决定性影响"的程度,更是没有进行详细论证。第二,禁止该项集中的最终目的是保护竞争还是保护竞争者? 有学者认为,执法者没有论证交易是否会导致形成单一或共同市场支配地位,也没有具体分析交易实施后,市场竞争格局所可能呈现的具体影响,也没有具体分析交易实施后 3 家航运企业是否在亚欧航线上不存在有效竞争,理由和证据为何,甚至没有援引商务部《关于评估经营者集中竞争影响的暂行规定》,更没有据此逐条进行细致分析。②此外,商务部也没有在披露的信息中指出其有关相关市场界定、市场集中度计算以及市场竞争影响分析方面的相关数据。哪怕 P3 联盟确实可能存在排除、限制竞争的后果,但是分析论证的单薄在很大程度上弱化了禁止该交易的可信度。

4.3.5　行政性垄断的规制

《反垄断法》生效后,对于行政性垄断的规制经历了一个演变的过程。从最初的质检总局案的"不了了之",到后来逐渐依靠《反垄断法》赋予反垄断执法机构的"建议权"对行政性垄断进行"事后规制",再到出现首例原告胜诉的司法判决,中

---

① 陈姗姗:《中日航线"负运费"致每周近亿亏损　货主货代班轮公司上书航交所求救》,http://www.yicai.com/news/2014/06/3961014.html;陈姗姗:《三航运央企结盟抢中日航线　恐慌性降价窝里斗遭疑》,http://finance.ifeng.com/a/20140507/12274989_0.shtml,访问时间:2014 年 10 月 7 日。
② 刘旭:《商务部"阻击"国际航运巨头反映了什么?》,http://opinion.caixin.com/2014-06-23/100693782.html,访问时间:2014 年 10 月 7 日。

国在规制行政性垄断方面也正逐步形成自己的特色。

　　估计很难有人能够预料，《反垄断法》生效后的第一起反垄断诉讼就发生在行政性垄断领域。此即为轰动一时的质检总局行政性垄断案。[①]2008 年 8 月 1 日，北京兆信信息技术有限公司等 4 家从事数码防伪业务的企业向北京市第一中级人民法院起诉称，从 2005 年 4 月开始，国家质检总局不断推广一家名为中信国检信息技术有限公司经营的"中国产品质量电子监管网"业务，要求生产企业对所生产的产品赋码加入电子监管网，供消费者向该网站查询。此间，国家质检总局单独或者联合其他国家机关，以发布文件、召开现场会、领导讲话等方式，督促各地企业对产品赋码有偿加入电子监管网。2007 年 12 月，国家质检总局发布《关于贯彻〈国务院关于加强食品等产品安全监督管理的特别规定〉实施产品质量电子监管的通知》要求，从 2008 年 7 月 1 日起，食品、家用电器、人造板等 9 大类 69 种产品要加贴电子监管码才能生产和销售。北京兆信公司等 4 家企业认为，国家质检总局推广中信国检经营的电子监管网经营业务，使中信国检在经营同类业务的企业中形成独家垄断的地位，严重损害了其他防伪企业参与市场公平竞争的权利，因此请求法院确认国家质检总局推广电子监管网经营业务、强制要求企业对产品赋码交费加入电子监管网的行政行为违法。另据媒体报道，中信国检的注册资金为 6 000 万元，其中 50％的资金来自中信 21 世纪有限公司，30％来自国家质检总局，20％来自中国华信邮电经济开发中心。2008 年 9 月，北京一中院以"超过法定起诉期限"为由，裁定对起诉"不予受理"。对此，原告方却认为国家质检总局于 2005 年开始推广电子监管网，但是直到 2007 年才开始强制企业加入，因而其诉请并没有超过诉讼时效。

　　该案被誉为中国反垄断法第一案。在该案中，国家质检总局通过不断发"红头"文件、"高层"开会形式，借助行政力量推广乃至强制推行的"电子监管网"，正是由其占有 30％股份的"中信国检信息技术有限公司"（以下简称中信国检）所经营的。所有入网企业均需缴纳每年 600 元的数据维护费，消费者查询则需支付查询信息费和电话费。如此一来，作为行政机关的质检总局和作为市场主体的中信国检就结成了利益共同体，实现了利用行政权力获取垄断利益的共同需求。行政

---

① 参见袁场：《被诉强制推广电子监管码　质检总局遭遇"反垄断第一案"》，载《第一财经日报》2008 年 8 月 4 日，第 A2 版；胡红伟：《反垄断法首例诉讼直指行政性垄断》，载《新京报》2008 年 8 月 6 日，第 B10 版。

性垄断的上述双重属性意味着,其产生、运行和责任都应该是双重的——既有政府的一份,也有市场主体的一份。

到了 2010 年,则发生了"广东 GPS 平台行政性垄断案"。[①]2010 年 1 月 8 日,广东省某市政府召开政府工作会议,会议相关决议以《市政府工作会议纪要 2010 年第 6 期》的形式印发相关部门执行。在会议纪要中,市政府明确指定新时空导航科技有限公司(以下简称新时空公司)自行筹建的卫星定位汽车行驶监控平台为市级监控平台,要求该市其余几家 GPS 运营商必须将所属车辆的监控数据信息上传至新时空公司平台。此后,该市物价局依据该会议纪要,又批复同意新时空公司对其他 GPS 运营商收取每台车每月不高于 30 元的数据接入服务费。2010 年 5 月 12 日,该市政府办公室印发了《强制推广应用卫星定位汽车行驶记录仪工作方案》,明确要求全市重点车辆必须将实时监控数据接入市政府指定的市级监控平台。2010 年 11 月 11 日,该市政府又召开政府工作会议,形成《市政府工作会议纪要 2010 年第 79 期》,重申了上述要求,并要求交警部门对未将监控数据上传至新时空公司平台的车辆,一律"不予通过车辆年审"。在国家工商总局的指导下,广东省工商局向广东省政府正式作出"依法纠正该市政府上述滥用行政权力排除、限制竞争行为"的建议。2011 年 6 月 12 日,广东省政府作出复议决定,认为该市政府上述行政行为违反《反垄断法》第 8 条、第 32 条和《道路交通安全法》第 13 条的规定,属于滥用行政职权,其行为明显不当,决定撤销其具体行政行为。该市政府根据省政府决定,纠正了其滥用行政权力排除、限制竞争的行为,恢复了该市汽车 GPS 运营市场的竞争格局。

此后,通过行使"建议权"的方式纠正行政性垄断开始成为反垄断执法机构规制行政性垄断的主要做法。比如,在河北省行政性垄断案[②]中,由于韩国大使馆的举报,发改委调查发现,2013 年 10 月,河北省交通运输厅、物价局和财政厅联合下发《关于统一全省收费公路客运班车通行费车型分类标准的通知》(冀交公[2013]548 号),确定自 2013 年 12 月 1 日起,调整全省收费公路车辆通行费车型分类,并对本省客运班车实行通行费优惠政策。客运班车通过办理高速公路 ETC 卡或者

① 周迎颖:《反垄断法剑指地方政府排除限制竞争》,http://finance.jrj.com.cn/2011/08/01202310600244.shtml,访问时间:2013 年 4 月 2 日。
② 《发改委:建议河北省政府纠正交通运输厅等有关部门违规行为》,http://finance.ifeng.com/a/20140926/13150238_0.shtml,访问时间:2015 年 8 月 10 日。

月票,按照计费额的 50％给予优惠。2013 年 10 月 30 日,交通运输厅下发《关于贯彻落实全省收费公路客运班车通行费车型分类标准有关事宜的通知》(冀交公[2013]574 号)进一步明确规定,优惠政策"只适用于本省经道路运输管理机构批准,有固定运营线路的客运班线车辆。"发改委认为,河北省有关部门的上述做法,损害了河北省客运班车经营者与外省同一线路经营者之间的公平竞争,违反了《反垄断法》第 8 条"行政机关和法律、法规授权的具有管理公共事务职能的组织不得滥用行政权力,排除、限制竞争"规定,属于《反垄断法》第 33 条第(一)项所列"对外地商品设定歧视性收费项目、实行歧视性收费标准,或者规定歧视性价格"行为。因此,发改委向河北省人民政府办公厅发出执法建议函,建议其责令交通运输厅等有关部门改正相关行为,对在本省内定点定线运行的所有客运企业,在通行费上给予公平待遇。

同样,在山东省交通运输厅行政性垄断案[①]中,发改委根据媒体报道,调查后发现,2011 年以来,山东省交通运输厅多次印发有关文件,要求全省"两客一危"车辆必须直接接入省技术服务平台,重型载货汽车和半挂牵引车必须直接接入省北斗货运动态信息平台,并明确上述两平台的技术支持单位均为山东九通物联网科技有限公司;同时,要求进入山东省市场的车载卫星定位终端,必须通过省技术服务平台(即山东九通物联网科技有限公司)的统一调试,并公布 2012 年交通运输部北斗示范工程招标中标价格作为终端最高限价。发改委认为,山东省交通运输厅的上述做法,排除和限制了监控平台市场和车载终端市场的竞争,剥夺了道路运输企业在车载终端和监控平台上的自主选择权,不合理地推高了平台服务费水平和车载终端的销售价格,增加了道路运输企业的经营成本。相关行为违反了《反垄断法》第 8 条"行政机关和法律、法规授权的具有管理公共事务职能的组织不得滥用行政权力,排除、限制竞争"的规定,属于第 32 条所列"限定或者变相限定单位或者个人经营、购买、使用其指定的经营者提供的商品"行为和第 37 条所列"制定含有排除、限制竞争内容的规定"行为。在发改委调查后,山东省交通运输厅主动采取了以下整改措施:①放开重型载货汽车和半挂牵引车监控平台市场,实行平台服务商备案制,允许运输企业在通过备案的平台服务商中自主选用。②放开道路运输车

---

① 参见《国家发展改革委办公厅关于建议纠正山东省交通运输厅滥用行政权力排除限制竞争有关行为的函》(发改办价监[2015]501 号)。

辆卫星定位终端市场,允许运输企业在交通运输部公布的卫星定位终端目录内自主选用,不再进行统一调试。但是,上述措施虽然纠正了部分违法行为,但尚未完全恢复公平竞争的市场秩序,包括:①未放开对"两客一危"车辆动态监控平台市场的限制。②虽然规定实行平台服务商备案制,但对备案提出了交通运输部有关规定以外的其他要求,对不符合要求的将不予备案。③未废止关于"终端价格(含安装费)不得高于交通运输部北斗示范工程招标中标价格"的规定。最终,发改委向山东省人民政府办公厅发布了建议函,建议其责令交通运输厅改正相关行为。

以上两个案例中,都是通过反垄断执法机构行使"建议权",最终撤销了行政性垄断行为。但是,在现有体制下,这做法的可复制性仍然值得怀疑。一方面,建议权的行使与反垄断执法机构的反垄断意识和理念密切相关,并不是所有的反垄断执法机构都有这个勇气;另一方面,即便行使了建议权,上级政府部门是否会采取行动,也并没有法律保证。实际上,自《反垄断法》生效以来,见诸报端的成功行使建议权的案件也只有上述两个。且这两个案件都是反垄断执法机构向地方政府行使建议权的案件,还没有出现反垄断执法机构向中央部门行使建议权的情况出现。

笔者认为,要有效规制行政性垄断,我国除了进一步深化体制改革之外,还需要重新在反垄断法语境下看待行政性垄断,将其定位为"以公权力为手段、以市场垄断为结果"的垄断形态,并使其与一般市场垄断行为受同样的反垄断规则约束。这意味着,行政性垄断的认定应该摒弃行政法意义上的合法性标准,转而采纳反垄断法意义上的结果标准。行政性垄断的法律责任也有必要摆脱单纯的行政法责任,转而适用以社会整体利益为指导思想的经济法责任。尽管这种转变并非易事,但是不经历这种转变,就无法对行政性垄断形成有效规制,也与法治国家的建设背道而驰。

在司法领域,则在"深圳市斯维尔科技有限公司诉广东省教育厅行政性垄断案"的一审判决中,首次出现了原告胜诉的情况。①这也是2008年反垄断法生效以来,继四大防伪公司诉国家质检总局案之后具有对抗性的第二起行政性垄断诉讼案件。2014年年初,教育部首次将"工程造价基本技能"列为"2013—2015年全国职业院校技能大赛"赛项之一。业内习惯将由教育部组织的比赛称为"国赛",由

---

① 万静:《司法判决首次对行政性垄断说不:广东省教育厅指定赛事软件一审被判违法》,http://www.chinacourt.org/article/detail/2015/02/id/1556601.shtml,访问时间:2015年8月10日。

各省组织的选拔比赛称为"省赛"。4 月 1 日,以广东省教育厅、高职院校、行业企业等组成的工程造价广东"省赛"组委会发通知称,大赛由广东省教育厅主办,广州城建职业学院承办,广联达软件股份有限公司"协办"。在随后组委会公布的《赛项技术规范》和《竞赛规程》中都明确,赛事软件指定使用广联达独家的认证系统、广联达土建算量软件 GCL2013 和广联达钢筋算量软件 GGJ2013。一直在积极介入"工程造价基本技能"国赛和各地省赛的斯维尔公司,认为广东省教育厅指定独家赛事软件的做法,有滥用行政权力之嫌,违反了反垄断法。2014 年 4 月 26 日,斯维尔向广州市中级人民法院提起行政诉讼,请求法院判决确认广东省教育厅滥用行政权力指定广联达产品为独家参赛软件的行为违法。广州中院在一审判决当中指出,省教育厅"指定独家参赛软件"行为符合构成行政性垄断的要素条件,即在主体上,省教育厅是"行政机关和法律、法规授权的具有管理公共事务职能的组织";在行为上,其"指定独家参赛软件行为"符合"限定或者变相限定单位或者个人经营、购买、使用其指定的经营者提供的商品";至于"滥用行政权力",法院依据行政诉讼法规定"行政机关应对自己的具体行政行为负有举证责任",认定省教育厅对自己"指定独家参赛软件"行为不能提供证据证明其合法性,为此教育厅构成"滥用行政权力"。而且,法院还认为,本案中的广东省工程造价基本技能省级选拔赛,是由广东省教育厅主办的,而省赛组委会发布的各种"赛项通知""赛项技术规范""竞赛规程",也都是经过省教育厅审核通过方才对外公布的。因此,"指定独家参赛软件"行为,是广东省教育厅作出的具体行政行为。因此,该案件属于行政诉讼的受案范围。最终,广州中院于 2015 年 2 月 2 日作出一审判决,确认广东省教育厅指定在 2014 年工程造价基本技能省级选拔赛中,独家使用广联达公司的相关软件行为违法。

4.3.6　对中国反垄断法实施绩效的评价

自 2008 年 8 月 1 日正式实施,中国《反垄断法》已经走过了约 8 年的历程。在此期间,上至国务院,下至三大具体执法部门(国家发展和改革委员会、国家工商行政管理总局和商务部),都相继出台了一系列的实施性规定。此外,还有相当一部分的《征求意见稿》,在不久的将来就会成为指导法律实施的部门规章。这些已经或者即将出台的实施性规定,为我国反垄断法的实施构建起了基础性框架——经营者集中的申报、审查和救济,垄断协议、滥用市场支配地位以及行政性垄断的规制内容及程序,至此已经基本有章可循。西方国家几十年时间才建立起来的实施框架和体系,在几年时间里已经在我国初步实现,其出台之迅速和涉及之广泛,不可谓不倾注了执法部门实施法律的极大热情和决心。然而,《反垄断法》出台伊始被寄予的厚望和期待,在这段时间里也渐渐冷却和淡化。执法和司法部门大量的"不作为"抑或"不敢作为",一时间淹没了他们在规则细化和技术性改进上所做出的积极探索和努力。

在行政执法层面,除了商务部应对层出不穷的经营者集中案件展开了一系列调查并发布了处理决定之外,国家发改委和工商行政管理总局层面尚未有正式依据《反垄断法》处理的案件见诸媒体和公众。早期的广西部分地区米粉串通涨价案①,发改委并未主动介入,而是由南宁市和桂林市的价格执法机关直接依据《价格法》来处理的。被誉为工商反垄断第一案的"连云港行业协会垄断案"②,亦是由江苏省工商局在请示了工商总局之后调查和查处的。从地方到中央,看来尚需一段路程。而实际上,为媒体所曝光和学者所关注的涉嫌构成垄断协议、滥用市场支配地位和行政性垄断的案件可谓不胜枚举。从 2009 年 4 月 20 号起,国内航线机票销售开始实行新的运价体制,导致机票价格和折扣率上浮。据调查,五大航空公司(国航、南航、东航、海航和深航)负责人此前曾共同谋划上调机票价格,而最终确定的涨价方案也得到了民航局相关管理部门的许可。③而面对这起"五大航空公司集体涨价事件",作为价格垄断协议主管机关的国家发改委未见表态和展开调查。2010 年 4 月份以来,多家商业银行陆续提高跨行 ATM 取款手续费、账单打印费,新增小额账户管理费,为此,两位北京律师将一纸"举报函"递到了国务院反垄断委员会及国家发展和改革委员会,认为中国银行业协会公布的《中国银行业自律公约》中"同业应就价格进行沟通、不得擅自变更价格"的规定以及银行

---

① 参见《南宁、柳州部分米粉生产厂家串通涨价受到严厉查处》,来源于国家发展和改革委员会网站:http://jjs.ndrc.gov.cn/fjgld/t20100331_338262.htm。
② 参见《全国工商反垄断执法第一案办结》,法制网:http://www.legaldaily.com.cn/index_article/content/2011-03/03/content_2493858.htm?node=5955。
③ 参见杨京瑞:《五大航空集体涨价涉嫌价格垄断》,http://fzwb.ynet.com/article.jsp?oid=50745309;《今日观察:五大航空公司联手对抗谁?》,http://news.sina.com.cn/pl/2009-04-23/122317672506.shtml。

业行业协会组织的商业银行服务收费"联席会议制度"存在协调价格之嫌,是严重违反《反垄断法》的价格垄断行为,应当受到查处。①国内也早有学者指出,商业银行特别是四大国有商业银行先后调整境内跨行 ATM 机取款手续费,并且在不同的省份地区适用不同费率的规定,涉嫌构成滥用市场支配地位的垄断高价和差别待遇。②但是发改委的回应只是拟"研究起草新的《商业银行服务价格管理办法》,对商业银行有关服务收费进行比较全面和系统的规范",③并未有依据《反垄断法》进行处理的动向。《反垄断法》出台以后,行政性垄断案件在全国各地依然此起彼伏,形式涵盖强制限定交易、地区封锁、限制跨地区投标和投资、强制从事垄断行为等,不一而足。④而在所有这些案件中,除了个别案件在上级机关和社会舆论的压力下自行纠正外,几乎看不到反垄断执法机构的身影。

即便是法律实施最积极、成效最明显的商务部,面对政府主导型的国有企业兼并重组,也难以直接介入并执法。中国联通与网通完成合并已近两年时间,但是至今仍未向商务部进行反垄断申报。据统计,两者的营业收入加起来已经接近2 000 亿元⑤,完全满足了《国务院关于经营者集中申报标准的规定》中确立的申报额度要求,但是由于合并是依据工业和信息化部的电信改革方案实施的,合并不可思议地取得了豁免申报的"特权"。在 2009 年震惊全国的"山西煤炭整合风暴"中,面对政府主导型的强制兼并重组行为,相应的竞争执法机构也只能以默认告终。难以否认,三大执法部门具有强力执法的决心和信心,正如商务部反垄断局尚明局长所说:"国有企业并没有例外,不管是国企、私企、民营企业、外商投资企业,在反垄断法上是一视同仁的,没有任何特殊待遇。"⑥但是面对政府主导或政府参与的反竞争行为,在现有的行政级别体制下,三大反垄断执法机构显然是"心有

① 沈衍琪:《银行业再陷"价格垄断"质疑》,中国反垄断法网:http://www.antimonopolylaw.org/article/default.asp?id=1967.
② 周爱春:《论 ATM 机跨行取款费上涨的法律性质——兼论对经营者滥用市场支配地位的认定和规制》,《江苏大学学报》(社会科学版)2008 年第 1 期.
③ 《国家发展改革委有关负责人就商业银行收费问题答记者问》,国家发展和改革委员会网站:http://www.ndrc.gov.cn/xwfb/t20100728_363189.htm.
④ 例如 2008 年以来为媒体所曝光披露的典型行政性垄断案件有贵州德江县下发"红头文件"强制旅游案、江西省南昌市下发通知强制推广正版软件案、湖北省公安县下发"抽烟文件"规定公务用烟案、广东省办公厅发布文件制定教材供货商案等,参见魏琼:《论混合型行政性垄断及其规制》,《法学家》2010 年第 1 期.
⑤ 参见《大国企的傲慢和反垄断法的弱势》,http://it.sohu.com/20090501/n263725178.shtml.
⑥ 参见《商务部召开反垄断工作情况专题新闻发布会》,山东省商务厅网站:http://www.shandongbusiness.gov.cn/index/content/sid/115874.html.

余而力不足"。

在司法实施层面,不论是反垄断民事诉讼抑或行政诉讼,都还处于初步探索阶段。自 2008 年 8 月 1 日《反垄断法》实施至 2010 年 5 月,全国法院总共才受理了 10 起反垄断民事诉讼案件。①在这 10 起案件中,除了两例被告(百度和盛大网络)是自发成长起来的企业,其余都与政府支持存在着千丝万缕的联系(如国有垄断型企业中国移动和中国网通、金融行业的建设银行和保险行业协会等)。而且目前已经判决的案件中,少有原告胜诉的案例。原告难以证明相关市场、被告的市场支配地位或者被告滥用了市场支配地位,成为原告败诉的主要理由。于是在《最高人民法院关于认真学习和贯彻〈中华人民共和国反垄断法〉的通知》中,"加强调查研究工作,认真总结反垄断审判经验""对于案件管辖、原告资格、适格被告、垄断行为的认定、民事责任的承担和反垄断具体行政行为合法性的标准等问题要加强调研"就成为各级法院目前工作的重点。

相比之下,反垄断行政诉讼的情况则更为惨淡。在我国,反垄断行政诉讼表现为两种形式:对反垄断执法机构的执法决定不服提起的反垄断执法行政诉讼和针对行政性垄断行为提起的反行政性垄断诉讼。由于目前只有商务部反垄断局陆续地发布经营者集中案件的处理决定,而经营者集中的调查和处理又极具专业性,在现有情况下反垄断执法行政诉讼几乎不可能发生。但是,在《反垄断法》实施当天,就发生了被誉为中国反垄断法第一案的"质检总局案":四大防伪企业状告国家质检总局,认为其借助行政力量强制推行"电子监管网"的行为构成了行政性垄断。然而,法院却以当事人的诉讼超过了法定起诉期限为由最终裁定"不予受理"。后续的反行政性垄断诉讼案件,难免落入如此窠臼。在我国,绝大多数行政性垄断案件都是"红头文件"先行,后有具体行政性垄断行为,而依据现有《行政诉讼法》的规定只有具体行政行为可诉,排除了大量抽象行政性垄断行为的可诉性。而且,在我国行政性垄断行为从未并视为是一种"市场行为",行政性垄断主体从未被视为是一个"市场主体",导致"尽管在《反不正当竞争法》10 多年来的适用过程中,'经营者'一词有扩大化解释的倾向,但至少到目前为止,还没有判例将

---

① 参见《两年全国受理反垄断民案仅 10 件》,中国反垄断法网:http://www.antimonopolylaw.org/article/default.asp?id=1931。

个案中行使着公权职能的行政机关界定为经营者"。①而在国外很多国家,只要政府实施了反竞争的行为,也可以被视为"经营者",从而可以如同私人一样被起诉。凡以上种种,皆导致了反垄断诉讼在我国现有体制下实施困难重重。

　　实际上,如果将我国反垄断法有效实施的阻力分解为技术性障碍和体制性障碍两大类,可以发现,前者是我国反垄断执法和司法机构当前正在努力攻克的对象,而后者才是我国反垄断法有效实施真正的难题所在。前者如参与集中的经营者的认定标准、反竞争影响的评估标准、原被告资格的确定及举证责任分配等,借助于立法的完善和执法经验的积累将会得到逐步解决;而后者如政企关系、体制改革的方向和措施、政府主导型的经济发展模式等,却会反过来影响《反垄断法》实施规则的具体制定、执法机构之间的权限配置和反垄断法的目标定位,使得一般性的困难在其外部大环境下变得愈发复杂。要使《反垄断法》得到有效实施,并成为我国经济体制改革的有利推进器,就必须清醒地认识我国《反垄断法》在当前实施乏力的症结所在,并为其有效实施探寻出路。

　　表面上看,规则缺失和经验缺乏导致了反垄断法律的实施尚只能处于摸索阶段,待一系列实施性细则出台,执法和司法的经验不断积累之后,阻碍法律有效实施的藩篱即会自然消失。然而情况可能远非如此。一项法律的实施效果必然根植于所处社会,若不深入了解法律所生成并反作用之的现实世界,就不可能对法律实施之阻力和化解之方案有准确洞悉。中国目前正处于一个快速而复杂的体制和社会转型时期:传统社会的身份和等级观念尚未完全剔除,现代社会的契约和平等理念已经大行其道;完善的社会主义市场经济体制尚未建成,计划经济体制的观念残余仍然存在。这种大变革之中先进与落后观念的争斗与妥协,深刻地反映在了反垄断法的立法和实施之中。

　　典型例证之一是我国《反垄断法》在行政性垄断问题上的体例安排及其实施方式。从本质上讲,行政性垄断是一种借助于公权谋取私利的反竞争行为,其与市场垄断并无本质差别;即便有差别,那也是借助于公权力实现的垄断更为牢固、更具破坏力,需要法律给予更多关注并施加更严厉责任。因此,国外的立法中常常不区分垄断行为的主体,只要其实施了反竞争行为,即要受反垄断法的约束。

────────────

① 　叶卫平:《司法审查与行政性垄断规制》,《法学》2009 年第 1 期。

但在我国,一方面,"行政性垄断"在《反垄断法》中做了专章规定,区别对待使得行政主体的法律责任(由上级机关责令改正)明显地低于市场主体的法律责任;另一方面,行政主体从未被视为是"经营者",导致受害人不可能像其他国家一样针对政府的反竞争行为提起私人诉讼,行政主体与受害人只能在代表着不同身份关系的行政诉讼之中对簿公堂。与此形成鲜明对比的是,英美国家的行政案件都是在普通法院系统中进行处理,并不明确区分民事和行政案件;而在法、德等设立专门的行政法院或法庭系统处理行政案件的国家,反垄断中的行政诉讼案件也并不是由行政法院来审理,而仍是由普通法院的卡特尔法庭来审理。①对"经营者"这一概念的界定只重其形式而不重其实质,将行政主体完全排除于"经营者"的范围,导致了行政性垄断的行政执法和司法审查都困难重重。

典型例证之二是传统的民商法和行政法思维与反垄断法所代表的经济法思维未能调和。反垄断法一旦进入司法实施领域,即意味着反垄断诉讼将要在我国现有的民事诉讼及行政诉讼体制内展开。建立在个体利益保护之上的传统民事诉讼,在原告资格上囿于"必须存在直接利害关系",导致公益诉讼机制难以展开;在法律责任上倾向于"恢复原状",对惩罚性赔偿心存疑虑。建立在控权基础之上的传统行政诉讼,在我国还未实现其应有目标,对抽象行政行为尚不能有效制约,其所遵循的"合法性"审查标准与反垄断法上的"合理性"标准也迥然相异。在反垄断法中,判断一项行为是否合法,关键是看该行为是否可能会导致排除、限制竞争的结果。即使是那些遵循本身违法原则的行为,也并非不考虑后果,而是因为其排除限制竞争的后果是如此显著,以至于不需要对其经济合理性进行细致分析,就可以直接得出其违法的判断。这意味着,在《反垄断法》中,是否合法是建立在是否合理的基础之上,与行政法和行政诉讼法是否合理建立在是否合法的基础之上的思维截然相反。

除了狭隘的身份观(人为区分行政主体与经营者)作祟、传统的思维(民商事和行政法思维)困扰之外,快速的体制和社会变迁也导致了对竞争本身和竞争法的认同极其缺乏。实际上,我国自20世纪70年代末就开始着手实施的改革开放战略就是引入和建立竞争政策的过程。然而长期以来,我国的政界和学界并没有

---

① 蒋岩波:《我国反垄断法的司法制度构想》,《法学家》2008 年第 1 期。

意识到用"竞争政策"来统领和解释这一政策现象,使得市场经济体制改革的实践和竞争政策的理论长期分离。这也导致了一段时期以来,我国的市场经济体制改革得不到足够的理论支撑,改革的措施也不能在一个统一的思想体系的指导下形成合力,取得全面突破。这种认同的缺乏一方面是竞争文化积累不足的结果,另一方面则是源于体制和社会变迁下多元利益主体(特别是既得利益主体)的保守性诉求。三十多年的体制改革和社会转型产生了包括政府在内的多元化利益主体,他们在社会资源的争夺上展开的博弈已经异常激烈。一旦政策和法律的变化与改进触及了一部分既得利益团体的现有利益,他们就会对此施加压力。这就是为什么竞争政策在其施行初期比较顺利,而到改革深入之后就变得十分艰难的重要原因。

中国的体制变迁还有一个重要特征,那就是政府主导。政府通过一系列的经济改革引领市场经济向前发展,但是由于社会和经济转型的态势异常迅猛,政策与法的出台和变迁也异常迅速;而所出台的各项经济政策(如产业政策、贸易政策、外资政策、竞争政策等)由于缺乏有效协调的机制和一以贯之的指导思想,常常矛盾丛生而让执法和守法者无所适从。政府主导的市场经济发展模式,也使得政府介入和干预经济运行成为一种常态,在经济波动和衰退之时难以守住市场底线。当前的这场金融危机中,中国通过选择重点产业和重点支持国有企业的方式推动经济增长并明显放松竞争执法的做法即是一个典型例证。而且,由于政府介入、利益集团影响和体制约束等原因,我国当前市场经济运行的一大特色实际上是自然垄断、行政性垄断和经济垄断交织在一起,实际操作中难以区分,最后形成企业、行业、政府"三位一体"的"一锅粥",被有的学者称为"高尔丁死结"。①这意味着所谓的经济性垄断、自然垄断、行政性垄断、政策性垄断等概念在我国已经相互混杂耦合,对它们实施规制已经成为关乎一系列法律和体制改革的系统工程,不可能单纯依靠对某一种性质的垄断进行规制就能形成有效制约。

总之,《反垄断法》的有效实施已经不是单纯的法律本身的问题,而是更广泛意义上"竞争政策"的问题。这里所指的"竞争政策",不仅包括反垄断法和反不正当竞争法,还包括一系列促进竞争或促进垄断的法律和政策,包括国有化或私有

---

① "高尔丁死结"一词喻为一切难以解决的疑难问题。参见于立、吴绪亮:《产业组织与反垄断法》,东北财经大学出版社 2008 年版,第 185 页。

化的政策,放松或加强垄断行业规制的政策,与贸易、投资和知识产权保护相关的政策等。所有这些拥护竞争或反对竞争的政策,在广义上都属于竞争政策的范畴。要使《反垄断法》的实施取得实际效果,就必须将其纳入更广泛意义上的"竞争政策"范式和体制改革的大背景,深刻认识社会变迁中各种政策之间的冲突和利益集团之间的博弈。体制和社会变迁中的观念残余和认同缺乏,意味着需要借助于一定的力量施加影响,积极推进。体制和社会变迁中的政府主导,意味着在很长一段时期内,推动思维转变和竞争文化的关键力量仍然是政府。所有这些——唤醒公众的竞争意识、积蓄社会的竞争文化、协调政府的各项经济政策、形成市场经济的主导性思想和政策依据——都汇集成了一个有力的名词:竞争推进。

竞争推进(competition advocacy)又名竞争倡导,是一国竞争主管机构为在经济运行中为营造竞争环境、提升竞争水准而采取的执法之外的各种措施。自20世纪后期"竞争推进"的理念在西方国家应运而生,竞争推进已经成为许多国际组织(如联合国贸易与发展会议、经济合作组织等)所认可和推行的构建竞争文化的重要机制。按照国际竞争网络的定义,竞争推进是"由竞争主管机构采取非执法机制所实施的,旨在活跃国内经济而与促进国内竞争环境有关的措施,它所依赖的主要途径是协调竞争主管机构与其他政府机构之间的关系,以及不断增进公众对竞争能带来利益的意识"[1]。据此,一般认为竞争推进有两个组成部分:第一,针对其他承担有经济规制或相关规则制定权的公共机构实施竞争推进措施;第二,针对全体社会成员实施推进措施,以提高他们对竞争的优势以及竞争政策在促进经济增长、保护竞争方面的作用的意识。其目标在于从宏观到微观层面影响政府立法、企业行为和民众意识,实现竞争法律环境的优化。

目前,竞争推进的理念和机制不仅在发达国家和地区如美国、欧盟及其主要成员国、日本、韩国等国家得到了建立和推行,在很多发展中国家和转型经济国家也已经被承认和引进。比如匈牙利1996年修订后的《禁止不正当和限制性市场行为法》规定,所有涉及或者影响市场竞争(特别如限制经营、限制进入市场、保护专有权或者影响价格或者销售条件)的法律、法规草案必须征求竞争局的意见。竞争局在1999年收到过要求提供咨询意见的法规草案300多件,竞争局对三分

---

[1]　Report prepared by the Advocacy Working Group, ICN's Conference Naples, Italy, 2002, pp. i～v.

之一的草案提出了自己的意见和看法。[①]同属于转型经济国家的俄罗斯，其竞争主管机构也被赋予参与竞争立法和制定竞争政策的权限。[②]在我国当前反垄断执法和司法实施乏力、法律存在"架空"危险的情况下，引入竞争推进的理念和实施竞争推进的机制已经是刻不容缓。

实际上，在国务院法制办 2005 年 7 月 27 日提交的《反垄断法》（征求意见稿）中曾经有过体现竞争推进理念的规定："反垄断法执法机构有权对其他部门拟定的涉及反垄断法事项的政策和规章提出修改建议。"但是该条最终没有被《反垄断法》所采纳。然而，在《反垄断法》中，仍然第一次明确地确立了反垄断委员会"研究拟定有关竞争政策"的职责。尽管从反垄断执法机构的角度而言，《反垄断法》上所指之"竞争政策"主要是指"与反垄断法相关的竞争政策"，原则上还不包括反不正当竞争政策，但是将竞争政策理解为以反垄断法为核心并囊括"竞争推进"机制的竞争政策，在我国现阶段显然更具有理论和现实的意义。这也给反垄断委员会拟定和推行竞争推进的政策提供了有效空间，三大执法机构可以据此推行各自相应的推进措施。

从推进的手段上看，尽管针对政府的推进措施是竞争推进的重点和关键，但是对于我国而言，考虑到《反垄断法》的实施才刚刚开始，竞争主管机构在独立性、影响力和经验值上都还有所欠缺，首先面向广大公众积极宣传竞争的优势，提高公众对"竞争有益经济"的观念的理解与支持，继而逐步影响政府行为和经济立法，不失为一个相对合理可行的选择。正如联合国贸发会议的报告中指出的，"在竞争主管当局组建阶段，竞争推进主要用是向利益攸关方宣传现行法律和政策及其相关义务和权利。久而久之，竞争推进的作用发生了变化，转而向政府普遍宣传私营化、行业管制和其他政策领域的竞争议题"。[③]据此，当前的竞争执法机构应该着手实施竞争推进的教育和宣传，鼓励社会组织广泛参与竞争政策的制定、推广和研究。

实际上，近十年来由科研机构和竞争法学者在我国各地开展的如火如荼的学

---

① 王晓晔：《关于反垄断执法机构的几个问题》，《东岳论丛》2007 年第 1 期。

② Sarah Reynolds, "Competition Law and Policy in Russia", *OECD Journal of Competition Law and Policy*, Vol. 6, No. 3, 2004, p. 71.

③ The Role of Competition Advocacy, Merger Control and the Effective Enforcement of Law in Times of Economic Ttrouble, http://www.unctad.org/en/docs/tdrbpconf7session1_en.pdf.

术性论坛(如竞争法与经济发展论坛、亚洲竞争法论坛等),已经起到了扩大竞争法影响力的作用。但是由于从事竞争推进的人员基本上是高校学者,在参与度和影响力方面都十分有限。对比国外的同类型社会组织所发挥的作用,我国的社会组织还有着广阔的发展空间。竞争主管机构应当对更多的竞争推进组织特别是消费者组织予以更多的扶持和鼓励。在国际上,消费者运动已经成为公民社会对抗垄断资本的有效武器,与消费者组织进行合作共同推进竞争文化也已经成为一国竞争主管机构的主要任务之一。而我国现已建立的消费者组织多为同级工商部门下属的单位,在活动形式上缺乏社会组织应有的灵活性,在消费者心目中的影响力也仅限于购买伪劣产品之后的维权层面。改变消费者群体的"弱势"地位,鼓励和扶持消费者运动的兴起,借助于社会团体的力量与优势企业相抗衡,将是竞争主管机构弥补市场缺陷的新兴力量。

当然,竞争推进的另一主要目标仍然是影响政府(行业)的经济政策,使之与竞争政策与法律相接,消除影响市场竞争的政府行为(政策法律法规)。该目标得以实现的关键在于是否能够建立立法(包括法律、法规、规章和各种规范性法律文件)的咨询、审查和评估制度。联合国贸易和发展会议制定的《竞争法范本》(2010年)第七章第一条对此有完整规定:"由执行机构、地方自治机构或拥有政府授权的机构颁布的经济和行政条例,尤其是在此类条例涉及基础设施业经营的部门时,在通过之前,应由竞争管理机构进行公开的审查。如果这一条例限制经济主体行动的独立性和自由,或造成对一公营或私营公司活动的歧视,或恰恰相反,为其创造了有利条件,或导致或可能导致限制竞争或侵犯公司或公民的利益,尤其应当进行此种审查。"[1]然而,各国在借鉴该条实施推进措施时仍然存在着水平上的差异:比如在印度,政府可以在考虑竞争政策问题时选择向竞争委员会征求意见;在西班牙,安达卢西亚自治政府是必须征求意见,但是委员会的意见对部长没有约束力;在突尼斯,则是不仅需要征求意见,而且竞争理事会的咨询意见对立法提案具有约束力;在韩国,干脆赋予竞争主管当局的成员部长级地位,给予他们密切参与制定产业政策的权力。[2]我国法律并未就此问题做出规定,但是在法律没有

---

[1] Model Law on Competition (2010)—Chapter VII-The Relationship between Competition Authority and Regulatory Bodies, including Sectoral Regulators, http://www.unctad.org/en/docs/tdrbpconf7L7_en.pdf.

[2] The Role of Competition Policy in Promoting Economic Development: The Appropriate Design and Effectiveness of Competition Law and Policy, http://www.unctad.org/en/docs/tdrbpconf7L7_en.pdf.

强制要求政府就关乎竞争的立法或政策咨询竞争主管部门的情况下,更加迫切需要竞争主管部门发挥积极主动的作用,以便向政府机构和广大公众提供有关竞争影响的见解和观点。因此,将来的发展方向应是赋予竞争执法机构对其他部门拟定的涉及竞争政策事项的规定提出修改建议的权力,行业主管机构在制定、修改以限制竞争事项为内容的规则和政策时,也应该事先与竞争执法机构进行协商。

此外,竞争推进的另一项措施是组织对一国现行法律法规进行竞争性审查,找出其中存在的对竞争机制有破坏作用的条款,在进一步评估的基础上决定是否继续保留这些条款。所有这些协商、建议或审查的结果,在制度开展的初期可以表现为没有约束力的法律意见,只是作为征询意见向政府、社会和公众予以公开,待竞争推进机制运行成熟并为政府其他部门和社会公众广泛接受以后,再逐步转为具有法律拘束力的审查意见。

总而言之,通过积极地向社会公众宣扬竞争的理念,形成“竞争有益经济”之竞争文化,将能够加快破除体制转型中的狭隘身份观和传统思维,为进一步推行面向政府的竞争推进措施提供舆论支持和理论指引;同时也只有借助于针对政府的竞争推进措施,才可能从根本上化解我国当前政府主导型的反竞争行为层出不穷和行政性垄断肆虐的不良现象。我国当前反垄断法实施乏力的关键因素在政府而非市场。因此,在严格的竞争执法之外,积极地实施竞争推进,引导体制朝着有益于竞争的方向开展渐进式变革,是竞争执法机构义不容辞的责任,也是其未来努力的方向所在。

4.4　小结

从 2008 年 8 月 1 日《反垄断法》正式生效,到目前已经过去了 8 个年头。相比美国 100 多年和欧盟 60 多年的反垄断法历史,中国的反垄断法是十分年轻和稚嫩的。但是,从以上相关数据和案例可以看出,在执法和司法方面,中国虽然仍然存在诸多不足,但是在某些方面已经走在世界的前列。对于中国反垄断法实施所取得的成就,不再赘述,下文重点总结一下中国反垄断法实施方面存在的问题。

（1）执法透明度问题。在美国、欧盟等国家和地区（甚至前文提及的中东欧三国），反垄断执法的案例均例行公开，公众可以随时进行详细查询。而在中国，因为信息并不透明，这些自由裁量权是如何被使用的，外界无从得知。虽然，商务部自2012年11月份开始，陆续在其网站发布了附条件批准的经营者集中案件的相关信息，并从2013年起每季度发布"无条件批准经营者集中案件列表"。工商总局反垄断局则在2013年7月底开始公布反垄断案件的执法情况，国家发改委也开始在其网站公布行政处罚决定书，但信息都相对简单，缺乏细节和证据陈述。

（2）执法权限配置问题。当前"三驾马车"共同执法的设计必然会带来案件查处上的"真空"或"交叉"地带。尽管良好的沟通和协调能够在一定程度上解决这个问题，但是这毕竟增加了案件调查的成本，也提供了更多案件处理的"灰色地带"。

（3）国务院反垄断委员会的职能并未得到充分发挥。《反垄断法》第9条规定，"国务院设立反垄断委员会，负责组织、协调、指导反垄断工作，履行下列职责：①研究拟订有关竞争政策；②组织调查、评估市场总体竞争状况，发布评估报告；③制定、发布反垄断指南；④协调反垄断行政执法工作；⑤国务院规定的其他职责。"但是，迄今为止，除了于2009年委托商务部反垄断局起草制定了《国务院反垄断委员会关于相关市场界定的指南》和近期已经授权发改委牵头起草六部反垄断法配套指南（内容涉及知识产权滥用行为、汽车业反垄断规制、宽恕制度、豁免程序、中止调查程序以及罚款额的计算等）外，尚未有实质性进展。

（4）当前的处罚方式可能仍无法形成有效"威慑"。第一，当前的行政处罚没有考虑违法行为的持续时间。第二，大多数案件都没有没收违法所得。第三，中国《反垄断法》没有规定针对企业高管的法律责任，更没有规定刑事责任，导致威慑力不足。第四，中国也不存在集团诉讼的民事赔偿风险。再加上受执法资源和能力的限制，最终被查处的概率有限，以上因素共同决定了中国反垄断法的有限威慑力。

第 5 章

中东欧三国与中国竞争法之比较

5.1 中东欧三国竞争法比较分析

5.1.1 中东欧三国竞争法的共同点

波兰、捷克和匈牙利三国都曾经是社会主义国家；后又成为欧盟成员国。因此，这三个国家都具有从计划经济到市场经济的"转型"特征和欧盟竞争法的"移植"特征。

第一，对于这三个国家而言，在从计划经济转型到市场经济的过程中，不可避免地出现了各种引入市场机制（包括私有化）的方式，导致原来的国家垄断转变为市场垄断。同时，由于计划体制的残留和路径依赖，政府公权力和市场私权利往往会在很长一段时间内相互扭合，使得变换了身份的垄断企业在放松管制的大背景下很容易通过排挤竞争对手的方式攫取超额利润。此时，如果竞争法不介入，就很可能会使改革成果付之东流。在这种情况下，可以说竞争法对这些国家的改革和转型发挥了重要的作用。

第二，这三个国家为了加入欧盟，都学习欧盟的竞争法模式；加入欧盟以后，更是受到欧盟的广泛影响。比如，在限制竞争协议的规制方面，都学习了欧盟竞争法中"原则禁止＋例外豁免"的模式,豁免的情形都包括安全港豁免、符合竞争法条件的豁免和集体豁免;在滥用市场支配地位的规制方面,都承认共同市场支配地位;在经营者集中的控制标准方面,都采纳了"实质性减少竞争(特别是创造或增强市场支配地位)"标准。此外,都基于欧盟竞争法建立了国家援助控制制度,也都加入欧洲竞争网络(ECN),与欧盟委员会和欧盟成员国的国家竞争机构在竞争法的制度和实施方面互相协调。

第三,这三个国家都建立了统一的执法机构,并且具有较高的地位和独立性。比如,波兰的竞争和消费者保护局属于中央政府部门,其主席通过公开竞争的方式由总理选任,并直接向总理负责;捷克的"竞争保护局"属于中央行政机构,局长由捷克共和国总统根据政府的建议任命;匈牙利的竞争管理局则是自治性公共行政机关,直接向国会报告工作。

第四,这三个国家的竞争执法机构都被赋予竞争执法之外的多重职能。除了查处竞争案件,还被赋予国家援助控制、行业调查、竞争推进和竞争文化建设等职能。相比于发达经济体,这些职能的赋予对于转型经济体而言更加重要。因为在这些国家,竞争的理念和文化仍然需要"培育",不能单纯依靠竞争执法就实现公平、有序的竞争秩序。在这种情况下,通过行业调查发现各个行业或产业中存在的不符合竞争政策要求的情况并予以纠正,同时依靠竞争推进让包括政府和公众在内的受众理解并接受竞争政策的理念和制度,并在此基础上培育竞争文化,就显得尤为重要。

5.1.2　中东欧三国竞争法的不同点

尽管中东欧三国的竞争法具有很多共性,但是基于不同的国情,仍然体现出诸多个性。

第一,三个国家在竞争法的立法模式上就有所不同。波兰和捷克都是分别立法,但是匈牙利是合并立法。

第二,竞争执法的程序不同。波兰与我国类似,并没有建立类似于司法的裁决制度,但是捷克和匈牙利不同。比如,捷克的竞争保护局实行两级裁决程序:最初裁决由一审机构作出;对一审裁决不服的,可以向竞争保护局局长上诉,由局长履行二审职能。在上诉的情形下,局长在其顾问委员会——上诉委员会——的协助下作出关于一审机构所认定的事实和所适用的法律是否正确的裁决,包括:①驳回上诉、维持原判;②改判;③发回一审机构重审。并且,捷克二审裁决的"撤销率"不低,在一定程度上实现了"自我纠正"。匈牙利则在竞争法中明确了四个阶段的竞争执法:①调查员程序;②竞争委员会程序;③监督程序;④执行程序。其中,调查员程序专门负责案件调查,竞争委员会程序专门负责裁决,接着对于裁决还有监督程序和执行程序。

第三,宽恕政策的适用范围不同。比如,波兰的宽恕政策不仅适用于横向协议,还适用于纵向协议,而且适用纵向协议居多。但是在捷克,宽恕制度只适用于卡特尔(不适用于纵向协议)。

第四,竞争司法的模式不同。波兰建有专门的"竞争和消费者保护法院"。对于竞争执法机构的决定不服,企业只能向竞争法院而普通法院提起上诉。对于竞争法院的判决不服,企业则可以向位于华沙的上诉法院上诉。但是捷克和匈牙利都没有建立专门的竞争法院。在捷克,对于竞争保护局已经生效的裁决不服的,可以上诉至相关行政法院,即布尔诺地区法院。在匈牙利,则建立了针对竞争执法机构的调查或决定不服的"内部救济程序":当事人可以针对调查提出异议,或者针对竞争执法机构的命令寻求竞争委员会的法律救济。此外,当事人还可以向法院提起诉讼,请求法院对竞争管理局做出的决定进行审查。更为重要的,匈牙利竞争法还建立了"官告官"制度,赋予竞争执法机构对其他不符合竞争政策的公共措施提起诉讼的权利。

5.1.3　中东欧三国竞争法中的特色制度

在波兰、捷克和匈牙利这三个国家的竞争法中,既有一些共同的特色制度,也有一些为个别国家所特有的特色制度。

首先,波兰、捷克、匈牙利三国都有行业调查制度。波兰的行业调查制度是竞争政策的重要组成部分,通过对国家层面或地方层面特定行业的竞争情况展开调查,使企业行为符合竞争法的规定。且自2011年开始,所有行业调查结果在互联网上公开,公开的内容不仅包括调查报告,还包括讨论会的视频记录。在捷克,当有情况表明个别市场中的竞争受到扭曲,尤其是当情况表明应做出包括改善竞争条件建议的报告时,竞争保护局应对该市场的竞争条件进行调查,并且提出改进措施。在匈牙利,当价格波动或其他市场形势显示特定行业的竞争被扭曲或限制时,竞争管理局主席也可以发布命令介入调查。而且,匈牙利还规定,在行业调查中,对于未按命令提供信息、未在规定期限内提供信息或提供不正确的或虚假信息的企业,竞争管理局主席可以发布命令处以罚款。罚款数额最小为 1.5 万福林,最高可以达该企业上一业务年度营业额的 1%。超过时间限制的企业可以天为单位处以罚款,罚款的最高数额可达上一业务年度内每天营业额的 1%。

其次,波兰、捷克、匈牙利三国都将竞争推进视为竞争执法机构的职能之一。在波兰,竞争推进主要依靠一系列"信息和教育项目"来实施。比如,通过在一系列广播、电视和网络媒体中开展有关竞争政策的宣传和教育,让企业和公众了解限制竞争行为的危害性和竞争政策的重要性,敦促实施了违法行为的企业主动自首换取惩罚措施的减免。在捷克,在经营者的行为不符合竞争法,但是由于尚未实施或危害有限而被认定为后果不严重时,常常通过竞争推进来处理。比如,如果经营者自愿提交一份能够完全消除竞争危害的措施草案,或者主动纠正相关行为,竞争保护局就不会发起行政调查程序。如果说以上两个国家的竞争推进措施主要是针对公众和经营者,那么匈牙利的竞争推进则主要针对政府本身。在匈牙利,竞争推进的最重要方式之一是针对立法草案提意见。根据匈牙利竞争法的规定,所有的立法草案和法律条例在出台之前,都应当事先与竞争管理局主席进行沟通和讨论。在准备立法草案意见期间,竞争管理局采取所有合理的措施来反映竞争政策的标准和形势。竞争管理局可以调查可能被立法草案影响的市场的竞争条件以及市场准入条件的变化情况,判断立法草案试图实现的目标是否与管理手段相一致,以及与预期的结果相比,是否会导致不相称的竞争限制。除了在公共行政方面开展竞争推进,竞争管理局也在个案中开展竞争推进。如果在任何案件中发现存在管制不当(比如过度监管)或任何违法行为,那么竞争管理局会将发现的问题向主管机构指明。如果竞争管理局无意中发现违反竞争法的自由竞争原则的公共行政决定,竞争管理局可以请求作出该决定的公共行政机构修改或甚至撤销该决定。如果该公共行政机构不接受该建议,竞争管理局可以向法院请求审查该公共行政决定。

再次,波兰、捷克、匈牙利三国都在其竞争政策中隐含了"培育竞争文化"的目标。但是,波兰和捷克主要是通过竞争推进"间接"地实现竞争文化的培育和传播,而匈牙利是直接将竞争文化培育作为竞争执法机构的法定职能之一。而且,竞争法为竞争管理局在竞争文化发展方面不断增强的角色提供了必要的财政条件:竞争管理局最高可以动用过去两年内年均罚款额的10%用于培育竞争文化。竞争管理局还设立了竞争文化中心专门负责竞争文化的发展工作。

此外,三个国家还各自有一些特色制度。比如,在波兰竞争法中,特别强调了"集体消费者利益"而非"个体消费者利益"的保护。这样,保护竞争法和保护消费者利益就能够在一部法律中统一起来——限制竞争行为损害的不仅仅是个体消费者的利益,而是对竞争机制和竞争秩序的破坏,因此是对"集体"消费者利益的损害。此外,波兰竞争法中有关禁止限制竞争协议和滥用市场支配地位的列举性规定中出现了完全重合的条款。这意味着在纵向限制竞争协议和滥用市场支配地位的规制过程中,不可避免地出现规则竞合的情况。在很多情况下,纵向限制与滥用行为并非完全可分,对于纵向限制竞争协议的重点规制,正是为了尽量防止那些很难认定其具有绝对的市场支配地位但是仍然有能力实施限制竞争行为的垄断企业。而且,在经济转型过程中,大企业一般都是纵向一体化企业,掌握上中下游资源,能够很容易通过纵向限制实施剥削性行为和排他性行为。因此,纵向限制也必然成为执法重点。

在捷克竞争法中,最具代表性的是明确将竞争法适用于除了经营者之外的所有国家行政机关。而且,竞争执法机构不仅可以要求其他行政机关纠正违法行为,还可以对其处以罚款。这是十分罕见的做法。但是,由于罚款规定是在最近一次修法中引入的规定,具体实施情况如何还有待观察。此外,捷克的和解程序也颇具特色。在捷克已经适用和解程序解决的案件中,最高减少罚款比例达到了50%。这比欧盟委员会处理的和解案件的优惠力度要大得多。更重要的是,捷克竞争执法机构在纵向协议中适用了和解程序,而欧盟委员会倾向于只在卡特尔案件中采用和解。而且,无论是在捷克还是在欧盟竞争法中,纵向协议各方都不能享受宽恕制度带来的好处,和解程序恰好可以被用来作为纵向协议的调查工具,而不用担心有损宽恕制度的有效性。

匈牙利竞争法中也存在诸多特色制度。第一,匈牙利竞争法中存在竞争执法的"回避规则",规定以下人员不得介入竞争规制程序：①当事人、被共同授权或与当事人负有共同义务的人、权利或义务会受竞争规制程序影响的人；②上述第①项提及的人的代表人；③上述第①项和第②项提及的人的亲属或前配偶；④在竞争规制程序中作为证人或专家已被听证或已被命令参与听证的人；⑤不能期待就案件做出客观评价的人(存在偏见的人)。第二,匈牙利竞争法中存在"官告官"制度,即赋予竞争执法机构对其他不符合竞争政策的公共措施提起诉讼的权力。如果竞争管理局发现任何公共行政措施违反了自由竞争,可以请求公共行政机构修改或撤销涉及的决议。如果公共行政机构在 30 天内没有采取措施,那么竞争管理局可以向法院请求审查该公共行政机构违反了经济的自由竞争,除非法律禁止法院对该类公共行政机构进行司法审查。但是,在公共行政机构的决议生效一年后,不能再提出该类主张。第三,匈牙利竞争法中的民事公益诉讼机制。如果经营者的行为涉嫌侵害一群消费者的利益,而消费者个人并未意识到这种侵害,即便个体消费者的身份无法识别,竞争管理局仍可以代表消费者提起民事公益诉讼。但是,只有在竞争管理局已经对上述违法行为启动竞争规制程序的情况下,它才可以提起公益诉讼。在竞争规制程序已经发起的情况下,法院应竞争管理局的要求,应该中止诉讼,直到竞争规制程序结束。第四,匈牙利竞争法给予竞争执法机构的工作人员大大超过了普通公务员的工资、津贴和假期福利。例如,匈牙利竞争管理局主席和副主席有权分别获得相当于其基本工资 110％和 100％的领导津贴。此外,主席和副主席有权获得相当于其基本工资 80％的工资奖金。竞争委员会成员则有权获得的基本工资是公务员基本报酬的 10 倍。所有这些规定,都体现出竞争法在匈牙利法律体系中的重要地位。

5.2 中东欧三国与中国竞争法的比较分析

5.2.1 中东欧三国与中国竞争法的相同点

中国与中东欧三国(波兰、捷克和匈牙利)一样,都长期以国有经济为主导,保持较为集中的市场结构,且市场中存在大量中小型企业。此外,波兰早在 1990 年就颁布了竞争法,随后匈牙利也于 1991 年颁布了竞争法,其竞争法历史都比中国更为悠久。捷克颁布竞争法的时间虽较晚(2001 年),但是其也比中国实施地《反垄断法》的时间更久。而且,这三个国家的法律的两个主要特征——为经济转型提供法律基础设施以及借鉴欧盟竞争法的相关规定(几乎是照搬了《罗马条约》的条文),也与中国竞争法极其相似。再比如,中国与这三个国家都实行经营者集中的事先申报制度。中国与波兰一样,宽恕政策不仅适用于横向协议,还适用于纵向协议。此外,民众对于反垄断的呼声都很高,特别是对于滥用市场支配地位的规制呼声,常常处于竞争执法的核心。但是,虽然有关滥用市场支配地位的举报很多,但是现实中的执法案例都并不多。这一方面反映出转型国家的一个共性:原本计划时代遗留下来的大企业(特别是国有垄断大企业)很容易成为市场条件下具有市场支配地位的企业,并滥用这种支配地位,成为"众矢之的";另一方面,由于各方面的原因(包括滥用行为认定方面的技术性难题),真正查处滥用市场支配地位行为又相对困难。我国的情况也基本如此。

经济转型的有效性与竞争法密不可分,这可能是中东欧三国竞争法的演变和实施给我们带来的最重要启示之一。在经济转型过程中,很容易从国家垄断演变为市场垄断,导致企业利用市场规则本身就足以攫取超额利润。比如,企业与竞争者或交易相对人之间达成的协议(不论是双方自愿的还是一方依靠市场力量"迫使"另一方接受的),按照合同法的理论,只要形式上符合"意思自治"的要求,都应该依靠法律保障各方遵守。如果没有竞争法,这些有损市场竞争机制的垄断协议就无法得到禁止。此外,经济转型常常伴随着放松管制,此时如果没有竞争法的介入,就会出现规制"真空",企业的垄断行为就无法得到遏制,消费者权益也无法得到保障,市场经济也就无法正常运转,经济转型就功亏一篑。在这个意义上,竞争法是确保经济转型有效运行的基本法律保障,缺少了竞争法的经济转型很难取得真正的成功。

5.2.2　中东欧三国与中国竞争法的不同点

中国的经济体量、政府的执行力和竞争法本身的国际影响力,都比中东欧三国要强大得多。在竞争执法方面，至少从 2013 年以后的案例来看，也不比前述三国要弱。但是，竞争政策本身在一个国家的政策体系中的地位，目前来看仍然要弱于这三个国家。这可以从竞争执法和竞争司法两个方面体现出来。

第一，中国的竞争执法机构是"三驾马车"共同执法，且属于中央部委下属机构；而中东欧三国竞争执法机构都是统一执法，且属于中央部委级别（波兰和捷克），或者直接向立法机关负责（匈牙利）。从执法机构的工作人员数量来看，仅捷克，到 2012 年时，员工数量已经达到 211 名。相比之下，我国的三家反垄断执法机构的工作人员总数还不超过 100 名（实际上实施反垄断法的可能不足50 名）。此外，中东欧三国竞争执法机构还被赋予广泛的行业调查、竞争推进和培育竞争文化等职能，但是我国竞争法并未明确赋予竞争执法机构相应职能。可见，不管从执法机构的独立性和权威性来看，中国的竞争执法机构都不如中东欧三国。

第二，中国竞争司法的表现明显不如中东欧三国。目前为止，虽然有个别原告胜诉的反垄断民事诉讼案件（比如锐邦诉强生案），但是绝大多数案件都是以原告败诉告终。可见，司法审查的功能并未在竞争法领域得到很好发挥。相比之下，中东欧三国的司法审查要有力得多。比如，波兰的竞争与消费者保护法院推翻或改变竞争和消费者保护局决定的裁决数量不在少数。仅 2011 年，推翻和改变竞争和消费者保护局决定的裁决就占了所有裁决约四分之一，在 2010 年和2009 年则分别占到了所有裁决的 34％和 23％。在捷克，竞争执法机构的裁决更是有一半左右可能会被司法机关推翻。这是一个非常高的比例。法院通过推翻或改变竞争和消费者保护局的决定，能够对竞争和消费者保护局施加很大压力，促使其更加审慎和专业。与此同时，司法的最终裁决功能也使得竞争法在公众眼中更加可信。相比之下，我国迄今为止还没有对竞争执法机构的执法决定予以撤销或改判的案例。这是很大的差距。

中东欧三国与中国竞争法的比较见表 5.1。

表 5.1　中东欧三国与中国竞争法的比较

	波 兰	捷 克	匈牙利	中 国
立法模式	分别立法	分别立法	合并立法	分别立法
执法机构	统一执法机构 中央政府部委级别 主要职能:保护竞争、保护集体消费者利益、市场监督和一般产品安全、国家援助控制、行业调查、竞争推进	统一执法机构 中央政府部委级别 主要职能:保护竞争、监督公共采购、国家援助控制、行业调查、竞争推进	统一执法机构 自治性公共行政机关(直接向国会负责),员工在待遇上优于普通公务员 主要职能:保护竞争、国家援助控制、行业调查、竞争推进、竞争文化培育	分立执法机构 中央政府部委下属的司局级别 主要职能:保护竞争
竞争执法	典型的行政执法	实施"准司法程序":两级裁决制度	实施"准司法程序",并包含以下四个阶段:调查员程序、竞争委员会程序、监督程序和执行程序	典型的行政执法
竞争司法	建有专门的"竞争和消费者保护法院"	司法(行政法院)否决竞争执法决定的比例高	存在"官告官"机制和"公益诉讼"机制	有公益诉讼机制(但是在《消费者权益保护法》中规定)
限制竞争协议	原则禁止+例外豁免(包括安全港豁免、符合竞争法条件的豁免、集体豁免)	原则禁止+例外豁免(包括安全港豁免、符合竞争法条件的豁免、集体豁免)	原则禁止+例外豁免(包括安全港豁免、符合竞争法条件的豁免、集体豁免)	原则禁止+例外豁免(只有符合竞争法条件的豁免、没有安全港豁免和集体豁免)
滥用市场支配地位	承认共同市场支配地位	承认共同市场支配地位	承认共同市场支配地位	不承认共同市场支配地位
经营者集中	事先申报制度 "实质性减少竞争(特别是创造或增强市场支配地位)"标准	事先申报制度 "实质性减少竞争(特别是创造或增强市场支配地位)"标准	事先申报制度 "实质性减少竞争(特别是创造或增强市场支配地位)"标准	事先申报制度 "可能减少竞争"标准
消费者保护	强调"集体消费者利益"的保护	没有明确	直接保护+间接保护	间接保护为主(通过竞争实现"反射"利益)

5.3 中东欧三国竞争法的启示和借鉴

5.3.1 构建"竞争政策"的体系和目标很有必要

构建"竞争政策"的体系和目标,指导竞争执法机关和相关政府部门开展有关行为是非常有必要的。波兰竞争和消费者保护局每隔三年会发布一次"竞争政策",明确这三年之内竞争和消费者保护局的目标定位和工作重点。比如"2011—2013竞争政策"的工作重点是禁止垄断协议和维护地方市场竞争,因此近年来对于垄断协议和地方市场垄断行为的打击就明显增多。对于中国而言,"竞争政策"的范围应该更为广泛,不仅包括竞争法律的实施,还应该包括垄断行业的竞争性改革、政府和国有企业限制竞争行为的规制以及竞争推进和竞争文化的传播等内容。对此,国务院反垄断委员会应当承担起制定和指导实施我国"竞争政策"的职能。①一方面,反垄断委员会应积极推动竞争政策问题的研究,对典型行业展开竞争分析和评估;另一方面,需要指导竞争执法机关的竞争执法和竞争推进,并在各行各业宣传竞争法知识,弘扬竞争理念和竞争文化。

与此同时,明确竞争政策的地位也十分重要。比如,捷克竞争法特别强调:本法适用于依据特别规定或根据特别规定做出的决定提供普遍经济利益服务的企业,只要其适用不妨碍这些服务的提供。这类似于我国《反垄断法》第七条的规定。但是,捷克竞争法是首先表明了竞争法统一适用所有企业的立场,再为其提供例外的豁免;而我国《反垄断法》是首先为其提供了特殊保护,再象征性地要求其依法经营和接受社会公众的监督,显然在对竞争法的重视程度上有所差别。

5.3.2 竞争法的制度设计及其实施要适应经济转型的基本国情

中东欧三国竞争法的经验还表明,对于转型的经济体而言,竞争法的制度设

---

① 我国《反垄断法》总则第9条规定了"国务院设立反垄断委员会",其首要职责是"研究拟定有关竞争政策"。这是我国首次以立法形式提出关于研究竞争政策问题的任务,并明确将反垄断法的实施纳入了竞争政策的体系。

计及其实施要适应经济转型的基本国情。比如在波兰,滥用市场支配地位和纵向限制竞争协议的规则存在竞合,而且是执法机构的规制重点,这与经济转型的特殊背景密不可分。此外,执法机构重点关注公用企业(不仅针对全国性的垄断企业,而且也关注地方性的垄断企业)的做法,也与转型过程中市场发育程度不健全密切相关。由此观之,在完善社会主义市场经济体制的过程中,中国也应将国有企业作为反垄断法的重点实施对象。这是因为,国有企业在目前的市场体制下拥有各种竞争优势,包括人脉优势、税收优势、补贴优势和信贷融资优势等,这些优势使得国有企业在市场竞争中具有明显的优势地位。而且国有企业一般都是大型企业集团,纵向一体化经营的特征明显。在这种情况下,对于一部分国有企业的滥用市场支配地位行为和纵向限制竞争行为就应该尤为关注。这与发达国家的关注重点明显不同。发达国家重点关注的是横向协议,因为横向协议危害大且隐蔽性高,而滥用行为或纵向限制在一个竞争较为充分(特别是自由竞争理念盛行)的国家,有效的市场进入本身就在很大程度上能够化解垄断力量;而在经济转型国家,市场准入门槛往往很高,民营企业很难与拥有竞争优势的国有企业开展实质性竞争。

5.3.3　保护竞争与保护集体消费者利益应当紧密结合

波兰将保护竞争与保护集体消费者利益相结合的做法也非常值得借鉴。我国的消费者利益之所以长期得不到有效保护,与消费者权益保护法的指导思想失误有关。我国的法律倾向于将消费者定位为"个体"消费者,这导致其无法与垄断企业相抗衡。相反,波兰将消费者利益定位为"集体消费者利益",使其与竞争法相衔接,通过创造有利的竞争条件,自然就能够降低产品和服务的价格、提升质量并促进创新,从而使得消费者获利。如果单纯依靠个体的消费者维权,肯定无法改变垄断结构和行为这一损害"集体消费者利益"的"源头",从而也不能使得绝大多数消费者享受竞争的好处。换句话说,只有通过打击垄断行为为消费者创造一个良性竞争机制,并赋予其开展普遍维权(比如公益诉讼)的权利,才能有效保护消费者权益。

5.3.4 竞争法的有效实施需要强大的执法和司法机构

波兰、捷克和匈牙利强有力的竞争执法和司法也表明,竞争法的有效实施还需要强大的执法和司法机构。竞争执法机构的独立性和专业性是竞争法得以有效实施的基本保障,司法审查则是确保竞争和消费者保护局决定不至于"错杀"高效企业的最后防线。中东欧三国的竞争执法机构都拥有强大的实施能力:一方面,位列中央部委或直接向国会负责,且近年来预算和工作人员都逐年增加,能够强有力地制定和实施竞争政策;另一方面,专业化和年轻化的特征明显,能够有效应对竞争案件的高度复杂性。相比较而言,我国当前的竞争执法机关都隶属于国务院部委,并不具备独立性。因此,逐步增强竞争执法机关的独立性,尽量避免其他规制部门对其施加不利影响是未来努力的方向。应该看到,波兰的竞争执法机关也并非从一开始就具备当前的独立性(最早是财政部负责执法),这需要执法机关长期不懈的努力。通过严格的竞争执法并实施有效的竞争推进,让公众了解并支持竞争执法机关的工作,会形成强大的舆论压力,促使政府机构做出变革;针对其他政府部门开展竞争推进措施,积极开展法律法规的"竞争性审查"并行使"建议权",也有助于在实质上提升竞争执法机关的地位,并与其他政府部门之间形成良好的协调。所有这一切,都会逐步提升竞争执法机关的独立性。此外,对于中国而言,加强司法的权威,防止行政力量的过度干预,也是非常重要的。

5.3.5 竞争推进和竞争文化培育也是执法机关的重要职能

对于转型经济体而言,除了依靠强有力的竞争执法和司法,竞争推进措施的开展和竞争文化的普及也应当是执法机关的重要职能,这是中东欧三国竞争法的又一可靠经验。对于转型经济体而言,由于普遍缺乏竞争理念的传统,政府管制较强,并在市场经济和竞争文化相对不够成熟的条件下实施法律,因此普遍缺乏执法的社会基础,需要通过执法之外的措施来影响政府和公众,使其接受竞争理念并自觉维护竞争机制。比如在波兰和匈牙利,竞争执法部门除了执法以外,还积极参与政府立法,将政府限制竞争行为扼杀在萌芽状态。比如,波兰的竞争和消费者保护局主要通过两种途径参与立法：一是直接提供立法草案；二是审查其他政府部门的立法草案。仅 2011 年，竞争和消费者保护局就审查了约 2 300 个立法草案，并对这些草案对竞争和消费者可能产生的影响提出了意见和建议。此外，恰如前述，中东欧三国竞争执法机构还通过国家援助控制、行业调查以及竞争宣传和推进等各种措施影响政府和公众。对于我国而言，竞争执法机关也可以尝试以竞争推进为支点，与其他行业主管部门联合发布规则和指南，逐步推动规制法的竞争法化，并积极参与规制改革、培育商业文化、鼓励消费者运动、构筑维护市场经济的法治环境。若上述措施能够得到一如既往地实施和推行，一定也能够在我国实现竞争文化的培育和传播，为法律实施创造良好社会环境。

5.3.6　增强执法透明度有助于提升执法公信力

对比中东欧三国竞争法和中国竞争法可以发现，前者的竞争法规则更加注重细节。比如，对于宽恕制度适用的具体条件、和解程序适用的具体程序等，都在竞争法中做了具体的规定。这显然有助于降低不确定性，减少寻租空间，增强执法公信力。此外，中东欧三国在信息公开方面的做法也值得我们学习。比如，捷克竞争保护局每年发布年报，对执法机构的职责、执法情况、员工情况、预算及其实施情况等都进行详细公开和说明。这无疑有助于提高透明度，能够在接受社会监督的同时，提升竞争执法机构的公信力。

试举宽恕政策的适用为例。在中国，发改委和工商总局在适用宽恕政策方面存在不同做法。同时，宽恕政策的具体适用也存在不确定性。比如，从目前规则来看，无法确定谁是"第一个"坦白，即没有证明程序。也没有明确宽恕政策是否适用于被调查后的主动坦白。相比之下，中东欧三国都是统一执法，因此不存在不同执法机构适用不同的宽恕政策的问题。同时，具体适用规则也明确得多。比如，在捷克，只有第一个"坦白"的经营者能够豁免罚款，但是对于减少罚款的情况进行了分类，具体分为三个等级：①第一个申请人减少 30%—50%；②第二个申请人减少 20%—50%；③其他申请人减少最高 20%。同样，匈牙利竞争法也给出了减少征收罚款的幅度：①第一个满足减少罚款条件的经营者，减少 30%—50%；②第二个满足同样条件的经营者，减少 20%—30%；③第三个或随后满足同样条件的经营者,减少20%。更为重要的,在捷克的宽恕制度中,还有一项很特别的程序性规定,即宽恕申请人在没有掌握实际证据的情况下,可以向竞争执法机构提交"假定的信息和证据",从而获得申请宽恕政策的名次(以下简称"标记名次"),继而再收集必要的信息和证据。即申请人可以通过"标记名次",在给定时间内保护其作为宽恕政策申请人的顺序地位,但是要在给定时间内收集必要的信息和证据。捷克竞争法还赋予宽恕政策的申请者免除行政责任和刑事责任的权利。

5.3.7　转型经济体应特别重视对行政性垄断的规制

对于所有转型经济体而言,行政性垄断都是不可回避的问题。我国《反垄断法》专章规定了行政性垄断问题,但是目前只有主要依靠竞争执法部门行使"建议权"来执法,效果并不显著。在捷克竞争法中,则明确将捷克竞争法的适用范围从经营者扩展到国家行政机关,包括实行国家行政管理的政府行政机构、履行地方行政管理职能的地方政府机构以及间接执行国家行政管理职能的享有特殊利益的管理机构。禁止以上机构通过给予某一竞争者好处的方式或以其他方式限制竞争。事实上,本法囊括了国家行政机关可能引起的所有限制竞争情形,包括审议行为和立法行为。而且,它规定,国家行政机关违反法律将承担最高达1 000万克朗的罚款。该法还规定了其他相关机构可以纠正这种情况,即确保消除限制竞争行为。在这方面,竞争执法机构可以宣布一个"过渡期",让相关机关采取措施,观察市场的变化情况,以及酝酿相关救济手段。这些都是具有开创性的规定。

当然,中国的问题只有在中国国情下考虑并予以分析才能够得到解决。行政性垄断历来是我国反垄断法研究的重点和难点问题。我国学者针对行政性垄断的早期研究主要集中行政性垄断的主体是谁、行政性垄断有无合法与非法之分、行政性垄断是指垄断行为还是指垄断状态等方面。随着我国反垄断法研究的不断深入以及我国《反垄断法》的正式颁布和实施,上述诸多观点已经得到了证实或深入。尽管针对行政性垄断的诸多基础性问题都已经得到了解答,但是《反垄断法》实施以来,行政性垄断仍然是我国反垄断法规制的主要难点,这不得不引起深思。笔者认为,导致这种现象的原因,很重要的一个方面即在于"行政法思维"主导了《反垄断法》中有关行政性垄断的法律条文的制定及其实施,导致原本应该成为指导思想的"反垄断法思维"在规制行政性垄断方面悄然隐退。实际上,不管是从反垄断法规制垄断行为的内在逻辑出发,还是从世界各国规制行政性垄断的实践来看,我国当前规制行政性垄断的思路和方法都有待重新厘定,在行政性垄断的性质、认定和责任方面有必要从行政法思维转向反垄断法思维。笔者期待这种理念性的转变,能够对我国行政性垄断的有效规制提供新的路径。

首先,在行政性垄断的性质上,有必要从行政法逻辑到反垄断法逻辑。我国《反垄断法》将行政性垄断界定为"滥用行政权力排除、限制竞争",将行政性垄断的主体确定为"行政机关和法律、法规授权的具有管理公共事务职能的组织",实际上是用行政法上的"行政行为"与"行政主体"来解释反垄断法上的"行政性垄断行为"与"行政性垄断主体"。问题是,反垄断法逻辑下的行政性垄断,不管在行为上还是主体上,都与行政法逻辑下的行政性垄断存在显著差异(见表5.2)。

表5.2　行政法逻辑与反垄断法逻辑下行政性垄断的区别

	行政法逻辑下的行政性垄断	反垄断法逻辑下的行政性垄断
行为差异	公务员行为	经济人行为
主体差异	政府	经营者

行政法视野下的行政性垄断是一种"公务员行为",反垄断法视野下的行政性垄断是一种"经济人行为"。经济人行为是从理性人的角度出发为了私益而实施的行为,公务员行为是从代理人的角度出发为了公益而实施的行为。显然,排除、限制竞争的行为不论主体是谁,只要是为了私益而非公益而实施的,就应该视为是"私行为"而非"公行为",从而应该受规范市场行为的反垄断法的约束,也应当承担反垄断法而非行政法意义上的法律责任。

反垄断法视野下行政性垄断的主体不是"政府",而是"经营者"。在国外许多国家,只要政府实施了反竞争的行为,都会被视为"经营者",从而可以如私人垄断一样被审查和起诉。例如,美国反托拉斯法中虽然没有"经营者"的概念,但是《谢尔曼法》的适用范围为"任何人"。"根据最高法院判例,美国反托拉斯法中的人具有极为广泛的含义,除了自然人、合伙、公司、非公司组织及其他被联邦法、州法及外国法所承认的商业实体外,还包括在诉讼中作为被告的市政机关和政府官员。"[①]

---

① 焦海涛:《论〈反垄断法〉中经营者的认定标准》,《东方法学》2008 年第 5 期。

法国《公平交易法》第 53 条也规定：本法之规定适用于所有生产、经销及劳务活动，公法人之行为亦包括在内。

相比之下，尽管从语义角度出发，我国《反垄断法》和《反不正当竞争法》上所界定的经营者并未完全排除政府部门，政府作为一个法人组织，在现实生活中完全有可能为了私益而"从事商品生产、经营或者提供服务"。正如有学者指出的，"我们应当以经济法的视野考察经营者的内涵与外延，不应适用商法意义上的营利性，而仅关注其是否从市场交易中获得对价进而对市场竞争秩序产生影响"。[①]但是在实际操作中，我国尚未有将行使公权职能的行政机关界定为经营者的先例。[②]政府无一不是作为"非营利组织"，被排除在经营者的概念之外。对"经营者"这一概念的界定只重其形式而不重其实质，将行政主体完全排除于"经营者"的范围，导致了行政性垄断的行政执法和司法审查都困难重重。

更准确地说，反垄断法视野下的行政性垄断是一种以公权力为手段、以市场垄断为结果的垄断形态。它尽管是公权力机关实施的，但是却以私益为出发点，以造成市场垄断为最终归宿。正如有学者所言，"《反垄断法》上规定的行政性垄断其实已经不是传统意义上的行政行为，而是一种与地区或部门的经济利益紧密相连的、带有行政性质的市场行为"。[③]在这个意义上，行政性垄断与市场垄断并无本质差别，即便有差别，那也是借助于公权力实现的垄断更为牢固更具破坏力，需要法律给予更多关注并施加更严厉的责任。

长期以来，不管是学术界还是实务界，都喜欢在分析法律适用时讨论主体差异，根据不同的主体身份创设迥然相异的规则实施差别对待。在这种身份观之下，行政主体与市场主体的地位一开始就是不平等的，即便赋予弱势方提起行政诉讼的权利，也是仅仅局限在具体行政行为的范围之内，实际上剥夺了弱势方获得实质救济的真正可能。应当明确，在反垄断法理念下，公权力机关实施的行政性垄断行为与市场主体实施的市场垄断行为在法律性质上并无显著差别。因此，在行政性垄断的认定及其归责方面，也应该依据反垄断法而非行政法的原则和规则。

---

① 李友根：《论经济法视野中的经营者——基于不正当竞争案判例的整理与研究》，《南京大学学报》2007 年第 3 期。
② 叶卫平：《司法审查与行政性垄断规制》，《法学》2009 年第 1 期。
③ 徐士英：《政府干预与市场运行之间的防火墙》，《华东政法大学学报》2008 年第 2 期。

其次,行政性垄断的认定应当从合法性标准到结果主义标准。由于行政法思维主导行政性垄断的立法和实施,当前我国判断行政性垄断是否违法的标准也是依据判断行政行为是否违法的标准,即"合法性标准"。相比之下,反垄断法判断一项行为是否违法的标准是"结果标准",即看该行为是否可能会导致排除、限制竞争的结果。这两种不同的标准在反垄断法规制行政性垄断的过程中不可避免地会产生冲突。

所谓合法性标准,是指依据行政法上的"依法行政原则",行政行为取得合法性的唯一条件是行政行为符合法律的规定。只要行政行为存在法律授权,哪怕造成了不合理的后果,也可以取得合法性。比如,我国《行政诉讼法》第 5 条规定:人民法院审理行政案件,对具体行政行为是否合法进行审查。《最高人民法院关于执行〈中华人民共和国行政诉讼法〉若干问题的解释》第 56 条也明确要求:被诉具体行政行为合法但存在合理性问题的,人民法院应当判决驳回原告的诉讼请求。这样处理的理由在于:公权力与私权利的行使原则不同,私权利是"法无禁止即自由",公权力是"法无规定即无权"。这样一来,将法律没有明确授权的公权力行为推定为违法行为,就能够在最大程度上阻却越权行为的发生。

一旦将合法性标准适用于行政性垄断行为,会产生意想不到的后果。由于严格遵循"是否符合法律规定"的合法性标准,实施行政性垄断的公权力机关很容易借助于所谓的"程序合理性"否定"实质合理性",将大量形式上符合要求的行政性垄断排除在法律规制之外。

若要评判政府行为是否可能给竞争造成不良影响,就必然要对其是否超越行政裁量权或者是否"失当"进行审查,就意味着不得不突破合法性审查的框架,而凸显合理性审查的要求。尽管大多数传统的行政职权行为可以根据本身违法原则确认违法(因为其违法性质非常明显,比如《反垄断法》上所明确列举的行为),但是考虑到现代政府对经济管理的广度和深度已迥然不同于自由经济时代,"行政性垄断不仅仅是滥用行政权力的结果,更可能是滥用经济调节权的结果",[1]很多政府管理和调节经济的行为很难简单地根据《反垄断法》做出是否违法的当然判断,而只能借助于合理原则对其是否可能造成实质性限制竞争的后果进行推断。

---

[1]　叶卫平:《行政性垄断规制悖论解析》,《时代法学》2006 年第 6 期。

众所周知,反垄断法上判断垄断行为是否违法有两大原则:一为本身违法原则,二为合理原则。一般认为合理原则才要充分考虑限制竞争行为的后果,而依据本身违法原则,只要存在法律所禁止的行为,就可以认定为违法。实则不然。即使是那些遵循本身违法原则的行为,也并非不考虑后果,而是因为其排除、限制竞争的后果是如此显著,以至于不需要对其经济合理性进行细致分析,就可以直接得出其违法的判断。因此,在反垄断法意义上,所有排除、限制竞争的行为都因其具有"排除、限制竞争的后果"而受到反垄断法的规制。行政性垄断作为以公权力为手段、以市场垄断为结果的反竞争行为,也理应依据结果标准来判断其合法性。

在实际操作中,可以参考本身违法原则和合理原则的二分法对行政性垄断的认定做如下处理:第一,凡是属于违反法律明文规定的行政性垄断行为,因为违法性质显著,依据合法性标准即可判断其违法;第二,对于那些形式上合法的行政性垄断行为,则应该依据结果标准对其是否会造成排除、限制竞争的后果进行考察和分析,以此判断其违法与否。

第一种认定方法不难,难点在于第二种认定方法。因为按照反垄断上的结果标准,除了对于限制竞争的后果进行考察之外,还需要对行为本身可能造成的"社会公益后果"进行考察,在权衡"反竞争"与"社会公益"的基础上得出行为是否应该被禁止的结论。我们一般性地给行政性垄断以违法性评价,是从行政性垄断应受反垄断法规制的角度来考虑的,是从其可能产生的危害性结果推演出其违法性质。但是实际上,对于行政性垄断也应一分为二地看:"根据垄断的结果,行政性垄断可分为合理行政性垄断和不合理行政性垄断""合理和不合理行政性垄断的检验标准是市场绩效:合理的行政性垄断能提高资源配置效率,增加社会福利;不合理的行政性垄断则会降低资源配置效率,减少社会福利。"[1]现实中基于国家的"经济调节权"而实施的行为,比如政府为平衡区域发展而采取的鼓励某区域或限制某区域市场竞争的行为,政府实施宏观经济调控和产业政策的行为等,也可能对竞争构成影响,从而构成反垄断法意义上的"行政性垄断"。但是,上述行为往往因其具有社会公益属性而能够得到反垄断法的豁免。因此,很多政府管理和调

---

① 王俊豪、王建明:《中国垄断性产业的行政性垄断及其管制政策》,《中国工业经济》2007年第12期。

节经济的行为很难简单地根据反垄断法做出是否违法的当然判断,而只能借助于合理原则对其造成实质性限制竞争以及推进社会公益的后果进行权衡分析。

总之,行政性垄断主体和市场主体应适用相同的竞争规则,以结果标准作为判断其合法性的主要标准。值得注意的是,这并非将所有的"行政性垄断行为"都归类为违法行为,对于承担国家宏观调控任务和社会性规制(经济性规制仍应以适用反垄断法为主)的垄断性行为,如果适用反垄断法会妨碍其目标的完成,可以不适用反垄断法,但是前提是不得由此影响国内统一大市场的建立和严重损害自由竞争。在具体实践中,还有必要建立执法机关之间的协调机制。"如果反垄断案件涉及产业政策、宏观调控或者行业监管,反垄断执法机构应当根据反垄断法进行裁决,并有义务与产业调节机构、宏观调控机构以及行业监管机构进行协调。"①这样做的理由在于,反垄断本身不是目的,而是为了实现更高层次的公共目标,这种目标可以简化为经济学语境下的"社会福利"或法学语境中的"社会利益"。当通过其他途径更能够达到该最终目标时,那么反垄断法并非不能做出妥协。

再次,行政性垄断的责任应当从行政法责任到经济法责任。目前我国的行政性垄断引发的法律责任最普遍的就是"由上级机关责令改正"和"行政处分",但是这两种责任形式已经饱受诟病,根本不足以解决行政性垄断的责任问题。在反垄断法明确规制行政性垄断的情况下,行政性垄断的法律责任不应仅仅限于"行政法责任",还应该扩展至"经济法责任"。

如果依据行政法思维构建行政性垄断的法律责任,除了责令改正和行政处分之外,无外乎国家赔偿以及在此基础上针对公务员个人的行政追偿。在法律上,"国家赔偿责任有两个重要标志:一是国家对国家机关或者国家机关工作人员的违法职务行为所造成的损害承担责任;二是赔偿费用由国家财政列支"。②这样一来,国家财政就不得不为个别公务人员基于"私利"滥用职权的行为承担赔偿责任,用纳税人的钱为少数人的违法行为埋单。这不仅于理不合,也有违公平公正的基本法律原则。也许有人认为,通过针对公务员的行政追偿责任制度,可以弥补国家财政赔偿行政性垄断的损失。但是,且不论现实中几乎没有出现过行政追

---

① 肖彦山、马绍峰:《中国反垄断法的成功与缺陷》,《石家庄经济学院学报》2008年第5期。
② 许崇德、皮协纯:《新中国行政法学研究综述》,法律出版社1991年版,第54页。

偿的情况,单单是以"存在故意或重大过失"作为是否追偿的标准,就使得行政追偿很难进行。这是因为,要证明存在故意违法十分困难,但是要证明不存在故意或过失(比如符合法律的程序性规定)却是十分容易的。在体制与现实的双重制约下,以国家赔偿以及行政追偿为基础的行政性垄断责任难以兑现。

在《反垄断法》思维指导下,行政性垄断的经济法责任应该跳过国家赔偿及行政追偿,直接追究实施了行政性垄断行为的公权力机关工作人员的经济法责任。尽管从《最高人民法院关于审理因垄断行为引发的民事纠纷案件应用法律若干问题的规定》来看,即便是所谓的经济性垄断行为也按照民事纠纷来处理,从而否定了反垄断法意义上的经济法诉讼的可能性。但是随着经济法作为独立学科的认同度不断提升,有关经济法责任的研究不断深入,单独的经济法责任不仅在学界被广泛承认,在现实中也已经普遍存在。经济法责任作为一类法律责任与民事责任和行政责任的最大区别在于其在内容上具有"社会整体利益性",不以个人或国家为本位,而是以社会整体利益为本位。与此相对,经济法责任不仅具有补偿性,更具有惩戒性。以美国为代表的反垄断法中的"三倍赔偿",就是典型的经济法责任。它的存在不仅在于对受害者提供补偿,更在于通过对违法者实施惩戒,对将来的潜在违法者进行威慑,从而有效阻止违法行为的发生。

行政性垄断的实施主体(具体到个人)应当承担停止违法行为和赔偿损失的经济法责任。停止违法行为不仅包括停止具体的行政性垄断行为,还包括废止抽象的行政性垄断行为。特别是废止抽象的行政性垄断行为的法律责任,具有典型的"社会整体利益"属性,能够使得不特定的社会公众获得利益。至于赔偿损失的法律责任,尽管目前我国反垄断法尚未确立惩罚性赔偿,但是不排除将来建立惩罚性赔偿机制的可能性。一旦确立,责任主体就应当承担除了损失之外的两倍乃至三倍的惩罚性赔偿。

此外,考虑到"凡是行政性垄断肆虐的地方和部门,就一定存在政府庇护下的利益集团私利的膨胀"[1],在公权力机关与市场主体"共谋"实施排除、限制竞争行为的情况下,还可以建立行政性垄断主体与市场主体承担连带责任的机制。受害者可以向任一主体提出赔偿请求,履行了赔偿责任的一方可以向另一方追偿。可

---

[1] 徐士英:《政府干预与市场运行之间的防火墙——〈反垄断法〉对滥用行政权力限制竞争的规制》,《法治研究》2008年第5期。

以预见,在此情况下,受害者多半会倾向于先向行政性垄断的受益市场主体求偿,因为这样获赔的概率更高,这也有利于遏制市场主体向行政主体寻租。至于双方责任负担的内部比例安排,比较理想的办法是赋予反垄断执法机构和法院根据双方在实施行政性垄断行为的过程中所起的作用和所导致的危害酌定双方承担责任的比例。若难以确定,从公平角度出发,可以考虑各承担一半赔偿责任。

在损害赔偿中还有一个重要的前提,那就是如何对损失进行确定,若损失无法确定,赔偿就难以进行。在行政性垄断的情况下,确定损失的办法大抵上有两个:一是由受害市场主体自己提供损失依据。在具体行政性垄断情况下,由于针对的是特定的市场主体,受害市场主体所受损失的表现、范围和数量都比较容易确定,此时由其自己提供受损数据是比较可行的。二是通过对受益市场主体和行政性垄断主体因行政性垄断而获取的利益进行界定,间接地得出受害市场主体的利益损失。在抽象行政性垄断的情况下,让受害市场主体提供损失数据基本上难以实现,但是可以从对市场所造成的损害和因此受益的市场主体的经济利得的经济分析中估算出受害市场主体的损失。这也是必须赋予反垄断执法机构和法院进行利益损失分析的职权的原因之一。因为只有反垄断执法机构和法院才有这种能力去界定抽象行政性垄断下受害市场主体的损失,单凭市场主体的力量无法提供损失依据。概而言之,行政性垄断的损害赔偿,能够计算损失的以损失为标准;若不能计算损失的,可以经济利得为标准。

当然,要使得行政性垄断真正承担经济法责任,还必须构建和完善相应的法律制度。特别是,为了最大限度地实现反垄断法的公益性诉求,同时最大可能地排除行政部门的干扰,应该对行政性垄断诉讼的受案范围、原告资格和管辖等问题上做出相应变革。比如,将抽象行政性垄断纳入到受案范围,将私益诉讼扩展到公益诉讼。最后,为了排除同级政府部门的不当影响,同时"鉴于行政性垄断案件的复杂性、专业性以及很强的政策性等特点,尤其是要涉及对行政主体的行政行为'是否造成对市场竞争的限制和排除'的认定问题"[1],可以考虑将反垄断行政诉讼案件置于被诉行政机关的上一级法院进行处理。这样一方面可以在一定程度上保证司法审判的独立性,另一方面也可以照顾到反垄断案件的专业性和复杂

---

[1]　王仁富:《我国行政性垄断的可诉性探析》,《经济法论丛》2009 年第 2 期。

性,较多地考虑其"结果"而非"形式"。

总之,从行政法的思维出发看待和分析行政性垄断是一个重大误区,不仅扭曲了行政性垄断的本来面目,也使得《反垄断法》对于行政性垄断的规制困难重重。要消解这种困境,需要重新在反垄断法语境下看待行政性垄断,将其定位为"以公权力为手段、以市场垄断为结果"的垄断形态,并使其与一般市场垄断行为受同样的反垄断规则约束。这意味着,行政性垄断的认定应该摒弃行政法意义上的合法性标准,转而采纳反垄断法意义上的结果标准。行政性垄断的法律责任也有必要摆脱单纯的行政法责任,转而适用以社会整体利益为指导思想的经济法责任。

5.4 小结

《反垄断法》实施以来,反垄断执法和司法机构所取得的成就和不足有目共睹。为了使得反垄断执法和司法得以开展,细化规则、积累经验当然是重要的且是必需的。但是反垄断法未来进一步实施将会遭遇的真正阻力不在这里。造成当前反垄断法实施乏力的真正原因是体制变迁和社会转型所带来的非技术性难题:政府主导式的经济发展模式导致了政府部门及其下属单位本身就成为利益主体——而一旦市场私权利和政府公权力形成了利益共同体,就会给反垄断执法的实施带来严峻挑战。在此意义上,规范化分析和条文解析已经不能从根本上解决我国反垄断法实施的瓶颈性问题。对反垄断法的认识也已经不能仅仅局限于法律本身,而是应该上升到"竞争政策"的高度。对于我国当前而言,特别是需要借助于属于竞争政策范畴的竞争推进之理念和措施,通过针对社会公众和政府部门的一系列竞争宣传、竞争咨询乃至竞争审查,引导市场经济体制的渐进式变革。

第 6 章

结语与展望

如果说,从公有制到私有制需要重新界定产权,因而需要物权法;从计划配给到市场交换需要维护交易秩序,因而需要合同法;那么从国家垄断到市场垄断,就需要重新构建和维护竞争秩序,因而需要竞争法。在这个意义上,物权法、合同法和竞争法一起构筑了现代市场经济的三大法律支柱,分别从静态、动态和宏观环境三个层面保护着市场经济的顺利运行。

对于我国而言,由于"中国文化中存在的深层结构"以及"计划经济体制下的惯性"综合作用,固有文化在短期内可能还难以内生竞争意识。[1]但是,包括波兰、捷克和匈牙利在内的诸多国家和地区的竞争法及其实施的经验告诉我们,竞争文化的生成仍然是可以培育的,竞争法的实施必须依靠竞争推进措施和竞争文化的推广。为此,学界研究有必要从重点关注制度转向关注制度与文化的交互作用;立法及行政机关则应更加重视竞争主管机关塑造竞争文化的作用,赋予其更多执法之外的竞争推进职能。在具体措施上,我国则可以重点关注以下内容:

第一,明确我国竞争政策的目标,以明晰的目标带动竞争执法和竞争推进的实施。在中东欧三国竞争法的实施过程中,明确的竞争政策的目标为其执法指明了方向。无独有偶,在日本,竞争政策也曾优先于竞争文化而存在。但是经过六十多年的发展历程,日本在一个长期奉行儒家和合文化的国度里成功地实现了竞

---

[1] 黄勇、江山:《反垄断法实施的文化维度论纲——以竞争文化、诉讼文化与权利文化为中心》,《江西社会科学》2008 年第 7 期。

争文化的培育和发展，为日本竞争政策的有效推行和经济的持续发展创造了良好条件。日本竞争主管机关在此过程中发挥了至关重要的作用。其机构设置的独立性、权能设置的权威性和执法手段的多样性为其在单纯的竞争执法之外开展竞争推进措施创造了空间；其在竞争执法中表现出来的现实主义态度、逐步推进的工作作风以及灵活多样的操作手法，保证了竞争文化的培育和传播得以一直延续；其针对社会公众和公共机构展开的竞争推进措施，则提升了公众对"竞争有益经济"观念的理解与支持，实现了竞争政策与其他经济政策的互相连接。①所有这些做法，值得我国学习和借鉴。我国当前也亟需建立一个明晰的竞争政策目标，以指引竞争执法和竞争推进的实施。笔者认为，我国可以分层次、分阶段地确立竞争政策的目标体系。竞争政策目标的层次性表现为终极目标和直接目标之间的区分：终极目标可以表述为"完善市场经济体制，提高社会经济效率和消费者利益"；直接目标则可以表述为"在大多数行业内形成有效竞争"。竞争政策目标的阶段性则是指实施竞争政策所带来的社会福利在长远和近期阶段，在消费者群体和企业群体之间的分配是不同的。从长远看，消费者群体应当从社会福利的提升中获得更多的好处，这才是竞争政策的终极目标，而在一定时期内，企业的发展必须得到重视，相应地，企业要从社会整体福利的分配中占据较多的部分。这意味着竞争政策的目标本身也要经历一个不断发展和升级的过程。

第二，逐步增强竞争主管机关的独立性，尽量避免其他规制部门对其施加压力和影响。我国当前的竞争执法部门从行政隶属上看并不具备独立性，而是隶属于国务院部委。在中国当前的官僚体制和文化之下，要求其对其他政府部门做出的或支持的反竞争行为进行审查是几乎不可能的。但是应当看到，日本竞争主管机关在相当长的一段时间里也并不具备当前的独立性，其与其他政府机构的行政级别相比甚至还略逊一筹。但是通过长期的努力，其地位得到了明显的提升，竞争主管机关委员长的级别也被提到了副部长级地位。这与其长期不懈地开展竞争推进措施是密不可分的。让公众了解并支持竞争主管机关的工作，会形成强大的舆论压力，促使政府机构做出变革；针对其他政府部门开展竞争推进措施，积极开展法律法规的"竞争性审查"并行使"建议权"，也有助于在实质上提升竞争主管

---

① 徐士英、应品广：《竞争文化的培育和发展——从日本竞争主管机关竞争执法、竞争推进谈起》，《江苏大学学报（社会科学版）》2011 年第 5 期。

机关的地位,并与其他政府部门之间形成良好的协调。所有这一切,都将会逐步地提升竞争主管机关的独立性,使其在面对其他政府部门的压力之时游刃有余。

第三,反垄断委员会积极推动竞争政策问题的研究,对典型行业展开竞争分析和评估,指导竞争执法和竞争推进的实施。我国《反垄断法》总则第9条规定了"国务院设立反垄断委员会",其首要职责是"研究拟定有关竞争政策"。这是我国首次以立法形式提出关于研究竞争政策问题的任务,并明确将反垄断法的实施纳入了竞争政策的体系。在此背景下,需要从单纯的制度构建和法律解释提升到"竞争政策"的高度,综合考虑如何在竞争政策的统领下建立法律实施的一系列标准(如相关市场的界定标准、经营者集中的审查标准、市场支配地位的认定标准和反垄断分析的"安全港"标准等)和一系列制度(如适用除外与豁免制度、效率抗辩制度、宽恕制度和承诺制度等),并从单纯的理论分析迈向具体的行业性的竞争评估,对典型行业或产业(比如自然垄断行业、政策性垄断行业、互联网行业、文化产业等)分门别类地展开竞争分析,与此同时在各行业各部门加紧实施竞争推进,弘扬竞争理念和竞争文化。

第四,竞争主管机关不断完善执法,积累经验,借助于竞争执法推广竞争理念和竞争文化。发达国家大多从广义的竞争政策出发,确立清晰的阶段性竞争政策目标,再聚焦到狭义竞争政策即竞争法的实施;而发展中国家和经济转型国家的普遍做法是,通过竞争立法及其实施再到逐步实现广义竞争政策目标的全面推行。中国和许多中东欧国家一样,都是在一个普遍没有竞争文化的国度试图构建有效竞争的市场机制。由于普遍缺乏竞争理念的传统,政府管制较强,并在市场经济和竞争文化相对不够成熟的条件下实施法律,因此普遍缺乏执法的社会基础,更加需要通过法律实施来带动执法之外的措施的开展。而且,考虑到我国目前执法机构的人员配置和经验值都还有所欠缺,赋予其过多的职能反而可能顾此失彼,因此在执法初期专注于竞争执法,通过竞争执法逐步带动执法之外竞争推进措施的开展,不失为一个相对合理的选择。

第五,竞争主管机关以竞争推进为支点,尝试与其他行业主管部门联合发布规则和指南,逐步推动规制法的竞争法化,并积极参与规制改革、培育商业文化、鼓励消费者运动、构筑维护市场经济的法治环境。若上述措施能够得到一如既往的实施和推行,在我国实现竞争文化的培育和传播是大有希望的。

参 考 文 献

Pittman, Russell, "Merger Law in Central and Eastern Europe", *American University International Law Review*, Vol 7, No.3, 1992.

Dutz, M. A., Vagliasindi, M., "Competition Policy Implementation in Transition Economies: An Empirical Assessment", EBRD Working Paper, No.47, London, 1999.

Spencer Weber Waller, "The Next Generation of Global Competition Law(March 23, 2012). Concurrence", October, 2012, SSRN: http://ssrn. com/abstract = 2028014.

Damien Geradinand, David Henry, "Competition Law in the New Member States-Where Do We Come From? Where Do We Go?", Modernisation and Enlargement: Two Major Challenges for Eccompetition Law, Intersentia, 2005. Available at SSRN: http://ssrn.com/abstract=617923.

The Role of Competition Policy in Promoting Economic Development: The Appropriate Design and Effectiveness of Competition Law and Policy, http://www. unctad. org/en/docs/tdrbpconf7L7_en. pdf.

Advocacy Working Group, "International Competition Network, Advocacy and Competition Policy Report 25", 2002, http://www. internationalcompetitionnetwork. org/OutreachToolkit/media/assets/resources/advocacy_report.pdf.

Allan Fels, Frameworks for Advocacy, 8th-9th September 2010, Session III: Strategies for Competition Advocacy, OECD Latin American Competition Forum, San-Jose, Costa Rica, http://www. oecd. org/document/26/0, 3746, en_40382599_40393122_45634714_1_1_1_1,00.html.

Cuts Centre for Competition, Inv. & Econ, Regulation, Towards a Healthy Competition Culture(2003), http://www.cutsinternational.org/THC.pdf.

Michael Krakowski, "Competition Policy Works: The Effect of Competition Policy on the Intensity of Competition—an International Cross-Country Comparison", September, 2005, HWWA Discussion Paper No.332. SSRN: http://ssrn.com/abstract=854908.

Paola Giuliano, Prachi Mishra and Antonio Spilimbergo, "Democracy and Reforms: Evidence from a New Dataset(July 2010)", IMF Working Papers, 2010.

Philippe Gugler, The Role of Competition Policy in Regulatory Reform, OECD Reviews of Regulatory Reform, 2005. http://ssrn.com/abstract=903925.

Productivity Commission, "Review of National Competition Policy Reforms", Productivity Commission Inquiry Report, No.33, February 2005.

UNCTAD, "The Relationship between Competition and Industrial Policies in Promoting Economic Development", 2009, http://unctad.org/sections/wcmu/docs/ciclp2009_s1_ukn_en.pdf.

尚明:《主要国家(地区)反垄断法律汇编》,法律出版社 2004 年版。

时建中:《三十一国竞争法典》,中国政法大学出版社 2009 年版。

林燕萍等:《发展中国家十国竞争法研究》,北京大学出版社 2010 年版。

金雁、秦晖:《十年沧桑:东欧诸国的经济社会转型与思想变迁》,东方出版社 2012 年版。

应品广:《法治视角下的竞争政策》,法律出版社 2013 年版。

鞠豪、方雷:《"欧洲化"进程与中东欧国家的政党政治变》,《欧洲研究》2011 年第 4 期。

朱行巧:《大国争斗与夹缝中的中东欧》,《俄罗斯中亚东欧研究》2008 年第 1 期。

郑友德、张坚、万志前:《波兰反不正当竞争法及其对我国的启示》,《华中科技大学学报(社会科学版)》2007 年第 2 期。

叶卫平:《司法审查与行政性垄断规制》,《法学》2009 年第 1 期。

徐士英:《反垄断法在日本实现"本土化"的启示》,《法商研究》1999 年第 4 期。

徐士英:《政府干预与市场运行之间的防火墙》,《华东政法大学学报》2008 年第 2 期。

徐士英、应品广:《竞争文化的培育和发展——从日本竞争主管机关竞争执法、竞争推进谈起》,《江苏大学学报》(社会科学版)2011年第5期。

应品广:《波兰竞争法及其实施评介:一个转型经济体的经验和启示》,《上海对外经贸大学学报》2014年第4期。

张志伟、应品广:《反垄断法思维下的行政性垄断新探》,《江西财经大学学报》2013年第4期。

蒋岩波:《我国反垄断法的司法制度构想》,《法学家》2008年第1期。

黄勇、江山:《反垄断法实施的文化维度论纲——以竞争文化、诉讼文化与权利文化为中心》,《江西社会科学》2008年第7期。

王晓晔:《关于反垄断执法机构的几个问题》,《东岳论丛》2007年第1期。

王晓晔:《经济体制改革与我国反垄断法》,《东方法学》2009年第3期。

图书在版编目(CIP)数据

中东欧国家竞争法研究:以波兰、捷克和匈牙利为
例/应品广著.—上海:格致出版社:上海人民出
版社,2017.4
(中东欧研究系列)
ISBN 978－7－5432－2747－7

Ⅰ.①中… Ⅱ.①应… Ⅲ.①反不正当竞争-经济法
-研究-波兰②反不正当竞争-经济法-研究-捷克③反
不正当竞争-经济法-研究-匈牙利 Ⅳ.
①D951.322.94②D952.422.94③D951.522.94

中国版本图书馆 CIP 数据核字(2017)第 070017 号

责任编辑　彭　琳
装帧设计　路　静

中东欧研究系列

中东欧国家竞争法研究

——以波兰、捷克和匈牙利为例

应品广　著

出　版	世纪出版股份有限公司　格致出版社 世纪出版集团　上海人民出版社 (200001 上海福建中路 193 号　www.ewen.co)	印　刷	苏州望电印刷有限公司
		开　本	720×1000　1/16
		印　张	12.75
	编辑部热线　021-63914988 市场部热线　021-63914081 www.hibooks.cn	插　页	2
		字　数	198,000
		版　次	2017 年 4 月第 1 版
发　行	上海世纪出版股份有限公司发行中心	印　次	2017 年 4 月第 1 次印刷

ISBN 978－7－5432－2747－7/D・88　　　　　　　　　　　　　定价:45.00 元